目 录

第一章
童年

自懂事起，吉米·卡特就要帮家里干力所能及的家务和农活。最早，老卡特让吉米从溪中提水供农场使用；当吉米能到农田劳动后，老卡特又让吉米跟黑人佃农一起去田里干活，还规定吉米的作息时间也必须跟黑人一样。吉米·卡特除了田里的农活要干好外，在学业上也要取得优异的成绩。他的学习成绩若是拿不到甲等，老卡特就会严厉地批评他。

1. 老卡特创业 / 2
2. 严厉的父亲 / 5
3. "莉莲小姐" / 8
4. 童年的农场生活 / 10

第二章
从军

卡特不是一个轻率行事的人，一旦确定目标，就会全力以赴地去实现。在做出要去安纳波利斯美国海军学院求学的决定后，他就开始着手准备。

1. 实现海军梦 / 16
2. 喜结良缘 / 21
3. 诺福克海军基地 / 27
4. 与潜艇结缘 / 29
5. 向雷克佛将军学习 / 33

第三章
走上政坛

卡特下决心要竞选州长，他周围的人大多都持反对意见，都认为他的对手太强大了。很多朋友也都劝卡特去竞选副州长或争取农业厅长的职位。可卡特下定决心要做的事，谁也别想挡住他。就像他在自传中写的那样："对于自己该做什么，我一点都不会犹豫。我认为我能在竞选中取胜。我一点也不担心自己的竞争对手是谁。"

1. 农场主 / 38
2. 进军政坛的前奏 / 42
3. 向政界发起冲锋 / 46
4. 勤劳的州参议员 / 52
5. 首次竞选州长 / 57
6. 宣布第二次竞选 / 62
7. 竞选路上悲与喜 / 65
8. 不当州长誓不罢休 / 68
9. 妻子助选 / 75

第四章
佐治亚的第一行政长官

卡特上任以后，才发现他遇到的问题比他以前预想的要多得多。例如，他要做出各种计划和实施政策、访问各阶层民众、分析国会和州之间的相互关系，以及其他一些工作。州长的工作繁重而复杂，而且工作内容极具挑战性，可卡特没有被这些问题吓倒，因为他永远都是一个非常勤奋且勇于接受挑战的人。

1. 新官上任 / 82
2. 任人唯贤 / 84
3. 改革州政府 / 86
4. 环境保护主义者 / 90
5. 让佐治亚州走向世界 / 94
6. 爱心 / 97

卡特传
CARTER

褚大军 编著

吉林出版集团股份有限公司

图书在版编目（CIP）数据

卡特传 / 褚大军编著 . —长春：吉林出版集团有限责任公司，2011.7
ISBN 978-7-5463-5789-8

Ⅰ.①卡… Ⅱ.①褚… Ⅲ.①卡特，J.—传记
Ⅳ.①K837.127=6

中国版本图书馆 CIP 数据核字（2011）第 130757 号

卡特传

编　　著：	褚大军
出版统筹：	博文天下
责任编辑：	崔文辉　张晓华
封面设计：	盛世博悦
版式设计：	边学成
开　　本：	710 mm×1000 mm　1/16
字　　数：	219 千字
印　　张：	18.75
版　　次：	2011 年 8 月第 1 版
印　　次：	2020 年 8 月第 3 次印刷
出　　版：	吉林出版集团股份有限公司
地　　址：	长春市人民大街 4646 号（130021）
电　　话：	总编办：010－63109269
	发行科：010－85725399
印　　刷：	三河市燕春印务有限公司

ISBN 978-7-5463-5789-8　　　　定价：59.80 元

版权所有　侵权必究　举报电话：010－63109269

第五章
州长一家人

州长及其家人的安全非常重要,因此,州长官邸一直都有警察保护。这里总是不断有客人来访,或是游客来参观,警察站在向公众开放的房间门口和大厅里巡视。刚搬进州长官邸时,卡特一家很不习惯,但渐渐都习以为常了。为了减轻客人的陌生感,卡特减少了一些警察的数量。四年来,全家终于可以聚在一起吃饭,这让他们感到很满足。

1. 走进州长官邸 / 104
2. 安全工作 / 106
3. 与外国使者打交道 / 108
4. "为了儿童的精神健康" / 109
5. 放松一下吧! / 111
6. 钟情"环境和艺术" / 114
7. "打抱不平" / 117
8. 到州长家做客 / 121
9. 罗莎琳的演讲恐惧症 / 125

第六章
向总统位置看齐

在当州长之前,卡特一直对美国总统的职位怀有敬畏之意。但这种敬畏心理在1971年到1972年这两年间,逐渐消失了。因为在这两年里,佐治亚州州长的政治生活锻炼了卡特的政治气魄和胆识。在任期间,他还见到了像尼克松、汉弗莱、洛克菲勒以及其他有名望的总统竞选人。

1. 竞选的利与弊 / 130
2. 为竞选奔波 / 133
3. 初战有败有胜 / 138
4. 支持者和反对者 / 144
5. 两位亲家母联合起来! / 145
6. 宣传起作用了 / 149
7. 全家总动员 / 154

8. 再接再厉 / 157

9. 冲刺前 / 163

10. "小州长"击败"大总统" / 165

第七章
白宫新主人

卡特高举右手，庄严地宣读誓词："我，吉米·卡特将努力履行美国总统的职务，竭尽全力维护和捍卫美国宪法……"

1. 确定副总统 / 170
2. 进入总统府 / 173
3. 与福特夫妇会面 / 176
4. 派家人出访 / 177
5. 启用旧臣 / 179
6. 重要的内阁成员 / 182

第八章
外交政策

"人权外交"使卡特给自己戴上了一个"世界道德警察"的头衔，有人称它是"卡特主义"。"裁军"政策，归还巴拿马运河，派遣夫人罗莎琳到拉美国家访问，实现中美建交等一系列举动使卡特享有了温和派总统的称誉。

1. "人权"和"裁军" / 188
2. 第一夫人出访 / 191
3. 继续拉美之行 / 196
4. 巴拿马运河问题 / 201
5. 与中国建交 / 209

第九章
中东问题

到卡特总统上台，第三次中东战争中被以色列占领的区域仍没有物归原主，埃及和叙利亚都没有同以色列缔结和约，更没有外交往来。

美国前几任总统都曾为此努力过，最终都失败了。卡特上台后，开始着手实施"中东和平计划"，他呼吁给予巴勒斯坦人自决权，并建议以色列撤回到1967年的边界。

1979年3月26日，萨达特总统和贝京总理及卡特齐集白宫南草坪，签订了具有历史意义的《戴维营协定》。同年，萨达特总统和贝京总理共同获得了诺贝尔和平奖。对于他们获得的殊荣，卡特总统是功不可没的。

1. 埃及和以色列 / 214
2. 与埃及政府的会谈 / 218
3. 以色列换了总理 / 222
4. 继续为中东和平而努力 / 224
5. 漫长的13天 / 227

第十章
伊朗人质事件

伊朗一直是美国在海湾地区的重要盟国，却在1979年1月扣押了美国驻伊朗使馆的几十名外交人员。卡特政府从此陷入漫长的"营救人质"行动，这也给卡特争取下届连任蒙上了一层阴影。直到1981年离开白宫的那一刻，卡特都丝毫没有放松营救人质。经过他和周围人的努力，伊朗最终释放了美国人质。

卡特后来回忆说：当他得知人质已经安全乘飞机启程回国的消息后，心里比他4年前出席自己的就职大典还高兴。

1. 伊朗王国 / 240
2. 伊朗"伊斯兰革命" / 243
3. 扣押人质 / 248
4. "蓝光行动" / 251

第十一章
竞选风云

自卡特成为第39任总统的那一刻起，他所着手完成的每件事情都不那

JIMMY CARTER

么顺遂人愿。在第一届任期将满时，美国社会更是百病齐发。怀揣温和主义思想的卡特没有为自己连任创造有利条件，他甚至被称为政绩最差的美国总统之一。卸任后，他为世界和平四处奔波，并获得了2002年诺贝尔和平奖。

1. 各种危机 / 260
2. 灾难连连 / 266
3. 比利门事件 / 270
4. 不见硝烟的战场 / 274
5. 破冰之旅 / 280
6. 退休后的快乐生活 / 284

附录　卡特大事年表 / 288

参考书目 / 290

JIMMY CARTER
第一章
童年

自懂事起，吉米·卡特就要帮家里干力所能及的家务和农活。最早，老卡特让吉米从溪中提水供农场使用；当吉米能到农田劳动后，老卡特又让吉米跟黑人佃农一起去田里干活，还规定吉米的作息时间也必须跟黑人一样。吉米·卡特除了田里的农活要干好外，在学业上也要取得优异的成绩。他的学习成绩若是拿不到甲等，老卡特就会严厉地批评他。

1 老卡特创业
JIMMY CARTER

1830年前,第一批卡特家族的人迁到佐治亚州萨姆特县的普兰斯镇附近,并在此定居下来。到吉米·卡特时,已是第五代了。起初,棉花是萨姆特县最主要的农作物,后来,花生逐渐代替了棉花。卡特家族来到这里后,也加入到了种植业的行列,成为地地道道的农民。

那时的普兰斯还是一个小镇,坐落在两条公路的交叉点上。这里的人们大都住在用木头搭建的房子里。后来,一条铁路从普兰斯横穿而过,将它分成两半。铁路给小镇带来了商机,到了20世纪20年代,普兰斯镇的商业得到了长足的发展,并有了一排排的店面。

卡特的父亲詹姆斯·厄尔·卡特,在这里经营着一家食品店,但生意不是很好。吉米·卡特出生后,与父亲的名字一模一样,因此人们习惯把卡特的父亲称为老卡特。

第一次世界大战前,老卡特在干兹维河滨学校念完高一,就回家干起了农活。自卡特家族搬到佐治亚州,家族中要数老卡特受的教育程度最高,因此家人都为老卡特的"高学历"感到自豪。第一次世界大战爆发后,老卡特奉召入伍成为一名美国海军军官。在海军服役期间,他非常努力,深得上级和战友的好评。老卡特退伍后,回到老家普兰斯镇,又开始从事农耕事业。

老卡特勤恳能干,工作起来特别卖力,在当地年轻人中出类拔萃。普兰斯镇上的人都非常欣赏老卡特的敬业精神和持家能力。

镇上一个名叫沙缪尔·怀斯的医生,尤其欣赏老卡特。他见老卡特还没有结婚,就想帮他介绍对象。怀斯手下有一名年轻的女护士,叫莉莲·戈迪。莉莲善良大方,又乐于助人。怀斯医生认为把她介绍给老卡特,一定能成就一段美满姻缘。于是,他把自己的想法告诉了莉莲。可是莉莲已经有了男朋友,便谢绝了怀斯医生的好意。

JIMMY CARTER

那时,莉莲根本不认识老卡特。可怀斯医生总是在莉莲面前夸奖老卡特:"在这个镇上,厄尔是最有雄心壮志的男孩。将来有一天,他肯定会大有作为的。你如果能和他在一起,将来一定会很幸福。"莉莲是一位很有想法的女孩,当然不会因为怀斯医生的话就轻易相信老卡特将来一定有所作为。但是她的内心已经微微泛起了波澜,还是很想认识一下这位被怀斯医生夸奖的好男儿。

在一次舞会上,莉莲认识了老卡特。经过接触,莉莲觉得老卡特真得很有上进心,也很有想法,而且还有正义感,便决定与他交往。当老卡特见到温柔、贤淑的莉莲时,认准她就是自己要寻找的终身伴侣。经过两年的甜蜜恋爱后,他们结婚了。当时的老卡特还处于创业阶段,手头没有多余的钱。莉莲非常爱老卡特,没有因为他没钱而心生抱怨。就连没钱去度蜜月,莉莲也表现得非常宽容。但老卡特觉得,不管怎样也不能委屈了莉莲,于是到处想办法筹钱。为了筹够度蜜月的钱,老卡特多种了些马铃薯,希望能卖个好价钱。谁知天公不作美,由于天旱,马铃薯收成不佳,加上食品店的生意也不是很好,蜜月旅行的计划只得取消。

尽管老卡特遭此打击,却没有怨天尤人,更没有自暴自弃。他决定从银行贷款,继续经营。因为他的信誉一向很好,所以银行很愿意将钱贷给他。老卡特用这笔钱在普兰斯镇附近的阿奇里村买了一个农场。由于他精明能干、吃苦耐劳,加上风调雨顺,农场里的农作物获得了大丰收。这一年,老卡特赚了一大笔钱,不仅还完了贷款,还有了些盈余。他又用剩余的钱购买了一片农田,进一步扩大生产。这一次投资他又赚了不少钱。

此时,老卡特的积蓄多了起来,生活质量得以提高。之后,他又买了一些农田,雇人耕种。就这样,老卡特采用"鸡生蛋,蛋孵鸡"的方法,没过几年,就拥有了面积达 4 000 英亩的田产。由于地多人少,忙不过来,他又雇用了二百个黑人帮他种植这些农田。从此,老卡特成了一个殷实的农场主。

老卡特凭借精明的头脑和超前的赚钱意识,不但做了谷物代理人,后来还从事花生期货买卖。在普兰斯镇,他还拥有了一处房产。这座房子不仅是他的办公场所,还兼用存放种子和肥料的仓库。他在附近还开了一家

JIMMY CARTER

杂货店,主要卖一些日常用品,杂货店的顾客主要是那些帮他种地的黑人佃农。同时,老卡特还经营贷款业务和保险业——萨姆特县的白人,每600名中就有1名曾向他贷过款。

老卡特不但在事业上取得了成就,在当地还是一位颇有影响力的人物。在普兰斯的白人圈子里,他为当地白人办过很多好事,是大家公认的领袖之一。在当地教育委员会,他任职多年,为当地的教育事业做出了自己的贡献。当创办新医院时,他出钱又出力。乡村电气化计划开始实行时,他还是当地电气化计划组织的第一批董事之一。因为有这么大的影响力,老卡特于1952年当选为佐治亚州议会的议员。

老卡特成了一名公众人物,所以非常维护自己的仪表形象,若有人因他的穿着打扮而嘲笑他,他会非常恼火。

一次,一位外地很有名的裁缝来到普兰斯镇,很多人都到他那里去定做衣服,老卡特也定做了一套。这是他第一次定做衣服,平时他都是穿成衣的。衣服做好送来时,全家人都放下手边的活,围在卧室等着看老卡特试穿衣服。老卡特取出衣服,得意洋洋地穿在身上等着大家表扬,结果定制的衣服极为不合体。衣服穿在身上显得很滑稽,但没有一个人敢笑。因为大家知道老卡特的脾气,如果他们取笑他,一定会让他暴跳起来。不过,妻子莉莲最后还是委婉指了出来,老卡特也意识到这套衣服不合适,便送回去修改了。经过一番修改,衣服总算合身了。

老卡特很喜欢运动,而且他把参加运动当成扩大社交的一种手段。在普兰斯镇,他还是一支棒球队的投球手。除了棒球,他的网球打得也很好。另外,他还喜欢玩纸牌。不管进行什么活动,他都会竭尽全力,争取每战必胜。与此同时,老卡特也要求自己的孩子多参加运动。他家里不仅有运动场所,还有很多运动器械。例如网球场、钓鱼池、脚踏车、秋千等等。老卡特的这些爱好和努力求胜的精神深深影响着吉米·卡特。因此,吉米·卡特从小就很喜欢运动。成年后,吉米尤其喜欢棒球和网球,两者中卡特的网球技术要更好些。

2 严厉的父亲
JIMMY CARTER

老卡特做事严谨，对人对事非常严格，对自己的孩子也不例外。1924年，吉米·卡特出生了。那年，老卡特正好30岁。对老卡特来说，儿子的降生让他倍感幸福。但老卡特并不溺爱小卡特。自懂事起，吉米就要帮家里干力所能及的家务和农活。最早，老卡特让吉米从溪中提水供农场使用。当吉米长到能到农田劳动了，老卡特又让吉米跟黑人佃农一起去田里干活。老卡特还规定吉米的作息时间必须跟黑人佃农一样，每天凌晨4点起床，直到天黑才收工，中间只有吃早饭和午饭的休息时间。吉米·卡特除了田里的农活要干好外，在学业上也要取得优异的成绩，若是他的学习成绩拿不到甲等，老卡特就会严厉地批评他。吉米·卡特做错一点小事，就会遭到老卡特的严厉惩罚。

吉米·卡特从4岁到15岁，一共被老卡特揍过6次。卡特记得有2次是跟妹妹葛丽亚争吵而引起的，因为老卡特比较喜欢葛丽亚。一次，葛丽亚用一把螺丝钳打了卡特，卡特很生气，立刻用竹筒枪打了她后背一枪。葛丽亚大哭起来，希望引起父亲的注意，可是父亲早上已经开车出去了。知道父亲不在家，葛丽亚在接下来的几小时里，每当听到车声，她就会放声大哭。等老卡特回来时，她已哭得像泪人一样了。老卡特问发生了什么事，葛丽亚把事情的经过哭诉了一遍。老卡特听完后，二话不说，抓起吉米·卡特就打。

而另外几次挨揍是因为卡特淘气或不听话引起的。

老卡特很喜欢社交活动，经常外出或在家里举办宴会。一次，他在家里举办聚会，夜已经很深了，聚会仍在继续。宴会上高谈阔论的声音吵得吉米睡不着，于是他从床上爬起来，气呼呼地拿着毯子，走到院子里，然后爬到一棵树上搭起的一个棚子里，希望能好好睡一觉。过了几个小时，宴会结束了，客人也都散去了。老卡特正准备休息，却发现吉米不见了。这让他和妻子莉莲非常着急。夫妻二人到处找吉米，却怎么也找不到。这

JIMMY CARTER

时，吉米已经睡熟了，他根本不知道自己的这一做法，把家里已经闹得人仰马翻了。第二天，吉米从树上下来。老卡特一看见儿子，先是喜形于色，儿子找到了。但想起吉米半夜乱跑，让家里人着急，决定要教训教训他，于是抄起鞭子抽了吉米一顿。因为这件事，吉米以后再也不敢半夜乱跑了。

还有一次挨打也让吉米·卡特记忆犹新。卡特四五岁时，有一天，去学校上学，临走前，老卡特习惯性地给了他一枚一分钱的硬币，让他把钱放到奉献盘里。放学后，卡特回到家，脱下衣服，清空口袋里所有的东西让父亲检查。老卡特看到这些东西里有两枚硬币，便问吉米是怎么回事。见父亲一脸严肃，吉米只得老老实实地把事情的经过说了一遍。原来他不但没把老卡特给他的那枚硬币放进奉献盘，还顺手牵羊地在盘子里摸走了另外一枚硬币。老卡特听完这件事后，非常生气，把吉米狠狠揍了一顿。从此以后，吉米·卡特永远记住了这件事，时刻提醒自己不可再拿不属于自己的东西了。

老卡特还是一个有严重种族偏见的人，一般不让黑人踏入自己的家门。

阿奇里村的长住村民大部分都是黑人，他们的领袖威廉·约翰逊，是非洲卫理公会教派主教，在佐治亚州黑人团体中名气很大，在其他州也有很多虔诚的追随者。平时，阿奇里村的村民都尊称威廉·约翰逊为约翰逊主教。约翰逊逝世后，他的葬礼是阿奇里村当时最为隆重的一次。那天，参加葬礼的人很多，有当地人，也有其他州的人；有黑人，也有白人；有从各地来的牧师和唱诗班，也有开着名牌汽车风尘仆仆远道而来的朋友。那种壮观的场面使全村人都为之震惊。但就是这么一位受人爱戴的主教，生前也不敢擅自踏进老卡特家的大门。

还有一件事情也反映出老卡特种族偏见的严重性。1936年6月22日，在美国举行了世界重量级拳王争霸赛。这场比赛主要是美国黑人乔·路易斯对阵德国白人马克斯·施梅林。这已经是他们的第二次遭遇赛了。在第一次的拳击比赛中，路易斯被施梅林击败了。这一次，路易斯希望一雪前耻，为黑人争光。外界评论，这一次比赛不仅仅是两人之间的个人比赛，还带着浓厚的种族气味。如果路易斯获胜，世界上将会再多一个新的黑人重量级拳手，那么白人拳手从今以后就不敢轻视黑人拳手了。

比赛的当天晚上，卡特家门前来了四五十名黑人佃农邻居。他们谨慎而又非常礼貌地请求老卡特，想借用他的收音机收听拳击比赛的转播。老卡特迟疑了很久，最后答应了他们的请求。可老卡特没把收音机让他们带走，而是打开后把收音机放在了窗口，让这些人或坐或站地在他的院子里收听拳王争霸赛的转播。老卡特能让黑人邻居进自己的家门，已经是很大进步了，在以前他是绝对不会这么做的。其实在老卡特的心里，有自己的打算，他认为白人马克斯·施梅林一定能赢，希望在黑人面前逞威风。于是，他也搬出凳子，坐在院子里收听广播。在整个收听比赛广播的过程中，没有一个人发出声音。即使最后比赛的结果是路易斯胜了，黑人邻居也没有人敢出声。

比赛结果让老卡特非常失望，他一语不发，脸色很难看。黑人邻居走到老卡特面前，向他深深鞠了一躬，然后彬彬有礼地说了一句："谢谢您，卡特先生！"随后，他们就静悄悄地走出了卡特家。

这些黑人邻居在回家途中，很长一段时间都是悄无声息，他们一直强压着激动的心情。当他们刚回到离卡特家比较远的田间小屋时，立刻爆发出胜利的欢呼声。

虽然老卡特性格严厉，且有严重的种族偏见，但他的乐善好施还是为他赢得了好名声。1953年，老卡特生病了。在他生病期间，镇上成百上千的人去看望他，其中也有很多是黑人。他们送来礼物，以此感谢老卡特为他们所做的一切。原来，老卡特虽然认为黑人不能和白人具有同等的地位，但认为白人帮助黑人中的穷人也是应该的。而且很长一段时间，他都在暗中帮助黑人：为穷人家的孩子代交学费；给那些没钱买种子和化肥的农民提供贷款；帮贫苦人家付医疗费等。但他做这些事除了那些得到他帮助的人以外，几乎没人知道，即使是他的家里人也都不知道，因为他不想让别人知道他在帮助黑人。老卡特去世后，他做的这些善事才被他帮助过的人传了出来。

当吉米·卡特听到有关父亲帮助黑人的事，这让他很震惊。此前，他

JIMMY CARTER

总以为父亲在种族问题上是个顽固不化的人，还为此事与父亲进行过激烈的争论。吉米也想起了父亲以往的种种作为：母亲帮助并接济黑人佃农的事，父亲从来没有反对过；镇上有1500个黑人由于在卡特家当佃农，经济上才有了保障；父亲是县里的经济实力派人物，受他照顾的白人农民也有很多。想到这些，卡特决心要成为一个像他父亲那样的人。

3 "莉莲小姐"
JIMMY CARTER

1898年，莉莲出生于美国的威斯康星州里奇兰县。她性格随和，能言善辩，热心助人。年轻时，莉莲是一个有护士资格证的护理人员，在离家不远的怀斯医生所在的医院工作。因为怀斯医生的牵线，她才嫁给了老卡特。莉莲非常热爱自己的工作，也很尽责，有时会由于患者需要，亲自到病人家里照顾患者。通常，她每天要工作12个小时，甚至20个小时，却只拿6美元的报酬。莉莲不但对患者一视同仁，还十分同情他们的处境。为了能让有困难的人看上病，她和怀斯医生达成了一个合作协议：一旦有支付不起医药费的人去就诊，只要她去医院免费帮怀斯医生的忙，怀斯医生就要为那些病人提供免费的医疗服务。

在莉莲的帮助下，很多穷人得以就医。一些受过她上门照料的病人，病愈后，常会送来鸡、鲜鱼、火腿等东西表达谢意。

有一次，莉莲一连好几个星期都在细心地照顾一个患有白喉病的女孩儿。但这个女孩儿最终因病重不治而亡。女孩儿家非常贫穷，莉莲没有收他们的护理费，并安慰她的家人，请他们不要太伤心了。过了几星期，女孩儿的父亲驾着一辆马车来卡特家拜访。马车上装的全是松树劈成的薄木片，那是他花了一天多的时间才劈好的，以此答谢莉莲对女儿的照顾。

卡特小时候经常由黑人奶妈琼斯来照料。莉莲不喜欢下厨做饭，即使丈夫老卡特从田里或仓库回来吃饭，她也不会亲自下厨，三餐都是由琼斯做。在管教孩子方面，卡特家是典型的严父慈母。她总觉得丈夫把孩子管得太严了。因而，她在家里主要充当丈夫和孩子之间的沟通桥梁。

在种族问题上，莉莲与老卡特的立场不同，她采取自由主义的态度。在普兰斯，她是唯一一个能平等对待黑人，并跟他们有交情的人。那里的黑人，没有一个是她不熟悉的。莉莲的这种态度，对卡特产生了很大的影响。

莉莲个性独立，几乎没有非常知心的闺中密友。她最亲密的朋友就是"书籍"。她对书的爱简直到了"嗜书如命"的程度，只要不工作或不做家务劳动，她就紧抱着书本不放。她最喜欢的作家是前苏联作家陀斯妥耶夫斯基。每逢过圣诞节或孩子生日时，她还会把书当礼物送给孩子们。不过，在看书地点方面，莉莲喜欢在餐桌上看，吉米则喜欢躺在沙发上看。卡特的弟弟妹妹也都很喜欢看书，而他们的父亲老卡特则很少看书。

莉莲知识丰富，口才很好，善于演说。在卡特竞选总统期间，她就曾经在美国各地进行过几百场的演讲，让巧言善辩的记者也甘拜下风。在卡特竞选总统期间，一位女记者要求对竞选人卡特的母亲进行采访。莉莲也听说过这位女记者，知道她从不给人面子，所以不想见她。但出于礼貌，还是见了这位女记者。当这位女记者到来后，莉莲笑着打招呼说："见到您，非常高兴！"女记者问道："您的儿子在竞选演讲中告诉人们，如果他曾经对他们撒谎，大家就不要选他。那么您的儿子到底说过谎没有？"莉莲既爱护自己的儿子，又必须回答这个敏感的问题。于是她笑了笑，机智地说："他说过，但都是善意的谎言。"女记者接着问："您能不能举个例子，谈谈他说的善意的谎言呢？"莉莲不紧不慢地回答："比方说，您刚进门的时候，我对您说'见到您，非常高兴'，这句话就是善意的谎言。"女记者听了脸一红，连忙起身告辞了。

莉莲对美国南方黑人和非洲、拉丁美洲地区人们的生活状况非常关心，68岁时，她还以志愿者身份参加了一个名为"和平队"的慈善组织。在她的一生中，年龄从来都没有成为她作为和平人士的障碍。1980年，莉莲被美国政府授予"和平队"国家顾问委员会名誉主席的称号。1983年，"莉莲小姐"与世长辞。

4 童年的农场生活
JIMMY CARTER

1924年10月1日，老卡特的长子小詹姆斯·厄尔·卡特出生了——他就是后来的卡特总统。全家人都很高兴，亲昵地叫他"吉米"，在英语中，吉米就是詹姆斯的昵称。

卡特3岁时，老卡特在距普兰斯约有3英里远的阿奇里村有了一个农场，全家就住在这个农场里。在阿奇里村的所有常住人口中，黑人居多，只有两家白人，卡特家就是其中之一。另外，这个村子还有一两户寄住于此的白人。村上的这些黑人住户大多数都是卡特家的佃农。

由于阿奇里村的黑人占很大比例，而且大部分又是卡特家的佃农，因此，卡特童年的玩伴几乎都是黑人小孩。童年时，卡特和黑人小伙伴们大部分时间都是在田野上和森林中度过的。在田野上，小伙伴们经常一起用粗铁丝制成的钩子钩木桶上的钢箍，坐着板子由小山上往下滑，用弹弓打鸟，放自己做的风筝，投掷用玉米棒芯和鸡毛做的飞镖，抽陀螺，找茨菰。在森林里，他们一起从树上的蜂巢中掏蜂蜜，采野生的李子、黑草莓、柿子，挖黄樟根，还在小河沟上筑水坝，在树上搭窝棚。有时，小卡特和伙伴们还会在窝棚里过夜。等到了水果、蔬菜成熟的季节，他们就一起到果园、菜园里采水果、收蔬菜。

5岁开始，卡特和黑人小伙伴一起到田里劳动。他们做的都是些力所能及的工作，例如，送水给地里干活的大人、为大人们跑腿传话、整理甘薯藤或西瓜蔓、喂猪、捡鸡蛋、为家里运柴火、打扫庭院、把收获的花生堆积起来、修理篱笆、给棉花涂农药、消灭虫子等。

农场里的人过着很有规律的生活。每天早上4点钟，农场的钟声一响，人们就要起床。卡特也跟大人们一样，准时起床，一起到田里劳动。工作时，为了解除劳作时的疲乏，大家总会讲一些笑话。有时，大家一时兴起，还会一起唱歌。休息的时间很短，只有在吃早饭、午饭或让骡子休息时，人们才稍微歇息一下。到了傍晚，卡特就跟大人们将骡子套上车，回到谷仓。谷仓里没有预备水时，就要先打水给牲口喝。牲口喝完后，再给它们喂饲料。等牲口吃饱喝足后，人们才回家吃晚饭。饭后，人们就早早上床休息，以便第二天能有足够的精神干活。

上学后，卡特在完成作业以后，仍然要干农活。一般情况下，那里的老师不会给孩子布置太多的作业。因为老师知道这些孩子要帮家里干活，而他们所干的活全都是家里的例行工作。

在所有的农活中，给棉花芽涂药是孩子们最讨厌的工作。棉花幼芽是棉花橡皮虫最容易侵袭的对象，而且只能用涂药的方式来消灭这些害虫。做这项工作时，首先要配好药水，药水是用一种有毒的砷化物、蜜糖和水按一定比例混合而成的。药水配好后，把它们倒进桶里，再把一根像"拖把"却比"拖把"小很多的工具蘸上药水，然后给每一个棉花芽涂上。这样的工作，一连得忙很长时间，而且还要特别注意安全，不能让药水接触皮肤或飞溅入口。每天做完这份工作，他们的衣服上都沾满了粘糊糊的药水，让他们非常难受。让孩子们最难以忍受的是：这种药水很容易招来苍蝇，那些苍蝇聚集在他们周围，嗡嗡地飞来飞去，有时还会落到他们脸上……

不过，农场里的很多工作，还是很讨孩子们喜欢的：像把棉花一起送进轧棉厂，或是将西瓜搬到铁路旁。

最让卡特这些男孩子们开心的季节，还是每年红鲤鱼群出现的时候。红鲤鱼群出现时，村子里无论大人还是小孩，晚上都会带着手电筒，守在稍微有点冷的河水里，等候红鲤鱼群逆水而上。等红鲤鱼群到来时，他们就用叉子叉鱼。这种方法虽然有些原始，可非常管用，轻而易举就能够捕获很多红鲤鱼。卡特后来回忆说：人们很喜欢吃这种鱼，因为煮熟的红鲤鱼，味道非常鲜美，若用油炸脆红鲤鱼，味道会更香醇。

雨后初晴也是孩子们玩耍的好时候。由于刚下过雨，农田太湿，因而不能下地干活，小卡特和小伙伴们无事可干，就去树林和沼泽地里玩。他们在溪边钓鱼，最常钓到的是鲶鱼和鳗鱼。有时，孩子们还会结伴去沼泽地抓鱼。鱼大都藏在沼泽地里有水泡的泥里。他们把水泡的泥翻开，水泡也就破了，没有了氧气，鱼无法呼吸，就不得不出来呼吸空气。卡特他们就趁机将鱼抓住,再找个地方生火煮了吃。

　　爬树是吉米·卡特的拿手绝活。在晚上,阿奇里村的村民常邀请卡特一起去猎捕小动物,如浣熊和负鼠等。卡特和一些孩子会爬到树上,使劲摇动树枝,树上的小动物就会像落叶一样,纷纷从树上掉下来,而村民们只要在树下等着抓就行了。

　　春天是鸽子繁衍的季节,村民们喜欢到田间猎杀鸽子。那时,法律还没有明文规定"不许白天猎杀鸽子"。一般情况下,人们在太阳还没出来时,就陆陆续续地到达集合地点。人到齐后,便一起向田野进发。太阳渐渐升起,鸽群从森林飞向田野。大家看到鸽子飞来,立刻开枪,一般收获会很不错。

　　春天也是播种的季节。在农场中,耕地和除草是压力最大的工作,这项工作必须持续到作物长大为止。耕地是一种相当缓慢而又十分枯燥的工作,一般是在圣诞节之后开始。通过耕地,人们把长得比农作物还快的杂草连根除掉。卡特也跟随大人们一起做这项工作。他们先用翻土机深翻一遍土地,再用犁耙犁几遍,最后把翻出的杂草拢到一起焚烧掉。杂草中,有一种叫百慕达的。这种草不但繁殖快,且不易杀死。一旦它在哪块田里泛滥成灾,这块地就不能再种了。

　　在耕地的日子里,人们最担心久雨不晴。因为下雨天,各种杂草会大肆疯长,与农作物争夺养分,尤其是百慕达草。只要逢上雨季,人们只能坐着看天,祈祷它快点转晴。

　　农作物是按时间种植的。3月份开始种植玉米,接着是种棉花,再下来是种花生和其他农作物。如果是种花生,就要在它还没发芽时开始耕作;如果是种植其他农作物,则是在种子刚发芽时才开始。

　　种植作物分人工和机器两种:甘薯、马铃薯及西瓜等农作物需要人工来播种;棉花、玉米和花生等主要农作物则是用骡子拉着农具种植就行了。耕种时,人们还要把甘薯藤和西瓜蔓由地中间移到两边,以免在耕地时犁具弄伤它们。在棉花生长的季节里,给棉花施肥是很重要的工作。这种活机器没法做,只能靠人工操作。那时,所有的人就都忙起来了。卡特也不例外,他和大人们一起为棉花施肥。

JIMMY CARTER

第一章 童年

6月对美国的农民来说，是个收获的季节。人们先要收割成熟较早的作物，比如谷物、西瓜等。谷物收割后，晒干，再用机器碾；西瓜采摘后，要先运到镇上的车站，装上火车，装船运往北方。采摘西瓜并送到北方的这个过程每年都要重复一次，直到后来的船运费涨得跟西瓜价格一样高了才停止。这时仍有一些农作物长势正旺，比如花生、玉米、毛豆。

几周后，花生、玉米、毛豆等就到了丰收的时节。

花生要从地里挖出来，剥掉上面的泥土，连枝带叶一起放在柱子上晒干。等花生晒干后，便把花生和枝叶分开。分开的枝叶被扎成一捆一捆，用作牲口的饲料，花生则被运到市场上去卖。

采收玉米时，要先砍掉玉米秆，将其捆扎成束，架在秆上晒。待玉米秆晒干后，再把玉米掰下，堆放在田里，等着装车运回谷仓。

卡特一家吃的东西大部分是出自自家的农场，像西瓜、甘薯、马铃薯、蔬菜等。一般情况下，卡特家会把收获的甘薯储藏起来，以备过冬。储存的方法是在一层稻草上铺上甘薯，一般会铺上三层，然后在最顶层覆盖一层厚厚的泥土，再在四周盖上半尺到一尺厚的泥土。做完这些保护措施，甘薯就能安全过冬了。

至于桃子、苹果等水果类，通常都是切成片。阳光充足时，把它们放在屋顶晒干后，收到布袋里，放在屋中储藏。其他的蔬菜和水果大多都做成罐头储存起来。肉类则被做成熏肉存起来。

在农场里，卡特度过了自己的童年生活，养成了质朴、勤劳，充满爱心的性格。与黑人邻居相处的过程，也让他充分体会到了黑人的疾苦。

JIMMY CARTER

第一章　童年

JIMMY CARTER
第二章
从军

卡特不是一个轻率行事的人，一旦确定目标，就会全力以赴地去实现。在做出要去安纳波利斯美国海军学院求学的决定后，他就开始着手准备。

JIMMY CARTER

1 实现海军梦
JIMMY CARTER

卡特还是小孩子的时候，很羡慕是海军军官的舅舅——汤姆·戈迪。汤姆在太平洋舰队服役，由于工作关系，经常随舰队去国外一些地方。汤姆在国外时，常给卡特寄一些他在外国港埠买的东西。最令卡特开心的，莫过于收到汤姆舅舅寄来的礼物。这些礼物让卡特对远方充满了憧憬。因此，卡特一直怀着这样一个梦想：将来成为像舅舅一样的海军军官。

卡特下定决心要到安纳波利斯美国海军学院求学，实现自己的梦想。在后来的回忆录中，卡特说他去海军学院，还有一个原因：家境所迫。

当时，正是美国经济大萧条的年月，虽说老卡特经营着一个农场，效益还过得去，但要供卡特上大学，就有些困难了。所以进入海军学院学习，成为卡特实现大学梦想的最好途径，因为政府会帮助他支付学费。就这样，卡特既圆了他的海军梦，又实现上了大学的愿望。

卡特不是一个轻率行事的人，一旦确定目标，就会全力以赴地去实现。他在做出要去安纳波利斯美国海军学院求学的决定后，就开始着手做准备工作。他到处打听海军学院的招生条件，大量阅读有关海军和安纳波利斯的书籍，还向这所学院索取了入学说明书。在收到入学说明书后，卡特把它仔细研读了一番，对其中的招生条件熟记于心，并按照海军学院入学说明书的要求，准备考试相关材料，积极备考。

卡特心里非常清楚，要进入海军学院，不但要有过硬的课本知识，还必须具备合格的体质。书本上的知识容易掌握，只要肯下功夫就能通过文化课考试。可是体能上的缺陷不是一朝一夕就能解决得了的。因为按照海军的录取条件，卡特的身体不合格：首先，他的体重只有121磅，不达标；第二，个子只有5尺3英寸，不合格；第三，他的脚还是扁平足，不能适合长时间行走；第四，他的上下牙齿咬合不正也是很大的问题。只要一想到这些问题，卡特就寝食难安。但他有决心，只要能进海军学院，什么苦都愿意吃。卡特做了很多工作，努力克服这些身体上的不足：他拼命吃东西，以增加体重；每天坚持锻炼身体，促使自己长高；每个星期，踩着可乐瓶子滚动好几个小时，锻炼自己的脚掌力；多与别人交流，矫正牙齿。

对于卡特要上"海军学院"的决定，老卡特很支持，也给予了很大的帮助。毕竟老卡特自己也当过兵，对军队还是很有感情的。再者，儿子大了，有自己的理想是好事。卡特一直努力克服自身的不足，老卡特则为他提供外部条件。在美国，想当海军军官，必须是从美国海军学院毕业的学生。美国"海军学院"有一点不同于一般大学，进入该学院的学生不用交纳学杂费。为了避免太多学生因这个条件而报考"海军学院"，"学院"出了两个附加条件：凡报考该学院的学生，必须由一位联邦国会议员推荐；学生毕业后，必须在军中的某些特别部门担任公职数年。后面这个条件对卡特是没问题的，但前面的条件，还得老卡特去想办法。

佐治亚州的史提芬·佩斯是老卡特的朋友，当时正好是美国联邦国会里的一位众议员。美国联邦众议院议员的任期是每届两年，佩斯每两年都参加竞选。每次选举，他都得到了老卡特的支持。其实，老卡特这么支持佩斯，也有自己的私心。老卡特经营的农场作物主要是花生，而佩斯在联邦众议院从事"种植花生的立法"活动，因而对老卡特经营花生生意有很大用处。当卡特表示想上"海军学院"后，老卡特便利用了这层关系。

1941年，卡特从普兰斯中学毕业。可佩斯众议员却由于种种原因没能及时帮上忙，卡特只得先到佐治亚西南学院上一年学。

1942年，在佩斯议员的大力推荐下，卡特以"海军预备军官训练团学生"的身份，暂时进入了亚特兰大的佐治亚理工学院。在那里，他只用一年的时间就学完了进入海军学院的全部预备课程。

1943年春天，卡特进入"海军学院"的申请终于得到批准，正式成为安纳波利斯海军学院的学员。

在学院的第一年，卡特过得并不轻松，不仅要忍受想家的痛苦，还要应付高年级学长的各种戏弄和折磨。在这所学院里，一年级新生的日子非常难过，连想安安静静吃顿饭都很困难。高年级的学长们会在吃饭时间不断地向新生提问题或做调查，有时还要新生唱歌、背书。他们不仅处处刁

JIMMY CARTER

难新生，还想出多种理由惩罚新生，如餐桌上礼貌不周、看人时面部表情不对、回答错误等，都要受到惩罚。

高年级学长对新生的惩罚方式也是五花八门，其中"坐太空椅"是各种体罚中最普通的一种。具体的方法是：让新生端端正正坐好，但屁股不能挨着椅子。这种方式很折磨人，很多新生都被弄哭过。另外，趴在桌子下吃饭是对餐桌上不懂礼貌新生的惩罚方式。有时，有些高年级学长还会命令新生弯下腰，用扫帚使劲打他们的屁股，但最让新生心惊胆战的还是学长们用大圆铁锹打他们的屁股。除了忍受这些惩罚，新生经常还会被学长们要求在起床号响起之前起床，在黑暗中沿着教练场或障碍场跑步。

这些学长们的惩罚简直就是家常便饭，有时还与正常的学院惩罚并行。

从入学第一天开始，学院经常会延长行军路程、让新生划重船、关禁闭、记过、扣分等。这些都是学院日常生活的一部分，根本没有办法避免，即使品行最优秀的学生也一样得忍受。

学院里的训练和测验很残酷，如果谁表现出懦弱、受不了的样子，那么各方面的攻击、惩罚、骚扰和奚落就会随之而来，迫使其退学。

在学院里，面对种种处罚与嘲笑，卡特都坚强地挺了过来。他并未把学长们的惩罚当真，而是把它当做一种考验，理智地接受了。

学院生活中，新生要面对学长各种各样的刁难，以及层出不穷的处罚，但这些并不是他们最害怕的事。最让他们害怕的事是每天晚饭后的演讲。学院要求，晚饭前，每个新生都要准备一篇演讲稿，演讲稿要求内容风趣幽默。然后，学院在这些新生里挑出15至20人，让他们穿上礼服，去参加一位高级军官主持的宴会。去参加宴会的这些新生，总有三分之一的人会被叫上去发言，而且没有人会提前通知"下一个将轮到谁"。由于是随机抽人，所以这种演讲让新生心惊胆战。不过，这种方式也锻炼了新生的胆量和随机应变的能力。

学院对学生的学业要求非常严格，作业量也相当大，且难度很高。尽管新生们非常努力，可仍然经常有人完不成作业。课程中，枪炮术、驾船术、航海术、天文学、工程学和海军战术，都是理论与实践相结合的功课，新生不但要善于动脑，还要勤于动手，才能完全掌握这些知识。卡特进海军学院时，因为已经在西南学院上了一年学，加上在佐治亚理工学院又预习了一年的海军课程，因此他的学习成绩很不错，在820名毕业生中，他排第59名。

卡特进入安纳波里斯海军学院后，特别注意锻炼身体，不仅参加了越野赛跑和武装赛跑，还参加了学院举办的足球赛。毕业后，他的体重已经达到了135磅。

平时，除了学习本专业的必修课之外，卡特还利用很多闲余时间学习人文知识。他对文学、哲学、神学、美术和音乐都很感兴趣，经常阅读这些方面的书籍。室友和卡特一样也很喜欢音乐，于是他们从微薄的学生补助中拿出一部分钱买各种古典音乐唱片听，其他宿舍的同学也会去他们的房间一起听。在听音乐的过程中，他们还会就管弦乐队的演奏和音乐会的相关问题进行讨论。

每隔几周，卡特他们会被学院派出去当一天勤务兵。那一天，他们不用上文化课，只需站4个小时的岗就可以了，其余8个小时就空了出来。但由于在营区内执勤，即使有了空闲时间也不能出营自由活动。有时，他们还会被叫到河对岸的海军基地，上"识别世界上各种飞机和船舰"的课。

在上这门课时，卡特必须记住成百上千种飞机和船舰的轮廓及标志。最后，教官还将这些飞机和船舰的模型投影在屏幕上，对学生进行考核。如果能在几秒钟内识别出这些飞机和船舰的型号，才能算真正掌握了这门课。

在上"识别飞机及船舰课"时，卡特总是很用心地听讲，努力记住教官的每一句话，争取做到对飞机的外形了如指掌。这门课结束时，卡特成为众多学生中辨识世界船舰和飞机的佼佼者。

对于单调的学院生活来说，不用做功课而去学开飞机真是一种不错的调味剂。由于表现优秀，卡特和其他几个学生被学院指定在海军基地学开"水上飞机"，卡特在飞行员的悉心教导下，掌握了飞机在水面降落和起飞的全部技术，还学会了操作老式飞机的技巧。

JIMMY CARTER

卡特在"海军学院"上学时，正是第二次世界大战时期。因此，学校一直对学生们的课程进度抓得很紧，希望能让他们提前一年修完课程，好早日参加战斗，为国效力。可等卡特这批学生正式到部队服役时，战争已经结束了。

每年夏天，海军学院的学生都要进行大规模的航行训练，他们所乘的大都是老战舰。卡特第一次参加航行训练时，才发现自己晕船，但他靠自己的毅力克服了这个毛病。

卡特乘的是一艘叫"纽约"号的老战舰，它是用"大往复引擎"来推动的。战舰上设有很多工作站，设立这些工作站的目的是让新兵在执行战斗任务时，可以轮换着做各种工作，以尽快掌握这艘战舰的各种性能，便于对敌作战。卡特和同学们除了担任正常的战斗任务外，还要做清洁和保养战舰的工作。在警戒工作中，卡特负责高射炮操作；做清洁工作时，他主要负责打扫船尾的厕所。船尾厕所的设备很简单，就是在船尾最后面的锲形舱上架设一个长水槽。这条长水槽与海水相通，海水会不断地涌到长水槽的底部，把粪便冲进海里。打扫厕所时，最糟糕的事情就是碰上恶劣的天气。那时，浪涛汹涌、海水猛烈击打着船体。从水槽中涌出的海水，会打湿甲板和正在使用厕所的人，粪便也会被海水冲上甲板。这给清洁人员带来相当大的难度，因而大家都不喜欢这个工作。

船上的工作繁杂而辛苦，很难睡个好觉，能够好好睡上一觉就成了他们最渴望的事。平时，他们都在甲板上睡觉。起床号一响，就得迅速起来，收拾好铺盖，因为负责清洗甲板的人来工作了。那些人才不管甲板上是不是有人在睡觉，他们只管做好自己的工作，用水管喷水冲洗甲板。因此，睡在甲板上的人如果不迅速收拾好自己的铺盖，铺盖就会被水喷湿。

卡特参加航行训练期间，正值美国与德国作战时期，德国潜艇一直是他们的最大威胁。

1944年夏天，卡特参加演习任务时，曾有一次近似实战的体验。当时，卡特所在的战舰正在巡逻，一艘德国潜水艇跟他们相遇了。卡特他们想极力摆脱德国潜艇，双方展开了一场激烈的追逐战。虽然卡特所在的战舰最终摆脱了德国潜艇，但战舰上的助推器坏了一个。这个助推器损坏得非常严重，已经扭曲得不成样子了。卡特他们将此事反映给学校，不久，就接到学校的命令，让他们返航，待修理后再出来巡逻。

返航时，卡特跟他的同学依然负责打扫船尾的厕所。可是现在这个工作更不好做了，因为每次只要船一掉转方向，坏掉的那个助推器就会倾斜，船尾就会翘起来，粪便顺着海水从水槽中冲到甲板上。虽然卡特跟他的同学们努力了，可厕所的情况不但没有转好，反而越来越糟糕。所以凡是做过清洁工作的人常会拿这件事开玩笑，说海军学院除了给他们发战斗勋章外，还应该给他们发特别服务奖章。

1945年8月6日和9日，美国分别在日本的广岛和长崎各投下一枚原子弹，迫使日本停止对外作战。那时，卡特和同伴们正在北大西洋海上进行航行训练，听到这个消息，都非常高兴。他们都认为美国的这一策略是制止战争的最好方式，假如继续跟日本交战，将会有更多的人失去生命。

没过几天，美国总统杜鲁门通过电台，向美国人民发布《关于刚刚投在日本本土上的原子弹性能》的军事报告。

卡特和军舰上数百名水兵都静静地坐在甲板上，通过扩音器，凝神倾听杜鲁门总统的报告。杜鲁门总统所说的这种核武器的威力，实在令他们难以置信。在此之前，对于这种破坏力极大的武器，他们一点都没听到过，因而无法理解它的出现会有怎样巨大的意义。

数天后，卡特和同伴们听到日本投降的消息，非常激动。可他们还得在海上执勤，不能去时代广场庆祝战争的胜利，心里非常羡慕那些能到现场的人。

卡特跟他的同学参加航行训练期间，到过很多地方，如牙买加、波多黎各、维尔京群岛以及加勒比海等。

2 喜结良缘
JIMMY CARTER

1946年，卡特以优异的成绩从安纳波利斯海军学院毕业。一个月后，

JIMMY CARTER

在故乡普兰斯镇,他同心上人埃莉诺·罗莎琳·史密斯喜结良缘。

埃莉诺·罗莎琳·史密斯,出生于1927年8月18日,同卡特一样,也是普兰斯人。

罗莎琳上大学时,正值二战时期,美国的男孩子大都应征入伍。没去成的男生要么是征兵不合格,要么正在上高中。罗莎琳周围的男孩子寥寥无几,学校的生活死气沉沉、单调乏味。尽管如此,并没有阻碍年轻人对美妙爱情的追逐。

罗莎琳大学二年级时,痴迷地恋上了一张照片,而照片上的这个人就是吉米·卡特。那时,罗莎琳的好友,也就是卡特的妹妹露丝还在普兰斯镇上读高中。尽管罗莎琳和她一个上大学,一个上高中,可她们的友情并没有中断。罗莎琳还跟以前一样,经常去卡特家找露丝玩。

一次,上海军学院的卡特给家里寄了一张军官照片,露丝就把它挂在了自己房间的墙上。一天,罗莎琳又来找露丝。无意间,她看到了卡特的这张军官照。情窦初开的罗莎琳立刻被照片上的军官迷住了,再也无法将视线移开。她越看越觉得卡特英俊潇洒、魅力无穷。从此,她就对卡特着迷起来。

事实上,罗莎琳很小的时候就见过卡特。那年夏天,卡特在镇上卖冰淇淋,罗莎琳向他买过一个蛋卷冰淇淋。在罗莎琳眼里,卡特那时也不过是个小生意人。自此以后,他们就没再见过面。后来,罗莎琳和露丝成了好朋友,经常到卡特家去玩。

自从见了卡特的那张照片后,罗莎琳去露丝家的次数更多了。每次一到露丝家,她不再跟露丝谈天说地,而是不停地向露丝打听卡特在学校的生活状况,还时不时地盯着卡特的那张军官照片发呆。卡特的容貌在罗莎琳的心头不但挥之不去,反而越来越清晰。每当罗莎琳想起照片上的人,就会心花怒放。

罗莎琳打听卡特的次数多了,就引起了露丝的怀疑。露丝从她的言谈举止中,发现罗莎琳喜欢上了自己的哥哥。在向罗莎琳求证后,露丝高兴极了,自己的好友暗恋自己的哥哥,当然是一件值得高兴的事。露丝主动当起了红娘,要竭力促成他们的姻缘。

此后，露丝一直想方设法为罗莎琳和卡特安排见面机会。只要卡特回家过暑假或圣诞节，露丝就给罗莎琳打电话，叫罗莎琳去她家。每次接到露丝邀请她去卡特家玩的电话，罗莎琳都会惊惶不安。她虽对照片上的卡特十分痴迷，但对于真要见卡特却有些担心，不知道见了卡特会怎样。而且罗莎琳生性比较腼腆，她总是担心自己会在卡特面前出丑，更担心即使见到卡特，卡特也不一定会跟她说话。露丝的安排几乎没有成功过，因为她没有把罗莎琳暗恋卡特的事告诉卡特。由于不知有人暗恋自己，所以每次回家，卡特总是忙着去见朋友或是跟朋友出游，真正在家待的时间很少。几乎每次露丝的安排都会是：罗莎琳到了，卡特出去了；卡特回来了，罗莎琳又走了。因此，卡特和罗莎琳一直没见上面。

1945年夏天，卡特又回家过暑假。露丝赶快把卡特回来的事告诉了罗莎琳，并帮罗莎琳安排了和卡特见面的时间。可是当罗莎琳到达卡特家的时候，卡特又出门了，还是没见着。一直到卡特的假期即将结束时，在露丝的帮助下，罗莎琳和卡特才真正见了面。

那天，露丝给罗莎琳打电话，说她和卡特准备去野餐，地点是离普兰斯几英里远的他们家的那座小屋，希望罗莎琳能跟他们一起去。还一再向罗莎琳保证，这次绝对不会让她失望。罗莎琳高兴地答应了下来。罗莎琳很清楚：卡特是她的梦中情人，第一次"真正"见面太关键了，一定要给卡特留下难忘的印象。精心准备了一番后，罗莎琳与卡特兄妹会合，然后一起去野餐。一路上，罗莎琳因为自己能跟卡特在一起而激动不已，表面上却没有表现出来。

在这一次野餐中，罗莎琳也吸引了卡特的注意。卡特发现罗莎琳不爱说话，好像还很害羞。为了打破僵局，卡特不断跟她开玩笑。卡特的笑话，使得野餐的气氛轻松了很多，罗莎琳的心情也放松多了。她还暗中鼓励自己，一定要抓住机会赢得心中"白马王子"的青睐。罗莎琳一改往日沉默寡言的习惯，和卡特无拘无束地聊起了天。

这一天，三个人玩得很愉快。野餐结束后，卡特和露丝送罗莎琳回家。到家后，罗莎琳觉得自己的表现还不错，但没有把握自己一定会给卡特留下深刻的印象。她还想，也许事情大概就到此为止了，卡特怎么会喜

JIMMY CARTER

欢上自己呢？

第二天傍晚，罗莎琳去参加教堂举办的一个青年集会。她和朋友们站在教堂外面聊天时，一辆小汽车开了过来。罗莎琳也没太在意，继续和朋友们聊天。车门打开了，从里面走出一个人，原来是卡特。罗莎琳看到他时，既激动又开心，她根本没想到卡特会来，更没想到卡特是专门来找她的。当卡特径直走到她面前时，她都不知道自己要说些什么了。这时，卡特笑着说：想邀请罗莎琳一起去看电影。罗莎琳完全惊呆了，这是她怎么也没想到的。等反应过来后，她马上答应了卡特的邀请。

看电影时，罗莎琳完全沉浸在与卡特约会的喜悦之中，完全没留意影片的内容。电影结束后，卡特开车送罗莎琳回家。当时，凉风习习，夜空中挂着一轮皎洁的圆月。卡特一边开车，一边与罗莎琳聊着天，车内的气氛轻松而自然。到罗莎琳家门口时，卡特轻轻地吻了罗莎琳，然后帮罗莎琳开车门，目送她走进家门。卡特的吻，让罗莎琳既羞涩又兴奋。她没想到第一次约会，卡特竟会亲吻自己。这个吻甜蜜而温暖，罗莎琳一直陶醉在其中。直到进入家门，见到母亲时，母亲和她说话，她才回过神来。

卡特回到家后，马上把他和罗莎琳一起看电影的事告诉了母亲莉莲。莉莲问他是不是喜欢上罗莎琳了，卡特肯定地回答："是！"他还告诉母亲："罗莎琳就是我心中认定的妻子。"

罗莎琳和卡特的这两次见面，彼此相处得都很愉快，按理说，他们应该趁热打铁，多见几次面，增进彼此的感情。可罗莎琳觉得，他们进展得太快，让人觉得有点不真实，便决定到了圣诞节再跟卡特见面。

可再过几天，卡特就要回学校了。露丝坚持要罗莎琳去为卡特送行。罗莎琳虽然觉得发展有些快了，但还是很想见卡特一面，于是便答应露丝去送卡特。

走的那天晚上，卡特的家人和罗莎琳都来为他送行。卡特见到罗莎琳，既惊讶又高兴。他跟家人道别后，走到罗莎琳跟前，悄悄问她能不能给他写信，罗莎琳愉快地答应了。卡特竟当着家人的面又一次吻了罗莎琳。罗莎琳的脸，一下子红了，羞答答地低下了头。

此后，卡特和罗莎琳的信件往来十分频繁。他们在信中谈生活、谈理想，而对彼此有了更深一步的了解。卡特在信里还常跟罗莎琳开玩笑。有一次，他给罗莎琳写了一封信，告诉她说自己跟一位很漂亮的姑娘一起外出了，并花了很长篇幅说他们做了什么，心情怎样等等。罗莎琳越看越生气，看到信的结尾时却不由得笑了，原来这个姑娘是海军学院院长的女儿，只有十来岁。卡特担心罗莎琳总待在家里等他，会很孤单，便在信中劝罗莎琳找其他男孩玩。这种话说的次数多了，罗莎琳很恼火。后来，罗莎琳给卡特写了一封回信，信中介绍了她在学校里认识的所有男生，包括只有一面之缘的男生。罗莎琳这招果然奏效。卡特收到信后非常生气，马上回信，让她以后不要再找任何男生了，言词之间满是怨气。罗莎琳看了回信，却满心欢喜，因为她看出卡特非常在乎她。

卡特上学的军校离家不算太远，在圣诞节的时候，他又回家探亲。一到家，他就迫不及待地去找罗莎琳。恋人之间应该有的节目他们都参加了：他们一起开车去兜风、一起坐在火堆前听歌、一起出去看电影、一起参加圣诞节的舞会。聊天时，卡特问罗莎琳为什么会喜欢上他。当卡特得知罗莎琳喜欢上他，是因为看了他穿军装照的那张照片时，就跟罗莎琳开玩笑说，罗莎琳不是爱上了他，而是爱上了他的那套军装。

圣诞节那天早上，卡特送给罗莎琳一件礼物。礼物是一个十分精致的带镜子的小粉盒，盒子中心刻着"我永远爱你"的字样。罗莎琳收到这个礼物，惊喜万分。

圣诞节的假期很快结束了，在离家前的一天晚上，卡特正式向罗莎琳求婚。卡特原以为罗莎琳会一口答应下来的，谁知罗莎琳委婉地拒绝了他。罗莎琳说：她还没有做好结婚的心理准备，卡特的突然求婚让她惊慌失措。她认为自己年龄还小，更重要的是她不愿意违背父亲的意愿而就此辍学。再者，她对自己结婚以后是否一定会幸福没有信心。对卡特说完这些后，她又担心自己的拒绝会失去卡特，于是尽力解释原因，使卡特相信她是真心爱他的。卡特对罗莎琳拒婚这一举动表示十分理解，他没有埋怨罗莎琳，反而认为她更值得自己去爱。卡特的宽容和理解，让罗莎琳肯定自己选对了人。两人约定，虽然暂时不结婚，但保持恋爱关系，继续书信往来。他们没有把这件事告诉任何人，就当什么事也没发生过。

JIMMY CARTER

圣诞节一过，卡特就回学校了。之后，他和罗莎琳几乎天天通信。渐渐地，罗莎琳心里的犹豫慢慢消失了。她决定主动去海军学院看卡特，以表示自己的真心。那是她第一次去海军学院看望卡特。就是在这第一次的探望中，罗莎琳羞涩地答应了卡特的再次求婚，但俩人私下商定此事暂时对家人保密。罗莎琳来看卡特的那天，凑巧老卡特和莉莲也到海军学院来了。但卡特和罗莎琳都没有对两位老人谈起结婚的事。由于罗莎琳的到来，卡特疏于照顾老卡特夫妇，这令老卡特非常恼火。

过了些时候，卡特和罗莎琳决定把他们订婚的事告诉各自的父母。当罗莎琳的母亲阿莉听到这个消息后，只是问罗莎琳"是不是已经完全想好了"。在得到罗莎琳的肯定回答后，她为女儿找到了自己的归宿，由衷地感到高兴。

然而，当卡特把这件事告诉父母时，老卡特表示反对，而莉莲表示支持。老卡特反对的原因有二：第一，他对卡特寄予了厚望，认为好男儿应该"先立业后成家"。他原以为卡特会在海军中干出一番事业后才结婚，没想到现在就要结婚了；第二，罗莎琳不符合他心目中儿媳的条件。尽管老卡特反对他们结婚，最后还是为二人的真情所动，同意了他们的婚事。

卡特和罗莎琳在得到双方父母的同意之后，定下了结婚的日子。这期间，罗莎琳正好大学毕业。

1946年6月，卡特从军校毕业，回到家乡准备和罗莎琳完婚。7月7日下午，卡特和罗莎琳举行了简单的婚礼。他们的婚礼是在普兰斯镇一个私人小教堂里举行的，规模很小。他们没发请帖，也没请傧相，只有他们两家的亲戚及一些关系特别好的朋友来参加。但他们两人很满足，因为他们是真心相爱的。

他们的婚礼，还有一个小小的插曲值得一提。卡特在海军学院上学时，不管是与人有约，还是去上课，都很守时。结婚这么重大的事情，当然更不可能迟到了，可结婚那天却由于时间的误差出了一点小问题。那天，卡特提早到罗莎琳家接她，然后开车去教堂。卡特知道他们有足够的时间去教堂，便开着车不紧不慢地向前驶着，也很想借这个机会与罗莎琳单独待会儿。谁知当他们刚抵达教堂时，却听到了钢琴手正在演奏婚礼进行曲的最后几小节。卡特看了看表,很显然,钢琴手的表快了5分钟。这时,婚礼进行曲已经快演奏完了,他顾不了许多,一把抓住罗莎琳的手冲出车子,快速向教堂跑去。他们在教堂门口稍微停留了一下,喘了口气,等呼吸平稳后,才镇定自若地走进教堂。当他们举行结婚仪式时,钢琴手把婚礼进行曲又弹了一遍。就这样,罗莎琳成了卡特的妻子,实现了自己的梦想。

3 诺福克海军基地
JIMMY CARTER

美国海军学院规定,凡从本学院毕业的学生,必须服从学校分配,即毕业后需要在海军中的某些特别部门担任公职数年,去向由抽签来决定。卡特抽到的号码不是很靠前,被分到美国实验军舰"怀俄明"号上服役,到弗吉尼亚诺福克海军基地接受演习训练。

卡特带着新婚妻子罗莎琳一起去了诺福克海军基地。他们在基地附近租了一栋房子,开始了婚后的新生活。

卡特的主要工作是:操作新安装在"怀俄明"号上的仪器,例如,操作新型航海仪、雷达、火力控制、通讯和射击等设备,还要检验它们的性能。除了把本职工作干好,卡特还利用业余时间学习了一些其他技能,如怎样修理电子仪器、分析枪炮的准确性、怎样操作无线电设备以及统计评估各种航海仪器等。

虽然罗莎琳跟着卡特来到了诺福克,但也很少能见到卡特的面,因为卡特的大部分时间都是在海上度过的,每周只有一两个晚上待在家里。卡特在"怀俄明"号上的工作日程是:从星期一到星期四或星期五,都在海上工作;回到港口后,在舰艇上值一个夜班,周末有三分之一的时间得出海。

卡特不在家的时候,罗莎琳常常不知道该怎样处理家务。当时罗莎琳只有19岁,又从未离开过家,还没有从父母那里学到料理家务的能力。可是，卡特实在太忙了，顾不上提醒她什么时候该做什么事，他相信罗莎琳会把一切都安排妥当的。起初，罗莎琳觉得自己什么都做不好，可她不想让卡特失望，也不想让卡特有后顾之忧，便努力地学做家务。渐渐地，她学会了处理各种日常事务：做饭、管理账目、跟房东或电工打交道等。当时，卡特每个月的工资是300美元。其中100美元用来交房租，54美元作为卡特在船上的伙食费，75美元用来买战争公债，剩下的71美元用于家里的日常开支。罗莎琳把这些账目记得清清楚楚，只要一查就知道钱干什么用了。

卡特的海上工作有时会遇到一点小麻烦。有一次，"怀俄明"号快要进港时，却被临时通知说此船安全系统不好，不能在诺福克军舰码头靠岸。卡特他们不得不在离港口很远的地方抛锚停泊。

1947年，卡特所在的军舰"怀俄明"号被"密西西比"号军舰取代。"密西西比"号成为另一艘海军实验船。就在这一年7月13日，卡特的第一个孩子在军中医院出生。卡特和罗莎琳非常高兴。他们给这个孩子取名叫约翰，平时他们亲昵地称他杰克。

孩子没出生前，卡特由于工作忙，经常外出执勤，家里的重担全压在罗莎琳一个人身上。孩子出生后，罗莎琳更忙了，整天围着锅台和孩子转。家里的经济状况原本就不宽裕，有了孩子后，日子过得更是紧巴巴的，她不得不想办法节省开支。有时，实在太辛苦，她觉得自己都快撑不下去了，可只要一想到卡特，一看见他们可爱的孩子，她浑身就又充满了力量。

第二次世界大战结束后，美国政府为了使国家恢复元气，采用了休养生息的政策，战后海军的情况是：一、应征入伍的人数明显减少，海军人员的编制只有正常编制的三分之二，大部分军舰的服役人员不足，而且军中士气低落。二、海军行动的经费被大大缩减，海上行动也相应减少了。虽然卡特对工作很感兴趣，但现实情况却令他十分沮丧。他认为在和平时期当海军，没有什么发展机会。因此，在两年服役期将满之际，他开始考虑自己以后要走的路了。卡特决定去英国牛津大学深造，可他的申请没有被批准。这让他有一种挫败感，不过，卡特本来就不是一个容易灰心丧气的人，很快就从挫折中走了出来。经过和罗莎琳商量，他们觉得"潜水艇上的工作"会比较有前途。于是卡特转而申请参加潜艇工作，申请很快获得了批准。

　　1948年夏天，卡特被派到康涅狄克州新伦敦海军潜艇基地的潜艇学院，接受为期半年的军官训练。罗莎琳和孩子也跟他一起搬进了潜艇基地的营房。从此，卡特的作息时间才恢复了正常，每天晚上都能回家，这对罗莎琳来说是一件值得高兴的事。

4 与潜艇结缘
JIMMY CARTER

　　新伦敦海军潜艇学院非常有名，在那里进行的模拟海战，可以和第二次世界大战时真正的潜艇行动相提并论。另外，学院里的竞争非常激烈，能留在那里的都是精英分子，学院的教官都以自己能在潜艇学院任教而感到自豪。卡特被派到这所学院，当然十分高兴，他又恢复了当年的雄心壮志。

　　卡特这些新学员必须反复操作潜艇上的各种系统，直至达到熟练掌握的程度。他们还要学习营救训练，这项训练是在一个大水槽中进行的。每个学员从气闸进入大水槽的底部，然后依靠自己带的氧气筒呼吸，上升到水面。通过训练，学员们逐渐掌握了营救技巧。又经过一段时间的训练，他们有时即使不带氧气筒，也能很轻松地从水槽底部浮到水面上。

　　冬天的时候，卡特在新伦敦海军潜艇学院为期半年的学习即将结束，他和罗莎琳焦虑不安地等着学院的指派。命令终于下来了，卡特被派到美国"松鱼"号潜艇上服役，训练基地是夏威夷岛的珍珠港，任务是先去中国海巡航3个月。卡特和罗莎琳商量怎样安排好这3个月的生活。最后，他们决定让罗莎琳先带孩子回普兰斯老家，等卡特巡航回来后，再把她们母子接来珍珠港一起生活。卡特把罗莎琳和杰克送回普兰斯后，就前往夏威夷服役的第一艘潜水艇"松鱼"号上报到。

　　卡特和战友乘着"松鱼"号潜艇第一次越洋时，就碰上太平洋上罕见

JIMMY CARTER

的暴风雨。在这场暴风雨中，很多船都失踪了，卡特也因这场暴风雨差点没了命，但好在有惊无险。

那时，美国还没有通气管潜艇，为了获得充足的空气让内燃机发动起来，每天晚上，潜艇必须升到水面上换气。暴风雨来袭的前一天晚上，潜艇又浮到水面上换气，卡特站在驾驶台上值班。海上阴风怒号、白浪滔天，船在水中不停地上下颠簸。卡特奋力抓住船舷内侧的一根铁管扶手，才保持住了平衡。这时，他离海平面大约有15尺高。突然，一个巨浪向潜艇打来。潜艇受到猛烈冲击，摇摆得更厉害了。卡特一时没抓牢，被汹涌的海浪吞没。

卡特害怕极了，求生的本能让他拼尽全力，不让浪头把自己打沉。他拼命地向潜艇游去，但又一个浪头上来了，把他抛得很高。落下来时，他正好跌在了潜艇尾部一个5英寸炮管的顶部，这个炮管距他原来站的地方大约有30英尺远。卡特死命抓住炮管，沿着它慢慢下滑到甲板上。等他站稳后，才小心翼翼地走回到值班室。当时，他被浪头打进海里时，情况危险极了。如果第二个海浪冲击的方向稍微偏一点的话，那么卡特就会又被海浪带进黑暗的大海里，而不是刚好掉到船上了。卡特想到刚才的一幕，心里还是一阵恐慌。

根据规定，潜艇外出执行任务时，船员每天都要向太平洋舰队总部报告他们所在的位置。由于这场暴风雨，"松鱼"号潜艇上的无线电发报系统被海水打坏了，只能收不能发。因此，在规定的时间内，总部没有接到"松鱼"号潜艇上人员发来的报告，便不停地呼叫他们。后来见他们没有回答，便停止了呼叫。

当时，卡特和战友们能清楚地听到总部的呼叫，却没法回应。他们决定改变航程，转往中途岛的通讯站。只有利用中途岛的通讯站，才能联系上总部，汇报他们这次遭遇暴风雨的真实情况。

卡特和战友们想尽办法使潜艇快些到达通讯站，以便尽早把他们的消息通知给总部。尽管他们已经以最快的速度赶往中途岛通讯站，可是总部已经发出了他们遇难的公告，并将这一消息通知了他们的家属。潜艇上船员的妻子当时都住在夏威夷，接到海军总部的公告，都大哭起来。

当卡特他们来到通讯站后，赶紧把他们还活着的消息发给了总部。总部接到消息，感到很惊奇，原来他们活下来了，赶紧又重新发出公告："松鱼"号潜艇上的海军官兵仍然活着，现在正在中途岛的通讯站休整。听到这个公告时，大家都哭笑不得，但更多的还是为他们活着感到高兴。当时，罗莎琳远在普兰斯，因而对此事一无所知。这也是罗莎琳的幸运，至少她不必为卡特担惊受怕。罗莎琳在自己的回忆录中也说："我真感激普兰斯这个偏僻的地方。"

潜艇上生活，惊险又刺激，卡特更加喜欢这份工作了。经过一段时间的航海磨炼后，卡特逐渐熟悉了工作的基本情况，并开始潜心研究有关"松鱼"号潜艇的一切知识。他对每个系统都作了深入了解，以便在遇到突发情况时，能够游刃有余地应对。

在潜艇上，船员们的性命是紧密相连的，只有大家团结协作、互相配合，才能处理好航行时遇到的各种困难，保障自身的安全。潜艇上的每一个人员不仅要认识到自己工作的重要性，还要熟知潜艇上的每一个系统，以备不时之需。如果有人对潜艇的相关事宜表现出漫不经心或缺少兴趣的样子，马上就会被调到普通军舰上去。

"松鱼"号在中国东南沿海的港口停留了3个月，任务是让美、英两国停在中国港口码头的军舰以"松鱼"号为假想敌，练习反潜艇战术。

在巡航的3个月里，他们每天工作8小时。执勤4小时，休息4小时。不过，在休息时间里，他们仍得照常执行一切例行的任务。

1949年4月，卡特结束了为期3个月的巡航工作，被调回夏威夷。罗莎琳带着儿子杰克也乘船来到夏威夷跟他会合。

在夏威夷，卡特一如既往地忘我工作。在业余时间里，别人玩扑克牌或聊天，他要么学习潜水知识，要么看书。平时，卡特总是沉默寡言，很少跟别人交流。他的这种态度，让人觉得有点难以亲近。但是卡特乐于助人、高姿态的领导作风，赢得了同事对他的尊敬。

在夏威夷，卡特和罗莎琳一起度过了美好的时光。1950年4月，他们的第二个孩子詹姆士出生了，他们叫他"契普"。卡特也在这一年正式获得了在潜艇上工作的资格。

JIMMY CARTER

卡特所在的潜艇奉命调到圣地亚哥执行任务。在圣地亚哥停留了几个月后，卡特接到命令，负责"K-1"号潜艇下水服役前的工作。自从第二次世界大战结束以来，美国海军没有再造新潜艇，"K-1"号是美国海军总部在战后建造的第一艘潜艇。"K-1"号是这艘潜艇的代号，它的设计和制造由新伦敦电船公司负责。当时，卡特是以在这艘船服役前的高级军官身份去的，因此可以带家属。卡特一家在新伦敦一直住到"K-1"号潜艇下水服役。

在新伦敦，卡特的任务是代表海军负责这艘新船的设备评估等方面的工作。如果潜艇里某些部分设计的不合理，他还要对其重新设计。

卡特本身就对潜艇十分感兴趣，能到"K-1"号潜艇上工作，这令他很开心，做起事来也分外卖力。"K-1"号潜艇上还有其他军官，但在这艘潜艇上一待就是几个月的只有卡特一个。"K-1"号快要服役时，卡特整天都待在艇上，试调各种新设备。

"K-1"号潜艇的相关事宜接近尾声时，来潜艇上服役的新兵和从其他基地到"K-1"号潜艇上服役的军官也相继来了。潜艇开始下海试航。艇上的各种操作程序和操作方式由卡特一手负责，同时还要将这些程序和方式教会潜艇上的其他人员。

"K-1"号潜艇下海后，将会有很长一段时间在水下作业。在此期间，潜艇上的机械全都停止开动，艇上人员的生死全靠偶尔升降的潜望镜来推断。移动潜望镜时，一定要掌握好潜艇的浮沉速度，这样潜艇才不至于前后或上下颤动。要使潜水艇平稳升降，需要技术，而这也正是考验驾驶人员技术的时候。在潜水艇缓慢浮沉的过程中，卡特等人所处的空间几乎完全是寂静无声的。这使他们能够听到水底各种动物发出的声音，卡特觉得自己跟自然很接近，感到有种彻底放松的感觉。

"K-1"号潜艇在试航时，只做过一次"伤害"其他船只的事。那是在马萨诸塞州普罗文斯敦附近发生的。那时，卡特跟同事正在检验"K-1"号潜艇的发射性能，他们试发了一枚练习鱼雷。按照原定计划，这枚鱼雷到达终点后，浮在水面上。由于水的上下波动，鱼雷也跟着忽上忽下。这时，远处一艘渔船上的渔民看到有东西在水里忽上忽下，漂浮不定，就想看看到底是什么东西。可当渔船驶到鱼雷漂浮的地方时,鱼雷不见了。正在渔民疑惑不解时,这枚鱼雷突然从水里冒了出来,把渔船撞了一个大洞。海水立刻涌入渔船,渔船开始下沉。见此情形,渔民不得不把船驶向岸边。卡特他们没想到会发生这种事情,急忙向渔民道歉。

潜水艇上的任务艰巨、危险,且要求严格,有些人会因过分紧张和恐惧而致使精神崩溃。有一次,卡特他们潜入水底约三个星期之后,有一个电工由于患上幽闭恐惧症而发狂了。他们用静脉注射补充他的营养,并且把他捆在床上不让他到处乱跑,可是这种做法对他的病情一点帮助也没有。最后,他们不得不将潜艇升出水面,把这个电工转送到离百慕大南边几百里的一个地方,在那里有飞机可以送他去医院。从那以后,这个电工再也没有回到任何一艘潜艇上。

潜艇上的工作会遇到诸多挑战,可卡特他们依然很喜欢它,因为这个工作让他们享受到了人与人在心灵上的那份亲近感。他们也以自己能够胜任这种高难度、高挑战性的工作而自豪。

在"K-1"号潜艇服役期间,虽然卡特全权负责这艘战舰的操作工作,却从来没有独自指挥过这艘潜艇。即使他有能力指挥潜艇作战,他也没有机会实践。因为他在海军的军衔不够高,所以想独自指挥舰艇是不可能的。

5 向雷克佛将军学习
JIMMY CARTER

在潜水艇上,卡特由于工作努力,很快得到了升职。但他对自己目前的职位仍不满意,总是期望有更大的发展。

1949年,美国海军开始发展第一批核动力潜艇。原来的潜艇需要蒸汽才能发动起来,这就需要潜艇定期升到水面加燃料;核动力潜艇则不需要追加燃料,所需的蒸汽由一个受控制的原子反应堆供给即可。因此,在军事上使用原子能是一次革命性的进步,而美国海军将军雷克佛就是这一革命性进步的主要发起人之一。

JIMMY CARTER

美国开发原子弹时，雷克佛将军曾在田纳西州的橡树岭担任曼哈顿工程区行动组组长，参与了研制原子弹的相关工作。1949年，他和原子计划署的其他4个成员开始拓宽原子能的运用范围。他们研究了各处的原子设施，认为美国完全有条件制造出核动力潜水艇。于是，他们向海军总部提出建造这种潜艇的建议，但建议并没有被采纳。雷克佛将军没有泄气，他继续为促成这件事四处奔波。雷克佛将军写信给海军上将切斯特·尼米兹，说明军事上是需要核动力潜艇的。这位上将最终被说服了，同意建造核动力潜艇。最后，原子能委员会发布了制造核动力潜艇是实际可行的声明。船舰局因此还成立了一个新部门——核动力潜艇部门。这个计划是雷克佛将军一手促成的，所以被任命为这个部门的主要负责人。雷克佛将军上任后，立即着手制造第一批核潜艇。

要制造核潜艇，研究人员和工作人员是必不可少的。雷克佛将军决定成立一个研制小组，人员公开从所有的海军军官中招募。1952年，卡特申请参加核潜艇计划小组。雷克佛将军亲自主持面试，那是卡特第一次见到雷克佛将军。当时，卡特认为自己很优秀，去面试的时候挺自信的。这次面试，他们两人在一间宽敞的屋子里谈了两个多小时。

面试开始时，雷克佛将军让卡特挑选自己最拿手的题目来谈。卡特非常谨慎地选了一些他最了解的话题，如时事、航海技术、音乐、文学、海军战术、电子学、射击术等等。每次他一说完，雷克佛将军马上开始提问。对于雷克佛将军的提问，卡特一一作了回答。可是，每次雷克佛将军都要给他补充一些东西。雷克佛将军的见解让卡特明白：原来他对自己所谈题目的认识是多么的浅薄。

与卡特谈话时，雷克佛将军满脸严肃，一点笑意也没有，总是盯着卡特的眼睛。卡特被他咄咄逼人的目光看得浑身直冒冷汗。

面试快结束时，雷克佛将军又问了卡特一个问题，这个问题让卡特认为可以借机弥补此前留给他的不好印象。雷克佛将军问："在海军学院上学时，你的成绩怎么样？"

卡特在安纳波利斯海军学院上学时，成绩非常优异。因此，当他听到这个问题时，便抬头挺胸，神气地回答："报告长官，在820个毕业生中，我是第 59 名。"说完后，卡特长出了一口气，舒服地往椅背上一靠，等着雷克佛将军的称赞。

结果，卡特等来的不是称赞，而是一个问题。雷克佛将军又问他："对于功课，你竭尽全力去做了吗？"

卡特本来想张口说："报告长官，我尽了全力！"可他马上想到面前的这位将军是面试官，于是话到嘴边又咽了回去。这时，卡特开始回想他在海军学院时的情形，曾有很多次，他本可以更多地钻研一些有关敌人和友军的情况，但他却没那样做。最后，卡特的回答是："报告长官，没有，我并不是每件事都竭尽全力去做的。"

听完卡特的回答，雷克佛将军注视了他很长时间，然后又问了他最后一个问题，这也是他一生都不能忘记，且一直无法回答的问题。雷克佛将军问："你为什么不尽全力呢？"卡特整个人都呆了，他无法回答雷克佛将军。雷克佛将军仍然注视着他，卡特则默默不语。面试就是在这样气氛中结束的。卡特步履沉重地走出了雷克佛将军的办公室，并一直在思考这个问题："你为什么不尽全力呢？"后来，卡特还以《为什么不尽全力？》为标题写了一本书。

面试过后，卡特很沮丧。他认为自己在面试时表现得很糟糕，自己肯定被淘汰了。最后，让卡特感到惊喜的是，他居然被核潜艇方案署录用了。卡特被派到"海狼"号担任预备船员的教官，从此便开始在雷克佛将军麾下工作。在这一年，卡特的小儿子杰弗出生了。

对于卡特来说，雷克佛将军是除了他父母之外，给他影响最大的人。雷克佛将军有一种别人无法比及的勤奋精神和工作能力。他以严格的工作标准要求他的部下必须全身心投入到工作中。雷克佛将军身边的工作人员对他又敬又怕，工作时都竭尽全力，争取让雷克佛将军满意。雷克佛将军从来不会对任何一个属下表示明确的赞许，对部下不置一词就是对他们最大的赞扬了。跟随雷克佛将军工作的那段时间，卡特从未听到他说过一句夸奖人的话。但如果一件事情没有做到雷克佛将军所希望的那样好，他就会毫不迟疑地严词批评。雷克佛将军的部下没有一个能和他相比的，因为将军自己在工作上总是比部下付出的更多。

JIMMY CARTER

一次，一天的辛苦工作结束之后，卡特和其他同事跟雷克佛将军一起搭乘飞机前往西雅图，这是一次长途飞行。飞机起飞后，雷克佛将军开始工作。卡特等人决定向他学习，也开始工作而不是休息。可是几个小时后，他们坚持不住了，都丢下工作睡着了。等他们醒来时，雷克佛将军仍在工作，这让卡特他们更加佩服雷克佛将军的敬业精神了。

卡特在跟雷克佛将军一起工作的日子里，对雷克佛将军亲自仔细地监督每项工作细节的领导作风非常敬佩，而且总是以雷克佛将军为榜样要求自己。卡特后来从政生涯中的管理作风，就是从雷克佛将军那里学来的。

对于雷克佛将军大胆追求目标的勇气，卡特不但十分钦佩，而且还以此来激励自己。在工作上，不管是对谁，雷克佛将军从来不会妥协或畏缩不前，即使是美国国会或海军总部，他也毫不退缩。卡特身上也有一种勇往直前的精神，这在竞选州长和当州长期间，就已经表现得十分明显了。为了促成核潜艇方案，整个海军几乎被雷克佛将军闹翻了天；而卡特为了他的州政府改组方案能够通过，也是这样做的。为了实现自己的目标，两个人的做事方法一模一样：总是不知疲倦地与牵扯到的各方面的人不厌其烦地进行交涉。

雷克佛将军之所以能对卡特产生这么重大的影响，一方面是因为雷克佛将军在工作上是一个比卡特的父亲老卡特更好的榜样；另一方面是因为雷克佛将军本身就是一个严格要求自己而又十分勤奋的人。卡特小时候就明白"只有勤奋工作的人，才会大有作为"的道理。雷克佛将军的出现，更增强了卡特的这种信念。

卡特在海军服役了7年，其中5年都是在潜艇上工作的。虽然他从事的工作极具挑战性，但他的工作是海军中最有发展前途的一种。因此，卡特很努力地干好自己的工作，而且春风得意、步步高升。

可是，1953年卡特不得不辞别他心爱的海军工作，回到家乡普兰斯镇。因为他的父亲得癌症，他得回去照顾家里的生意。

从1948年起，到卡特离开海军为止，他一直在潜水艇上工作。在他眼里，这5年的潜艇生活，无疑是他一生中最有趣、也最值得回忆的时光。

JIMMY CARTER
第三章
走上政坛

卡特下决心要竞选州长,他周围的人大多都持反对意见,都认为他的对手太强大了。很多朋友也都劝卡特去竞选副州长或争取农业厅长的职位。可卡特下定决心要做的事,谁也别想挡住他。就像他在自传中写的那样:"对于自己该做什么,我一点都不会犹豫。我认为我能在竞选中取胜。我一点也不担心自己的竞争对手是谁。"

JIMMY CARTER

1 农场主
JIMMY CARTER

1953年，卡特的父亲不幸患了癌症，生命危在旦夕。家里人立刻给卡特打电话，通知他马上回家。卡特得到这个消息后，心情无比沉重，立刻请假，返回家乡。

卡特回到家后，发现父亲已经明显消瘦了，癌细胞侵蚀着他的肌体。为了安慰父亲，卡特每天陪着父亲聊天，并帮着做些家务事，为父亲献上最后一份爱心。看到儿子如此孝顺，老卡特感到十分欣慰。但儿子的孝顺没能阻止癌细胞的肆虐，老卡特的病情一天比一天重，没过多久就去世了。

卡特的家人悲伤地给老卡特举行了葬礼。在老卡特的葬礼上，许多街坊邻居也赶来为他送行。老卡特生前人缘颇好，经常热心地帮助镇上的人。看到葬礼上人们对父亲的哀悼后，卡特对父亲更加敬佩了。

父亲去世后，卡特面临着两种选择：继续做个海军指挥官，过自己喜欢的海上生活；或是退役回乡，继承父业，经营农场，像父亲一样过那种行善积德的日子。经过几天的考虑，卡特选择了后者。

卡特做出决定后，把自己的打算告诉给妻子罗莎琳，却遭到妻子的坚决反对。因为罗莎琳不喜欢小镇的生活，早在很多年前，她就一直希望离开普兰斯，现在她终于跳出了那个圈子，怎么能轻易回去呢？虽然现在的生活迁徙不定（因为卡特经常因为调动工作而搬家）但罗莎琳对此并不介意，她喜欢这种独立而自由的生活。罗莎琳非常清楚：回到普兰斯镇存在着让她头疼的问题，那里贫困落后，孩子们得不到好的教育；而且普兰斯镇住着他们的家人和亲戚，这些人对他们的婚姻生活会产生很大的约束，所以罗莎琳坚决反对卡特的想法。

因为这件事卡特和罗莎琳进行了结婚以来第一次严肃而激烈的争吵。卡特是一个固执的人，一旦拿定主意，就绝不会轻易更改。罗莎琳拗不过卡特，最后只得跟丈夫回到家乡。

卡特和罗莎琳带着孩子们回到普兰斯镇后，先向政府申请住房。政府批准了他们的申请。卡特一家搬进了一所住着10户人家的公房里，开始了新的生活。

卡特刚回去的头几年过得并不轻松，因为各种原因，父亲经营的农场效益并不好，还欠下了4万美元的债务。但面对这些困难，卡特并不灰心，他有信心让父亲的农场重新振兴起来。

其实，卡特经商的天赋很早就表现出来了。当他5岁时，就做起了人生的第一笔买卖——到普兰斯镇的街上卖盐水花生。在收获的季节里，卡特就推着自己的手推车，到地里去挖花生。他把刚摘下的花生用水洗净，再把它们放到水里泡一夜。第二天一大早，他把花生从水里捞出来，用盐水煮熟，再分别装在20个小包里。打好包装后，卡特就拿着它们到普兰斯街上叫卖。

从星期一到星期六，卡特靠卖花生，每天能赚1美元。在星期天那一天赚得更多，有时能赚5美元。由于卡特长期卖花生，慢慢积累了一些固定的客源。他有10个左右的固定顾客，其中一个是镇上的皮匠，他每次都会买走两包花生。

尽管有些固定客源，但每天把20包花生都卖出去并不容易，有时还会发生一些不愉快的事，其中给卡特印象最深的是下面这件事。

那年卡特只有7岁。一天，他又照例到普兰斯镇卖花生，不巧在街上碰到一个修车厂的工人。这个人很看不起卡特，见他又来卖花生，就叫住他，并用很轻蔑的语气说："小家伙，如果你肯按照我说的话去做，我就买你一包花生。"虽然卡特知道这人怀有恶意，但那天他一包花生都没卖出去，所以只好忍气吞声地答应了。这个人要卡特跟着他的手势动，让卡特出了很多丑，而周围的人只管看热闹，没有一个人帮卡特解围。最后，这个人居然让卡特踩一截没有熄灭的香烟头，卡特当时没穿鞋，光着脚踩了上去。虽然钻心的疼，泪水在眼里直打转，可倔强的卡特就是不让它流下来。四周看热闹的人都幸灾乐祸地大笑起来，但他们谁也没有想到，眼前这个被欺侮嘲笑的小孩，若干年后竟成为美国总统。

JIMMY CARTER

9岁时，卡特用自己的零用钱真正做了一笔生意，还获得了可观的利润。当时，他们镇上棉花价格狂跌，简直低到了前所未有的程度，每磅只卖0.05美元。卡特因为卖花生攒了不少零用钱，他把这些钱都拿出来，收购了5包棉花，囤积到他父亲的仓库里。几年后，棉花的价格回升，涨到了0.18美元，他将囤积的棉花抛售出去，这笔买卖让他赚了一笔钱。卡特用这笔钱买了5栋房子，再将这5栋房子租出去，这样每月还能获得16.5美元的房租。等到他参军以后，才将这5栋房子卖出去。

在卡特上中学的时候，每到星期六，他还与堂弟休佛合伙卖汉堡牛肉饼和自制的冰淇淋，牛肉饼0.05美元1份，冰淇淋0.05美元3勺，这个买卖又让卡特小赚了一笔，还积累了不少做生意的经验。

正是因为有了这些早年的成功经历，才让卡特对经营农场充满了信心。但由于他长时间没有接触农场的业务，现在对这个领域有些生疏了。

卡特决定从头开始熟悉农场的业务。他阅读大量有关农业方面的书籍，向地方农业人员请教农业知识，和当地有经验的人交流管理农场的方法，观察农民们怎样耕作，还去上农业课。经过多方面努力，卡特很快就掌握了耕种的基本知识，并学会了管理农场的技巧。卡特还不断钻研新的农业技术，为扩大经营范围做准备。

罗莎琳回乡时本来带着抵触情绪，但后来在母亲阿莉的劝说下，慢慢改变了自己的观点，适应了镇上的生活。这时的罗莎琳已经是个管理家庭的能手，她不但能妥善照顾好3个年幼的孩子，还帮卡特做一些生意上的事。有时她还帮卡特培育花生苗，收购花生，几乎所有的活她都参与其中。

罗莎琳非常擅长财务方面的管理，她每周都要抽出一天的时间，去卡特的办公室整理账册。罗莎琳有一位当会计的朋友，那个人送给她一套会计方面的书，罗莎琳爱不释手，反复钻研，很快就成了一名财政能手，包揽了农场和家里的所有账目。

尽管卡特夫妇竭尽全力想要改善农场的状况，但并没有取得立竿见影的效果。因为就在他们回家的第一年，佐治亚州遇到了有史以来最严重的一次旱灾，导致花生和棉花大幅度减产，卡特从农民们那里收不来欠款，生活入不敷出、十分艰苦。面对这些困难，卡特没有灰心丧气。他想到了另外一个赚钱的方法，他从当地的农民那里收来花生，再把这些花生卖给那些大加工商，从中赚取一定的差价。在经营农场的同时，卡特还拿出几千块钱和母亲莉莲合伙做了些小生意，赚些小钱。

经过卡特和罗莎琳的努力，他们家的经济状况渐渐有了改善，老卡特留下的债务也都一一还清了。精明的卡特不断扩大经营范围，不久后，他就和罗莎琳在城里租了一间房子，并在那里做些加工生意。与此同时，他们还密切注意着农场的发展。

1959年，卡特进一步扩大经营范围，在原有业务的基础上，增添了一个新仓库、一台花生机和一台干燥机，后来还办起了一家花生去壳厂。

由于经营规模越来越大，卡特肩上的担子也越来越重，家人也都十分辛苦。尤其在收获花生的季节，因为工作繁重，花生去壳厂的机器经常发生故障，更让人头疼。有一次，花生清洗机出了问题，卡特立刻赶到车间去修理。此时，等在外面的卡车已经排起了长队。这时，他的二儿子契普跑来跟他说，又有机器出故障了。卡特一听就火了，张口就骂人。契普第一次听到父亲骂人，当时被吓呆了。

尽管工作十分繁忙，但卡特不敢有半点懈怠。他看准时机，又做起了化肥生意，后又建了一个玉米加工厂。在这期间，罗莎琳一直负责管账，经过几年的拼搏，她已经是相当有经验的生意人了。跟卡特比起来，罗莎琳在账务方面比卡特知道得多。哪些买卖有利可图，哪些赚不了钱，她都一清二楚，当玉米加工厂的运作情况不理想时，她就建议卡特从农民那里收购玉米，不经加工就把它们倒卖出去。卡特采纳了她的建议，慢慢停止了玉米加工厂的业务，开始倒卖玉米。后来，两人分析了市场情况，认为种植种子花生也非常有利可图，于是便开始在农场里种植种子花生，并将它们销往南方各地。

卡特在同家人一起工作时，对他们的要求非常严格。因为他希望家人能够赶快成熟起来，独当一面，而不是机械地按照他的指令去做。在他看来，如果什么事都要指点，那跟他亲自动手没什么分别。所以，不管是罗莎琳，还是他们的孩子，在家里都是卡特的好帮手，很多时候也都能独立完成任务。

JIMMY CARTER

在卡特和罗莎琳的共同努力下，他们的事业呈现出蒸蒸日上的趋势，每年能够获得250万美元的利润，卡特逐渐成了当地知名的商人。

2 进军政坛的前奏
JIMMY CARTER

经过努力，卡特的财富快速积累起来，声望也日益提高。卡特是个雄心勃勃的人，商业上的成就已经不能使他满足，权势成了他的下一个追逐目标。他慢慢将触角伸向政界，介入地方事务成了他进军政坛的前奏。

卡特想进军政界的想法，来源于他的外祖父和父亲。卡特的外祖父吉姆·戈迪也住在阿奇里，离卡特家很近。他是个对政治很热心的人，虽然从未竞选过地方官，却担任过邮政局长，后来还兼任联邦地方税务官。那时担任这些官职，若没有纯熟的政治手腕是难以做到的。

吉姆·戈迪在阿奇里担任邮政局长期间，还做了一件十分了不起的事——开创了为农村做免费邮递的服务。最初他产生这一想法时，还请来了知名政府议员华特森帮忙。华特森是个影响力极大的人物，在他的努力下，很快联邦委员会就此事立了法，吉姆·戈迪的提议终于被通过了。吉姆·戈迪一直对此事感到十分骄傲和自豪。

吉姆到了退休年龄，不能再担任公职了。因为他十分喜欢政治，所以设法在州议会搞到一份门卫的工作，以便能和佐治亚州的政治机构保持接触。

卡特的父亲老卡特也非常热衷于政治。因此，当卡特长大后，他总是鼓励卡特和他一起去参加在附近乡镇举行的政治大会。有时，老卡特去不了，就劝说卡特去参加。随着年龄的增加，老卡特对政治越来越感兴趣，经过努力，他还当选为州议员，不幸的是他只在任一年就去世了。

在外祖父和父亲的影响下，少年卡特也逐渐接触到了一些政治人物，并对政治发生了浓厚的兴趣。在海军服役时，因工作关系，卡特常去华盛顿，并能够随意进出参议院会议室，所以很容易就能听到议员们探讨的事情。卡特还跟参议员罗素谈过好几次话，因为罗素对海军的新计划很感兴趣。卡特参与核潜艇计划后，有了更多的时间待在华盛顿。从那时起，他开始注意华盛顿的政治发展。不过，那时，他与政治的接触是短暂而肤浅的。

这次回普兰斯镇，卡特决定向政界发展。他继承了父亲在普兰斯留下的社会工作，担任了国际雄狮俱乐部主席。国际雄狮俱乐部是镇上唯一的俱乐部。在卡特的领导下，国际雄狮俱乐部为镇上申请了一大笔铺路专款。路修好后，卡特还组织一大批人为镇上的其他公共设施筹款。此外，他还担任了佐治亚州"标准种子协会"主席、佐治亚州"计划协会"主席、县商会主任、镇上浸信教执事，以及地方上其他一些职务，并参加了社区学校董事会。虽然这些职位和头衔的政治意义不是很大，但他以民政和宗教负责人的身份，对当地的民间事务能够进行妥当处理，还能够接触到一些政治人物，这为他以后的从政创造了有利条件。

1954年，美国国会宣布了废除种族隔离政策，美国最高法院判令公立学校实行合并，这就意味着黑人学生和白人学生将受到平等的待遇。消息公布后，佐治亚州反响强烈。人们开始三五成群地聚集在一起，不自觉地公开议论这件事。卡特作为镇上的一个重要人物，自然也要参加进来。

当时，美国南方的白人大都反对这件事，还组织了"白人公民委员会"进行抵制活动。"白人公民委员会"由当地的一些具有影响力的人物组成，加入该组织还要交一定数目的会费，而这些会费最后都落入了那些组织人的腰包。

这股运动旋风自然也刮进了普兰斯。普兰斯镇的"白人公民委员会"组成后不久，有两个人专程来看望卡特，其中一位是当地的警察局局长，另一位是火车站站长。普兰斯的"白人公民委员会"就是这二人组织起来的。他们这次来的目的是邀请卡特加入"白人公民委员会"。卡特认为种族歧视不是一个好现象，便拒绝了他们的邀请。可是，他们不依不饶，跟卡特谈了好长时间。由于卡特坚持自己的立场，他们只好告辞了。

可是没过多久，局长和站长又来找卡特，跟他说镇上的每一位白人公民都加入了"白人公民委员会"，只有卡特没有加入。卡特坚持自己的想法，仍不接受他们的建议。这二人的游说第二次破产了。

但是，这二人并没有就此罢休。过了几天，他们第三次来找卡特。这次，他们还带来了卡特的几个好朋友，其中有些人跟卡特还有生意往来。局长和站长以卡特的生意为筹码，要挟他加入"白人公民委员会"。他们还说，如果卡特因为5美元的会费而不愿参加的话，那么他们可以代为缴纳。卡特的态度丝毫没有动摇，明确表示：并不是5美元的费用问题，而是他无意参加这个组织，如果他们一定要他加入的话，他宁愿离开普兰斯。警察局局长和火车站长见卡特软硬不吃，便怒气冲冲地拂袖而去。

尽管吃了三次闭门羹，警察局长和火车站长仍不甘心，他们发动当地群众对卡特的生意进行抵制，但是这项抵制活动并没有持续多久，卡特的生意很快又恢复了正常。一切风平浪静后，卡特和罗莎琳才松了一口气。

在最高法院出台公立学校合并的政策以前，南方的一些教育部门就知道了这件事，于是决定先采取行动来规避这个政策。他们让白人与黑人学生仍在各自的学校上学，只是提高了一些黑人学校的待遇而已。例如为黑人学校新建一些漂亮的教学楼，并改善教学设施，使这些学校看起来同白人学校没什么差别。

卡特一直十分关心教育问题，尤其是黑人的教育状况。当看到黑人学校提高了待遇，感到十分高兴，但不久他发现事情并非他所想的那样简单，因为当地教育部门做的都是表面文章，在一些具体的待遇上，黑人学生和白人学生仍然存在着巨大的差距。例如白人学生坐公车上学，而黑人学生却仍然要步行去学校；白人学校用旧了的教科书和打字机，才送给黑人学生使用，这种情况让卡特十分生气。

面对这个状况，卡特下定决心，做一些工作，来真正改善所有孩子受教育的环境，不管是黑人学生，还是白人学生。当时，卡特任萨姆特县教育委员会主席，有能力做一些具体工作。该县有3所中学，大概共有500名学生。卡特在彻底分析了各个学校具体情况后，认为现有的条件，足以创办一所优秀的学校。于是，他提出了一项合并计划，将现有的三所中学合并而成一所新的学校，还要开设更多种类的课程，其中有些课程是小型学校无法开设的。如果这所学校按计划建成，学校不仅会开设语言班、科学实验室，而且还会有特殊教学班和高级班。特殊教学班是专门为那些学习进度慢的人开办的，而高级班是为那些天资聪颖的人开办的。卡特还建议，除了开设文化课，学校还应开设一系列其他课程，以满足学生的不同需求。

由于合并学校这个计划必须由公民投票表决，卡特便以教育委员会主席的身份，在全县各处奔波，发表演讲，极力向那些心存疑虑的听众宣传他的计划，以求得到民众的支持。与此同时，罗莎琳和其他支持这个计划的人也来帮忙。大家分头行事，给有关人员打电话、写信，并到各处筹款，用筹来的钱在报纸上和广播里做宣传。可惜的是，投票表决时，卡特的这项提议以88票之差失败了。这是卡特第一次真正参与投票、发表政见的活动，也是他为打入政界而进行的第一次尝试。

当时不同意学校合并的人大致有这么三种：一是一些小镇上的商人，他们反对合并是因为新学校盖在离普兰斯镇10英里之遥的县城，会让他们丢掉学校所能带来的生意；二是失去现在当地学校的人，这些人认为失去现有学校，自己的学生上学就远了；三是一些坚持种族隔离的人，他们认为这个提议是取消种族隔离的前奏，所以坚决反对。后来，由于种族问题愈演愈烈，人们对合并学校这件事越来越关注了。一些反对者指责卡特，说他是以合并为借口，想在学校中间首先取消种族隔离。

因为这件事，卡特和罗莎琳的日常生活有了一些变化：星期天，他们去教堂，一些朋友对他们侧目而视；在生意上，他们失去了一些客户。

1961年，佐治亚州大学和亚特兰大市公立学校取消了种族隔离，对黑人学生和白人学生一视同仁。但由于种族隔离的思想在白人心中已经根深蒂固，这些白人不愿意自己的孩子跟黑人上同一所学校，所以采取了抵制行动。有些白人甚至让自己的孩子转学。面对这种情况，各地的私立学校迅速涌现出来。但这些私立学校只对白人学生开放。在小小的普兰斯镇，这种私立学校就有三四所。它们的出现，不仅对公立学校造成一定的压力，而且加重了对黑人学生的歧视。这些学校的收费比公立学校要高很多，只有付得起学费的白人学生才能进入。因此，卡特和罗莎琳极力反对这种学校。

在这种情况下，卡特又发动了一次有关学校合并问题的投票，投票地点在一所学校。投票的当天晚上，卡特和罗莎琳也去了学校，当时他们的大儿子杰克正好在这所学校打球。卡特知道有人对他们的做法表示憎恨，但他们无所畏惧。投票结果是在体育场内宣布的。让人失望的是，这次他们又失败了，但这次支持票与反对票的差距并不是很大，这让他们多少有了点安慰，因为结果显示还是有不少人支持他们的。

面对学校合并问题屡遭失败的情况，卡特没有气馁。通过这件事，卡特明白要有所作为，就要有职权在手。他决定接受更大的挑战——竞选佐治亚州参议院议员，这个挑战成了他踏上政坛的开始。

3 向政界发起冲锋
JIMMY CARTER

1962年10月1日，是卡特38岁生日。这天早上，他刚一起床就告诉罗莎琳，他决定以民主党人的身份竞选佐治亚州参议院议员。

当时，在美国北方，民主党和共和党没什么差别，但在南方却不一样。因为在南北战争期间，美国北方由共和党掌权；南方则由民主党掌权。南北战争，以北方取胜、奴隶制的南方失败而告终。对此，南方人一直耿耿于怀。即使此事过去了近百年，共和党在南方仍然会遭到排斥。卡特是民主党人，因此他的竞选是比较有利的。

在决定竞选州参议员之前，卡特极少谈起要竞选公职的事。卡特的父亲老卡特生前是州参议院的议员，可是只任职一年就病逝了。当时萨姆特县的政治领袖建议把这个席位让给卡特的母亲莉莲，由她来任满老卡特的议员任期，但莉莲拒绝了。最后老卡特生前的一位好友接替了这个席位。卡特也曾想过要竞选议员，但他又不愿意跟父亲的老朋友竞争，而且参议员每两年改选一次，没什么挑战性，于是便放弃了。卡特一直有个愿望，就是想为更多的人服务，可是合并学校的提议失败，使他备受打击。这失败更加刺激了他要竞选公职，进入政界的决心。

卡特刚刚参加竞选州议员的活动，就碰上一场恶战，也正是在这次竞选中，他第一次目睹了政界的腐败现象。

初选的时候，卡特四处奔波，向选民宣传自己。他到每一个投票点，发表演讲，同选民握手、拥抱，为自己争取更多的支持者。

卡特的家人和好友也来帮忙，他们在各县展开了旋风式的竞选活动。罗莎琳利用管理货栈的空闲时间，给萨姆特县有投票资格的选民打电话。对于熟人，她就直接说她是罗莎琳；对于陌生人，她说她是吉米·卡特的夫人，好让人们记住卡特的名字。后来，随着选举日的临近，罗莎琳每天都会抽出下午的时间，挨家挨户地走访镇上的住户，告诉他们卡特正在竞选州参议员，请他们给予支持。因为镇上很多人在学校合并的问题上持反对态度，所以拉票工作很困难，好在这些反对者没有恶言相向。由于罗莎琳的不断努力，终于赢得很多人的好感，开始纷纷支持卡特。卡特的妹妹葛丽亚还与朋友一起准备了一份选民名单。他们和自愿帮卡特做宣传的人，一起给名单上的人写信，请这些人支持卡特。

选举当天，卡特去各选举点进行访问。在他到达选举区奎特曼县之前，选举活动已经开始了。到了奎特曼县后，这个选举点的情况让卡特十分生气。原来，奎特曼县的选举作弊情况很严重。奎特曼县没有专门的投票点，投票点设在县政府的一间屋子里，所有选民都在监选官的监督下当众填写选票。当选民在桌子上填写选票时，监选的官员可以将写在选票上的人名看得一清二楚。卡特目睹了这个舞弊的全过程：该县县长兼州参议院议员的乔·赫斯特是当地的一位场监，他指着桌上卡特的竞争对手的传单对每一位选民说："这是个好人，他是我的朋友，请你们选他吧！"他口中所说的这个朋友就是参选人霍默·穆尔。而且每一张填写好的选票，乔·赫斯特还要亲自过目，然后再亲手投进票箱中。为了防止有人没有投霍默·穆尔，有好几次，赫斯特还打开投票箱，从中取出一些选票来检查。

卡特目睹了这一过程，感到不可思议。卡特表示强烈抗议，但乔·赫斯特根本不理会。其他的监选人员也都袒护乔·赫斯特，对卡特的抗议视而不见。

JIMMY CARTER

卡特见抗议无效，便立刻跑到一家咖啡馆，给附近的哥伦布市一家报馆打电话，把这件事告诉给报馆的人，并请他们派一名记者过来了解此事。报馆的人答应了卡特的要求。几个小时之后，卡特从另一个县返回到这里，却看到报社派的那名记者和赫斯特在县政府的台阶上正聊天呢！从两人的举止言行来看，两人显然是老朋友了。卡特要求这名记者撰写有关奎特曼县选举过程的新闻，可这个记者完全不理他。卡特非常气愤，决定自己亲自调查这件事。

卡特找到同县的朋友约翰·波普，把这件事的始末告诉他，并请他来奎特曼县监督投票。这天剩下的时间，卡特都在这个选区的其他地方动员当地选民投他的票，其他6个县由帮他的助选员来负责。当天晚上，在普兰斯的店铺中，卡特一家从电话中得知选举结果。除了奎特曼县的选举结果没有出来之外，其他6个选区，卡特暂时领先对手70票。

奎特曼县约有330人有投票的资格，但是由于该县那些操纵选举的人徇私舞弊，使选举票数竟达430张。结果出来后，因为该县的失利，卡特以几票之差败给了他的对手霍默·穆尔。

卡特得知奎特曼县的选举结果后，就断定这个县的选票有问题，便和一位名叫沃伦·福特森的年轻律师一起，开车到50英里外的奎特曼县去搜集选举作弊的证据，以证明选举中有徇私舞弊的违法行为。

刚开始的时候，人们并不愿意跟卡特他们谈有关选票的事，因为县长乔·赫斯特在当地权重势大，若有人跟他作对，无异于飞蛾扑火，自取灭亡。选民对他们的询问支支吾吾，语焉不详。后来，经过他们的不懈努力，选民终于愿意帮他们了。

卡特和沃伦遇到的对手相当凶狠，在调查过程中，他们的生命数次受到威胁。每次他们开车到奎特曼县去搜集证据或是拿证词时，总有一两个人偷偷地在离他们不到10英尺的地方跟踪，并偷听他们与选民的谈话，还把这些谈话内容记录下来，以威胁被访问的人。

但卡特和沃伦并没有被吓倒，仍坚持调查。他们还调出选民名单。经过查对名单上的每一位选民，发现名单上的很多"选民"不是已经死亡，就是正在监狱里服刑，再不就是早已迁出该县并在现在所住县投了票的人。

在卡特为调查这起营私舞弊事件的同时，罗莎琳也受到了恐吓。在竞选前，她的一家货栈来了一位顾客威胁罗莎琳说，在选举中，凡是没给乔·赫斯特投票的人，最后都破产了。罗莎琳整天心惊肉跳，惶恐不安，唯恐货栈有闪失。但她不愿卡特担心，从未跟他提起此事，也从未提出让卡特退出竞选的要求。罗莎琳知道，凡跟乔·赫斯特作对的人都没有赢过，卡特跟他斗，肯定是凶多吉少，但她仍然支持卡特。因为她明白卡特是为民众而竞选的，所以难免会遇到困难与阻碍。再者，罗莎琳是一个有强烈正义感的人，为了使奎特曼县的人结束受欺骗的日子，她更要支持卡特跟赫斯特斗争到底。

佐治亚州民主党代表大会召开了，卡特和沃伦参加了会议，在会上陈说了他们走访的情况，并提出选举无效的抗议，但未被理睬。大会宣布卡特的竞争对手穆尔获胜，成为民主党州参议员正式候选人。听到这个结果，卡特他们更加气愤。

卡特与沃伦继续努力调查，他们决定一定要揭露此次选举的内幕。他们前去拜访《亚特兰大日报》记者约翰·潘宁顿，向他说明来意。潘宁顿对这件事很感兴趣，马上加入了这项调查工作，还就此事发表了一篇报道，使得全州人都注意到卡特的抗议。他还将奎特曼县的选民名单刊登了出去，求证人名的真实性。随后，全国各地有数十人打电话或来信说，他们的名字虽然在名单上，可他们根本没去奎特曼县投票。

在潘宁顿就此事开始写新闻稿时，卡特已收集了大约 30 位选民或监督选举人签下的联名书。卡特的朋友约翰·波普，即卡特请他到奎特曼县选民监督投票的那个人，描述了他当时见到的情形："负责奎特曼县选举的这位官员，在选民投票时，曾多次明确地指示正在投票的人给穆尔投票。那天，我听到他对至少 100 个选民做了这样的指示。例如，他反复对选民罗萨铃·摩尔说，穆尔已经赢得了这次选举，穆尔是本县人，应该投票支持他。由于这个人说话声音太大，于是我就进屋去看个究竟。只见罗萨铃·摩尔犹豫了几分钟，说她不知道该怎么办。这位官员又指点她说，'只要把卡特的名字从选票上划掉，留下穆尔的名字就行了'。最后，经不

JIMMY CARTER

住这位官员的游说,罗萨铃·摩尔照办了。罗萨铃·摩尔离开这个屋子后,我说,我认为一个主管选举的官员力图影响选民的做法是不公正的。……谁知那个官员对我讲,这是他的地盘,他想做什么都行,别人根本管不着!"潘宁顿把这些都写进了新闻稿。

卡特还亲自同乔·赫斯特谈论此事,责备他弄虚作假。结果,赫斯特把他对约翰·波普说的话对卡特也说了一遍,还说他已经投票支持卡特的对手了,最后得意地说:所有的选民都照他说的做了。

卡特对他无可奈何,只好和沃伦没日没夜地调查,以期搜集到更多的证据,提起公诉。为了这次选举的胜利,卡特几乎能把佐治亚州选举法都背了下来。

在调查过程中,卡特他们还得知该地有很多其他违法活动,包括非法酿酒、以前的选举骗局、盗窃土地、官员敲诈勒索民众等等。在搜集证据的时候,虽然卡特他们屡次受到威胁,可他们的调查工作一点儿都没有放松。

证据搜集齐全后,卡特向法院提出"举行听证会"的建议,法院接受了。听证会由附近巡回法院的法官乔治·克劳主持。乔治·克劳是一位德高望重的老法官。卡特还请精明的亚特兰大律师查理斯·柯博帮他起诉。查理斯·柯博后来成了卡特的私人律师。

卡特出示了自己搜集到的证据,还请求法官让奎特曼县监选的官员把那里的投票箱拿来,当众检查。监选官员被迫拿来奎特曼县的投票箱,并当众将它打开,可箱子里已经空无一物了。这令众人感到十分吃惊。

选票到底去哪儿了?官员们对此面面相觑,迷惑不解。克劳法官一边嚼着烟草,一边听柯博律师讲"偷鸡贼总是在身后拖一根扫把,以便随时毁尸灭迹"的故事。听证会结束后,克劳法官详细地思考了这个案子。

最后,克劳法官判决:奎特曼县的票箱因为有人舞弊,目前还没法确定选民的意向,所以该地所投的票不予考虑,这次的选举由其他各选区的投票结果来决定,卡特为获胜者。

但是卡特的对手穆尔从刚刚通过的一项州法律中,发现了一项对自己有利的条款——如果当事人觉得审判结果对自己不公正,可以向当地的民主党执行委员会上诉。而掌控执委会的不是别人，正是乔·赫斯特。穆尔上诉成功，再次被宣布为获胜者，成为州参议院议员的候选人。

胜负在即，"必须立即向佐治亚州民主党负责人上诉"是卡特翻身的唯一希望。他决定找民主党主席解决问题。佐治亚州民主党主席富卡虽是全国著名的企业家，在政界却是个新手。大选前3天，卡特的律师柯博通过各种途径才找到他——当时，他正在靠近加拿大边境的地方打野鸡。柯博向富卡说明了卡特竞选遇到的情况。富卡听后，表示支持卡特。最后，佐治亚民主党行政委员会宣布卡特为州参议院议员的候选人。

州秘书长根据有关方面的指示，在预选选票上用卡特的名字取代了穆尔的名字。那个星期天一整天，卡特与家人、朋友以及助选者分别到选区的7个县的法院，找主持投票的人员，请他们帮忙一起动手把所有选票上穆尔的名字换成卡特的名字。这是为两天后的大选做准备。

星期一，就在卡特等人快把数千张选票换完时，当地法院的一位法官突然下令：让各投票点主持投票的人把选票上的名字全部划掉，重新举行一次选举，这次要选民自己填写候选人的姓名。卡特他们听到这个命令时，都惊呆了。原来，这天的早些时候，穆尔又一次到法院上诉，所以法官才会下这样的判决。此时，距大选的投票时间只有7个小时了。有两个县的监选官拒绝服从法院的判令，虽然他们知道这样做，可能会犯藐视法庭之罪，但他们坚持认为法官有越权行为，因为发布有关选举的命令，只有州秘书长才能下达。对此，那位法官无可奈何，放弃了重选的决定。

大选开始了，卡特和穆尔这两个候选人都用传单和电台广告争相向选民解释事情的经过。当晚，选举结果揭晓，卡特以1 500票获胜。选举结束后，卡特全家一个个已经累得脸色苍白，精疲力竭了。

卡特的竞争对手穆尔并没有就此善罢甘休，他继续上诉，要求法院宣布此次选举无效，他的理由是"有两个县没有划掉卡特在选票上的名字"。卡特听到这件事后，打算把这个案子提交给佐治亚州参议院，请州参议员们给出最后裁决。出人意料的是，过了两三周后，穆尔撤回了上诉，卡特取得了最后的胜利。

至于那位在选举中营私舞弊的官员乔·赫斯特，因为以前在州议会选

JIMMY CARTER

举时就曾作弊，加上这次，被联邦法院判了3年缓刑。后来，他又因在奎特曼县经营非法的贩酒活动而被关进了监狱。

在这次的大选中，卡特击败了他的竞争对手，但卡特认为，他最重要的胜利并不在于此，而在于他战胜了当地有势力的政治官员。后来，他在参加竞选州长活动中，还痛斥了那些为了操控党派而不惜牺牲普通人选举权的权势人物。虽然卡特多次受到这些人的恐吓，但他并没有屈服。他在同这些人的斗争中所表现出来的顽强决心，成为他政治生涯中一个特征，被人津津乐道。

通过这次竞选，卡特从中学到了不少东西。他认识到，由于无法反抗的力量太大，他们国家的政治制度是多么的脆弱：当诚实、勇敢的人开始认识到"坦率反对"毫无结果的时候，就可能会缄默不言；而胆小、软弱的人，可能会被权势吓倒。那些虚伪狡猾的人勾结起来，巧取豪夺，瓜分高位。对于一些貌似正直，但为了名誉和地位而甘愿同流合污者，虚伪狡猾的政客可以轻而易举将其拉拢过去。虚伪狡猾的政客还可以完全掌控和操纵陪审团名单及选民名单；对于领取福利救济的人和其他不能自行谋生的人，他们对其也可以或取或夺，任意摆布；而参与其中的高级官员能够凭借政治得到庇护。地方上的新闻宣传机构为了自己的利益，有时不顾事实真相而颠倒黑白。

不过，卡特从中也明白：那些受到贪官污吏威胁的人，并不一定就心甘情愿地随波逐流；如果给他们机会，他们是愿意挺身而出，支持正派人的。

4 勤劳的州参议员

1963年1月，花生农场主吉米·卡特终于进入参议院，成为一名州参议员。但是在他就职以后，他开始为投票前的一个承诺而后悔了。原来投票表决前，卡特向选民这样承诺：在立法时，他会亲自细审每一个议案。

卡特在雷克佛将军麾下做事时，就深受雷克佛将军对工作尽心尽力的管理风格的影响，所以他暗自向自己承诺：如果他当上参议员，在立法时，会亲自细审每一个法案，并在竞选发表演讲时，也向选民作了这个承诺。卡特是个诚实的人，因此在担任两届的参议员生涯里，他都努力按照自己的承诺做事。

每年，佐治亚州议会要举行40天的立法会议。在这期间，提出的法案和议案约有2 500件。其中有半数左右会送交参议院或众议院进行表决，而这当中又有大约一半通过后将成为法律。据估计，议员们在议会的每次会议期间，要表决的法案大约有800到1 000个。这些法案中有些很短，有些却相当长，极少数的居然数百页。要把这些法案件件审查，真不是一件容易的事。但是卡特并没有被巨大的工作量吓倒。为了信守诺言，他参加了速读班，并在这一过程中，成了这方面的专家。

卡特每天很早就去议会大厦，他需要把工作内容浏览一遍，使自己对一天要做的事情心中有数。会议开始时，他已经熟悉议程上的每一项法案了。他经常检查立法案中的内容或技术是否有失误，理解上是否有误差。每次会议，有一位议员总是提出许多法案，这些法案代表着不同的利益团体。由于卡特总是修正他的法案，到最后，这位议员索性把法案全都直接交给了卡特，并对他说："你自己看着办，把不合你心意的划掉就是了。"

有一项法案，俗称"甜心"法案，它是为了破格提高某些特殊人物的薪水和退休金，对普通官员不利。有时卡特会一个人站出来反对这类提案，因为没有人愿意得罪那些人。但是州政府内部的混乱和复杂几乎令人难以相信，里面的很多职位都是为那些获得特殊利益的人而设的。卡特试图为改变这些状况而努力。

卡特开始研究关乎民众切身利益的问题，如学校财务、教育法、公用事业税收、选举法、预算程序等等。他还就其中的某件事提出法案，然后看看谁会极力反对。事实证明，那些享受某种特权的人故意煽风点火，使得混乱状况持续下去，这样他们好从中渔利。卡特为了这些事跟他们不停地斗争着。双方互有胜负，最后，卡特总是胜多败少。

例如，州里经常有这样的事情发生，就是厅、处长喜欢搞形式主义，他们总是喜欢到议会大厦大厅把议员留下来谈话，以显示自己工作努力，希望通过这样的方式增加他们的薪俸。卡特对厅、处长的做法很不满。

为了改变这种现状，卡特在州参议会上提出了许多解决这类问题的办法。其中一个就是成立州政府薪俸委员会，定期审查州高级官员的薪水，在这期间还要有人来约束他们。在卡特当议员时，这种办法没有奏效。卡特当州长后，这个提案才得以实现。

卡特当议员期间，教育仍然是他最关心的主要问题之一。他希望有一天全州的黑人和白人的教育质量能够平等。为了实现这个愿望，他参加了一个特别教育委员会，这个特别教育委员会只有两个州议员参加，他是其中之一，另一个是当时担任佐治亚州黑人教师会主席的黑人教育家霍雷斯·泰特博士，此人后来成为佐治亚州黑白教师联合会副会长、州参议员。卡特认识他也是缘于这个委员会，后来，当卡特竞选州长时，他是最早支持卡特的人。由于卡特以前在教育委员会任过职，因此对学校的问题非常熟悉。根据掌握的教育实情，卡特起草了一项综合性提案，目的是为帮助农村那些有困难的学校。这个提案最后通过了，它使得整个佐治亚州的教育质量得到全面提高。

卡特还在拨款委员会中任职。他惊讶地发现，委员会把很多时间花在筹资计划的提案上。一个计划在落实了一年后，就不会再有人对它进行严密的审查了。因此，它承担的责任和需要的预算就会越来越庞大。而负责这个项目的机构不但会力保它继续存在，还会再分出一个部门来处理新发现的问题。花在预算项目上的时间，经常跟拨款数目的多少成反比。例如，把两万美元用在艺术上的提案很难通过，因为委员会会从各个方面进行详细的调查和评估，要了解它的开支状况是轻而易举的事；但是，若是把数百万美元用于大学或高速公路系统上的提案，就比较容易通过，因为这类案子的开支内容非常复杂，所以没人愿意花时间去深究。对于这种现象，卡特给予了严厉的批评。

1964年夏天，卡特和各议员一起召开了一个特别会议，拟定了一套佐治亚州基本组织法的模范文件，但在议会中商讨这个提案时却使他备受打击。

第一个打击是这个基本民案法没有通过，原因是其中有一项是保障免于搜查的权力及宗教信仰自由的法案，而议会商讨出的结果是必须信仰上帝。几年后，卡特投票反对这个规定，有人因此说卡特是无神论者。第二个打击是在特殊利益集团完成"简单修正案"的工作时发生的。这些特殊利益团体为了将来能在诉讼案件、税捐和公用事业的收费上获利，在这个提案中的重要条款里到处加字或减字，使其措辞含糊，表意不清。卡特虽然努力争取，但因人微言轻，于事无补。

　　在卡特任参议员期间，种族问题仍是美国南方的主要政治议题。卡特总是站在比较开明的立场上看待这个问题，而且他也尽力为黑人争取他们应有的权利。

　　当时在任总统是约翰·肯尼迪，他也反对种族歧视，并一直为黑人争取更多的权利。肯尼迪的做法遭到了一些白人的指责，但卡特却因此而更加敬重肯尼迪。肯尼迪遇刺后，卡特一家都十分难过。

　　与此同时，也有人对肯尼迪的遇刺幸灾乐祸。比如，这个消息传到学校后，卡特的儿子契普的老师表现就异常兴奋，竟然在班上公开叫道："真是太好了，肯尼迪死了！"受老师的影响，学生们也纷纷鼓掌欢呼。契普也很爱戴肯尼迪，看到这种状况，非常气愤，加上年轻气盛，顾不得那么多，随手抓起一把椅子砸向老师。事后，他受到了校长的责罚。

　　我们再来看看南北战争时期，普兰斯的种族情况。当时当地白人可以邀请黑人邻居参加一些礼仪活动，比如婚礼、葬礼、洗礼等。而且在教堂，黑人和白人是一起做礼拜的，但后来教堂被分裂为几个聚会所。从那时起，黑人就不跟白人一起做礼拜了。若白人家里有重大事情，可以邀请黑人参加；若是宗教仪式，就不让黑人参加。

　　当时，虽然卡特担任教会执事，但因他在种族问题上是自由派，所以教会不邀请他参加执事会议。他自己太忙，也没有对此提出异议。一个星期天，卡特去一个教堂发表演讲，教会里的其他执事趁机提议，禁止任何黑人进入白人教堂做礼拜（此前，黑人是被允许进入白人教堂的）。反对黑人进入白人教堂的人还决定在下个月的教会大会上，让参加会议的人投票表决。卡特得知这个消息，表示强烈抗议，但没人理会他。

JIMMY CARTER

在教会举行投票的前一天，恰逢卡特的堂弟结婚，卡特全家都去亚特兰大参加堂弟的婚礼。虽然卡特人在婚礼上，心里却在想着教会执事反对黑人进教堂的事。卡特认为还是应该跟罗莎琳商量一下，争取尽早回去。于是，他对罗莎琳说："教堂这样做可能会引发黑人和白人的冲突，我们应该早点回去。"罗莎琳同意了卡特的建议。当时，卡特已经准备竞选更高的职位，但是结果如何，还无法预料。因此对于引起白人和黑人争议的问题，两人非常在意。最后，他们决定第二天一大早就赶回家，参加这次会议。

一般情况下，教会议事不超过50人，但是这次却达200人。在会议上，卡特要求发言，因为作为教会执事之一，他有权发言。要求得到通过，于是卡特号召众人反对其他执事和牧师作出的"关于不允许黑人进教堂的决定"。最后他还倡议：任何一个黑人，只要是来做礼拜而不是心怀不轨的，就没有理由阻止他进入教堂。

因为当时很多人对"关于不允许黑人进教堂的决定"这个提议是持赞同意见的，所以这些人也站出来发表了演讲。之后，大会投票表决。最后结果是，只有卡特一家6口和另外一位教友持反对票。不过，当时支持其他执事和牧师的人也不多，只有50个人左右，其他教友则没有明确表态。这些人中有十几个人对卡特说，他们同意卡特的立场，只是不愿意在教会会议上公开表示。

事后，卡特一家的很多教友对他们在会上的表现很不满。有很长一段时间，这些教友对他们一家都不理不睬。

由于卡特全家在种族问题上的立场比较开明，因而经常受到一些支持种族隔离人的威胁，还因此失去了一些顾客，但这些对他们的生意并没有多大损失。不过，有一次倒是例外。卡特的大儿子杰克中学毕业的那年夏天，罗莎琳跟卡特商量："趁着孩子们都在，带他们去旅游吧，开学后，杰克就要到外地去上学了。以后，全家人不知道什么时候才能再团聚呢。"卡特同意了，他们就带着孩子们去墨西哥度假了。

3个星期后，卡特一家旅游回来。因为他们是做花生生意的，必须赶在花生收获前到家。可是，他们回来好几天了，居然没有一个顾客上门，这令全家感到莫名其妙。后来,有一个跟他们关系很好的顾客告诉他们:"今年不会有人跟你们做生意了,因为所有的人都知道你们去哪儿了。"罗莎琳对这句没头没脑的话表示不理解,于是问他:"我们到墨西哥度假,跟生意有什么关系吗?"可这个人根本不相信他们去了墨西哥,固执地说:"你别骗我了,有人告诉我你们去亚拉巴马了,那里有一个专门训练取消种族隔离工作人员的营地。你们是去那儿接受培训的。"听了这个顾客的话,卡特和罗莎琳连忙问,他们不在的这段时间,到底发生了什么事,怎么会有人这样说他们。那个人见他们一副迷惑的样子,就把事情原原本本跟他们讲了一遍。

原来,美国政府试图强迫国民接受取消种族隔离的决定,引起了不少人的反对,其中南方有一个人反应特别激烈。这个人是个有名的商人,在当地很有影响,凡是政府寄给他的信,他都放在他邮件堆的顶上,这样他就可以完全不用理会它们了。有一天,他给卡特的母亲莉莲打电话,问她怎样才能跟卡特联系上,莉莲对他说卡特全家去旅行了,她不知道怎样才能联络到他们。这个人认为莉莲骗他,于是四处散播谣言,说卡特全家去了支持取消种族隔离人员训练营。因而,在卡特一家并不知情的情况下,所有的人都已经"知道"他们去了哪儿。

了解了事实的真相后,为了消除大家的误解,卡特和罗莎琳努力做众人的思想工作。他们挨家挨户地去拜访他们的顾客,向这些人反复解释自己这几个星期的行踪。后来,卡特还去找那个商人,与他在众人面前对质。最后,那个商人承认这件事不是真的,是他散布的谣言。经过几天的努力,大家弄清楚事情的来龙去脉之后,又开始与卡特进行生意往来了。

5 首次竞选州长
JIMMY CARTER

卡特当上州参议员后,在佐治亚州政界有了一席之地。由于他做事不偏不倚,言辞中庸平和,所以同事都很喜欢他,认为他是州参议院中最杰

JIMMY CARTER

出的议员之一。卡特州议员期满后,就开始考虑竞选美国国会议员。

当时的形势对卡特有些不利。原因是当时的民主党人、美国副总统林登·约翰逊为了获得民心,他向美国国会提出了一个"向贫困开战"的法案。美国国会通过了这个提案。尽管这个法案对解决贫困问题没起多大作用,却触怒了不少南方保守派人士的利益,使民主党在南方失去了威信,成了众矢之的。

这一年,共和党人霍华德·卡拉韦被选进了国会众议院。卡拉韦是南北战争以来佐治亚州的第一位共和党国会议员,善于演讲,博得了很多人的欢心,这些人极力推荐他竞选佐治亚州州长,卡拉韦却没有去竞选,但形势仍不利于民主党人,在这种情况下,卡特只能耐心等待机会,并悄悄为下次竞选做准备。

1966年,又是一个选举年。这年春天,国会休会时,卡特向家人宣布,他要竞选国会众议员,与这个受人欢迎的卡拉韦一决高低。

卡特吸取此前参加竞选的经验,针对这次竞选制定了一个很周密的计划。每天,他都花很长时间待在选区,尽可能地会见选民,向他们发表演讲,同他们握手、拥抱。

每次走访,卡特都会带一台小型录音机,把遇到的选民姓名都录下来。他还随身带着一个笔记本,在上面标明一些人的具体情况,并记下选民关心的重大问题。卡特回家后,把这些资料交给罗莎琳和妹妹葛丽亚,请她们把每个选民的个人资料整理出来,再给这些人写信,请他们支持卡特。

卡拉韦在选民中的声望仍很高,但卡特也在有条不紊地为自己争取选民,他的进展速度也很快。就在他二人摆开阵势,全力角逐国会众议员的席位时,形势却突然发生了变化。民主党佐治亚州州长候选人、前州长欧内斯特·范迪维尔由于患有心脏病而被迫退出了竞选州长的活动。于是,卡拉韦立刻放弃竞选国会众议员,转而去竞选州长。共和党人因为反对国会取消种族隔离的决定,所以支持卡拉韦的人很多,希望卡拉韦和他们一样坚持种族隔离。当时,根据民意测验,卡拉韦是最有希望当上佐治亚州州长的人。如此一来,获得众议员席位对卡特来说,简直是探囊取物了。

但是卡特却为卡拉韦竞选州长这件事感到担心。担心卡拉韦当上州长后，会对黑人不利。于是，他赶到亚特兰大，试图说服两位威望极高的民主党官员去竞选州长，但这两个人却不愿意出马。在这种形势下，民主党人只好准备把州长的位置让给卡拉韦。不过，也有很多人不愿意看到这个结果。他们推荐卡特去竞选州长，因为在他们眼里，只有卡特是唯一一个心甘情愿与卡拉韦一争高下的民主党人。

这件事令卡特感到为难，因为当时离全州初选只剩3个月的时间了。和卡拉韦相比，他的情况一点也不乐观，除了他家乡的人知道他外，其他地方的人对他一无所知，而卡拉韦在全州名气很大。除此之外，还有一个不利于卡特的情况，就是在民主党阵营中，有两位颇具实力的人突然参加了竞选。他们分别是：埃利斯·阿纳尔和莱斯特·马多克斯。前者在20年前当过佐治亚州州长，人们对他的评价是为人诚实稳重，办事讲求实效；后者莱斯特·马多克斯，是一个极力反对取消种族隔离的人，曾经开过饭店，在此期间，他因不允许黑人在他的餐厅用餐而受到黑人的控告。法院就此事判他：要么必须接待黑人，要么停止营业。最后，马多克斯选择了关门停业。然而此事却使他在佐治亚州名声大振。这两人中，阿纳尔更受人们欢迎，而且党内温和派和亚特兰大新闻界大都支持他。

这两人的参选让卡特感到压力很大，但是面对支持他的人们的期待，最终卡特下定决心放弃国会议员的竞选，转向州长竞选。当时，支持卡特的人主要是他在州参议院的朋友、一些青年民主党人。这些人认为卡特诚实可靠，这一点是他的优势。

青年人、学生和妇女尤其喜欢卡特。每次卡特去大学演讲，公开表明反对增加学费的态度，都会受到学生们的拥戴。卡特也向学生保证，一旦他当选，一定不会搞学术专制，而是维护它的自由。卡特在当州参议员时，就曾为教育领域办了不少实事。在教育界，卡特的名声很好，因此，州教育董事会的10名董事，有8名支持卡特当州长。

虽然有很多人支持卡特，但与其他竞选人员相比，卡特的名气仍然不及其他两人。但卡特觉得自己还是有胜算出的可能，因为他自身的一些优点是他竞选的有利条件。例如，他年轻，刚刚41岁；外表整洁，看起来富

JIMMY CARTER

有活力。另外，他有很多地方与肯尼迪相似，例如，他也有一头蓬松的头发，孩子般天真的微笑，以及庄重的姿态。就连他在强调自己论点时挥手的动作，都与肯尼迪十分相似。这些优点也确实引起很多人的注意。

在几位竞选人中，卡特处于弱势，要想取得胜利，就必须付出比别人更多的努力。于是，卡特和他的家人以及支持者，在佐治亚州全境展开了激烈的竞选活动。

卡特在全州展开竞选活动时，由于名气太小，当他向别人介绍自己是吉米·卡特时，别人总是会问："吉米是谁？"因此，有些记者就以"吉米是谁"来称呼他。为了摆脱"吉米是谁？"这个不为人知的形象，卡特付出了艰辛的努力。他到处演讲，与人们交谈，尽力让每一个他走访过的人记住他、支持他。有一次，他发表演讲时说："此次竞选活动中，你们不知道吉米是谁，完全可以问我，我连姓氏都可以告诉你们……你们想要了解我，可以直接来找我，我一定会让你们满意而归。"

每个竞选人都需要有自己的政治主张，为了赢得胜利，卡特提出"还政于民"的主张，他建议应该由人民参与管理政事，而不是由政府独断专行；其次，他还倡导改组机构和厉行节约机制。另外，他还向选民作出了有关"信任"的保证。

卡特的每次演讲也都争取做到有的放矢，决不轻易放炮。有一次，他对青少年发表演讲，说："无论什么时候，如果我的做法、行为有让你们失望的地方，你们一定要提出来，我保证会改正。我发誓，永远不会辜负你们对我的信任！"

卡特在亚特兰大选区有很多朋友，这些朋友原来大力支持他参选国会众议员，后来因为他退出众议员的竞选而去竞选州长，这些朋友对他这一决定非常生气。于是，卡特亲自来到这些朋友的家，表示自己的诚意，并诚恳地希望这些朋友能再次支持他。可是，他的朋友们并不太理睬他。有一个星期天下午，卡特邀请大家参加他在亚特兰大举行的竞选会，可没有多少人来参加。但卡特并没有因此而灰心，他仍然坚持每个星期天开会。选民被他的不懈努力感动了，出席的人渐渐增多，他的朋友也逐渐回到了他的身边。

在卡特为竞选四处奔走时，罗莎琳、莉莲和孩子们也在为此劳心劳力。他们在一张佐治亚大地图上，用不同颜色把各个选区标出来，每一种颜色表示一个人要完成的任务。

由于小儿子杰弗还小，罗莎琳带着他负责一些选区。其他人各人负责各人的选区。卡特一家人找这些选区的报社、广播电台和电视台，请新闻记者采访自己。他们想以此为宣传手段，让更多的人了解卡特。在他们真诚恳求下，新闻界答应了他们的请求。

在选区里不管碰到什么人，罗莎琳和杰弗都会主动上前去跟人握手，并奉上一本宣传卡特的小册子。一个选区跑完后，又马不停蹄地去另一个选区。即使是极为偏远的城镇，他们也不会放过。

通过竞选活动，罗莎琳逐渐明白一件事：如果一些人对自己的候选人矢志不渝地给予支持，并希望他获胜的话，那么其他候选人的竞选宣传者可能会采取一些过激的行为，甚至伤害到其他参选人。罗莎琳就遭遇过这种情况：一天，她去佐治亚洲的华盛顿小镇为卡特宣传。他看到有个男子站在一家鞋店门口，赶忙走过去，向这个人说明卡特竞选州长的事，礼貌地请他支持卡特，给卡特投票。谁知这个人嘴里嚼着烟叶，口水沿着没刮的胡子流下来，一脸的不屑。罗莎琳也没在意，仍拿出一本竞选手册递给他，这人不但没有接罗莎琳递过去的小册子，还冷冷地说道："吉米是谁，我给霍华德·卡拉韦投票，我支持的是他！"说完，竟然向罗莎琳吐了一口唾沫。罗莎琳当时既生气又无奈。

佐治亚州的很多城镇，都留下了罗莎琳和杰弗匆忙的身影。罗莎琳开着借来的车子，到处宣传卡特，请人们给她的丈夫投票。尽管会遇到一些令人生气的事，罗莎琳却毫不退缩。

卡特宣布进入竞选州长时，本来离初选的时间就不远了，他们一家人也知道，获胜的希望不大，只能背水一战。他们的宣传力度取得了明显效果，卡特的演讲又深得人心，因而在竞选活动快要结束时，卡特在民意测验中的地位一路飙升。

初选当晚，卡特原本估计自己会获胜。然而，在100万左右的选票中，卡特却以大约2万票之差而失败。

JIMMY CARTER

初选中胜出的前州长埃利斯·阿纳尔和主张种族隔离的饭店老板莱斯特·马多克斯，进入了大选。在决定性选举中，很多共和党人跨党投票，力挺马多克斯。这些人的计划是：马多克斯的实力不强，如果他成为民主党候选人，在总选时，卡拉韦就可以轻易击败马多克斯，当上州长。最后，马多克斯果然获得党内提名。对于马多克斯的获胜，民主党表示不满。于是，党中的自由主义温和派采取了措施，即加填候选人。这样一来，在总选时，就多了一个可供选择的对象。当时，有人建议将卡特补上去，但没有成功。接下来的大选，主要在卡拉韦、马多克斯、阿纳尔三个人中展开。大选的结果是，卡拉韦的票数最多，马多克斯第二，阿纳尔第三。根据当时的法律，竞选中加填名单后，优胜者应由州立法机关来决定，但只能从前两名中选。而在立法机关中，民主党居多，最后马多克斯当选佐治亚州长。

这次选举失败了，卡特及全家都很沮丧。在这一次竞选中，他们不但花费了大量的人力，还投入了不少的财力。竞选结束后，卡特欠下 6.6 万美元的债务，体重也下降了 22 磅。让卡特备受打击的是，州长竟然是马多克斯。由于政见不同，卡特向来不拿正眼瞧他。

这次的竞选虽然失败了，但加强了卡特下次取胜的信心。他也更加明白：要想为国民做事，只有自己当选，否则就只能是空口说白话。因而，对于下次竞选，他做了充分的准备工作，力求取胜。他在自传中也提及此事："下次竞选州长，我不能再失败了。"

6 宣布第二次竞选
JIMMY CARTER

1966 到 1970 年的这段时间，是卡特为自己参加第二次竞选州长聚集力量的阶段。不管是在人际关系上，还是在财力上，他都努力去创造有利自己的条件。以前的他，性格有些孤僻，少言寡语，不喜欢与人交往，兴趣也比较单一。这一时期，他尽可能去团结更多的人，与他们建立良好的关系；还学习各方面的知识，拓展视野。对于自己经营的种子生意，卡特努力将其发展成稳定而又有利可图的企业。经过深思熟虑后，他为自己设计了一套有利于1970年州长选举的政治策略。

卡特决定，除了工作之外，一定要多参加公益事业，扩大自己的影响力。不久，他组织成立了一个八县计划委员会，自己出任主席。卡特向来很关心本地区的发展前景，他根据本地区的风貌特征，制定了使其长远发展的计划。他和致力于发展本地经济的人，对本地的天然资源和人力资源做了详细的调查，并做出了正确的评估。他们还探讨了未来可能会遇到的困难，以及要采取的应对措施。最后他们把所有的计划都付诸实践，取得了不错的成绩。

当时，卡特的影响力在一点点加强。有人建议组织一个全州性的规划学会，目的是让私人企业彼此交流经验，加强合作。经过众人表决，这个提议被通过，卡特还担任了规划学会的主席。这个学会对当地的经济发展起了促进作用，对于一些政府以前未能解决的问题也起了一定的推进作用。

为了下次竞选州长，卡特的宗教生活也随之发生了改变。每年，他都跟随浸信教的教友，在佐治亚州境内或其他州传教。这段时间卡特总是从早忙到晚，生活很有规律。每天一大早，他去店里或农场忙生意上的事情，同时处理一些其他工作，就这样一直忙到傍晚。只要有时间，他就开车去佐治亚州的某个地方发表演讲，以增进大家对他的了解。他往往都是到深夜才回家。卡特的汽车里有一台小型录音机，像第一次竞选一样，他把每次见到的人的姓名、去过的地方的资料以及准备演讲的话都录下来。他还专门买了一台自动打字机，这样给别人回信时就方便多了。回到家后，他就把记录的信息交给罗莎琳。第二天，罗莎琳就用那台新买的自动打字机给选民回信。在回信过程中，打字机会自动记录收信人的名字、地址和背景资料等情况。这一点让罗莎琳很满意，因为下次再回信或查找资料，就方便多了。

卡特和罗莎琳把他们拜访过的人的情况，逐个仔细分析，例如，某人的职业、政治信仰以及作为资助人和竞选工作人员所具有的潜力等等。他

JIMMY CARTER

们把分析后的结果编成各种代号，便于记忆。另外，把佐治亚州150多本电话号码簿全都复印了，然后从中逐个寻找录了音的那些人的地址和电话号码。找到后，就立刻给他们写信或打电话。由于回信太多，为了防止把信寄错，他们给这些信也编了代码，这样一来，他们就很容易知道哪个人收到了什么内容的信。

卡特的讲演稿，很多时候都是罗莎琳帮他准备的。演讲稿其实只有几句话和几个数字的小纸条。虽然很简单，但卡特却能看懂。这样做有一个好处：当他到已经去过的地方时，演讲时就不会与他以前讲过的内容重复了。

在卡特为竞选州长做准备的这段时期里，罗莎琳不仅帮卡特准备演讲稿，还为他收集各方面的材料。如：报刊上有关教育、卫生、农业、环境等方面的文章。凡是她认为有用的，她都会剪下来，收集在一起，以备卡特使用。如果准备与州政府有关的演讲题目，卡特就要亲自写发言稿了。他反复阅读罗莎琳帮他收集好的资料，直到对每一个问题都了如指掌，并最终决定自己要讲的内容为止。

卡特一向是个勤奋的人。为了准备与犯罪控制、司法或教育方面有关的演讲稿，他总要花上几天工夫，要阅读三四本同一主题的书。另外，他还组建了一个智囊团，帮他分析问题，准备未来的竞选政纲及近年来所有竞选活动的投票结果。佐治亚州一共有159个县，智囊团对每一个县的情况都清楚明了。他们还给每一个县都准备了着色的图表和地图，当地选民在各种选举中投票的情形和强调的问题，从图上可以一目了然。智囊团还帮卡特准备了各个候选人的有关资料，一起分析各个候选人情况以及各县选民投票的动机，这样做，在备选中就基本上能做到心中有数了。

卡特为准备第二次竞选四处奔忙，全家人也积极投入其中，帮卡特到处拉选票、做宣传。他的儿子们仍然分得了不同的选区，到处奔走，宣传卡特。

尤其值得一提的是卡特的年近七旬的老母亲莉莲。虽然她年纪大了，精力却很旺盛，而且是个很有同情心的人。一天晚上，她在电视上看到一则招募和平工作团志愿人员的广告。第二天，她找有关人员了解了情况，当时就填了申请表。事情办妥后,她去了货栈,满面笑容地向卡特一家宣布说:"孩子们,告诉你们一个好消息,我参加了去印度服务的和平工作团!这样对卡特竞选会有一定帮助的。"卡特等人听后,感到非常惊讶。卡特说:"妈妈,您可从没跟我们提过这事啊!"莉莲说:"我是最近才办妥的,想给你们一个惊喜!"卡特看到母亲这么大年纪,还热心于公益事业,并为他着想,更增加了他登上州长席位的决心。他看着莉莲,激动地说:"妈妈,我为您感到骄傲!我会努力争取胜利的!"后来,莉莲前往印度的一个叫维克洛里的小镇,帮助那里搞计划生育工作。由于她年轻时当过护士,受过训练,被派到当地一个小诊所里帮忙。莉莲在那里待了两年之后才回到家。她在印度的经历使她成了一位知名人士,人们亲切叫她"莉莲小姐"。很多公益团体都邀请她去演讲,她向各个团体述说她在印度服务的经验,并倡议人们积极参与这样的活动。这些活动,无形中也提高了卡特的声望。人们都知道莉莲有个儿子,名字叫"吉米",正在准备竞选佐治亚州长。

在卡特第一次参加竞选州长后,他的弟弟比利也从海军服满军役回到了家乡。他和卡特一起经营农场和做些其他生意。当年,卡特和罗莎琳回到普兰斯镇时,比利才16岁。高中毕业后,比利参加了海军陆战队。不久,就跟从小青梅竹马一起长大的女朋友西比尔·史派尔结了婚。现在,比利回来了,分担了一些卡特的农场工作。比利后来成了卡特经营花生企业的股东。自此,卡特经营的事业完全成了家族企业。比利在经营农场方面出了很大力,分担了卡特的很多事情,这让卡特有更多的时间到各处拉选票。

7 竞选路上悲与喜
JIMMY CARTER

虽然竞选道路很漫长,也很累人,但是卡特一家从没想过要放弃。在这个漫长的竞选路上,一家人一起经历了欢乐和哀愁。

JIMMY CARTER

　　1966年，发生了一件让卡特家高兴的事。契普当时正在上初中。这一年，黑人学生第一次到普兰斯镇进入全是白人学生的学校上学。卡特的货栈离学校不远。开学那天，卡特和罗莎琳看到很多警车停在学校门口，场面颇为壮观。去他们货栈的人看到这种情况，以为发生了什么大事，紧张地问他们："出什么事了吗？"事实上什么事也没发生。原来黑人学生进入白人学校，是很多白人所不能忍受的。警察担心发生骚乱，于是派警车来巡视。当大家看到这些黑人学生走进白人学校时，都为他们捏了一把冷汗。但是这些黑人学生反而显得很自信，很自然地走进了学校。黑人学生们进入学校，并没有出现任何骚动或暴乱。当时合并学校是卡特等人提出的，这件事在当时曾经掀起了轩然大波，卡特的生意因此事还受到了不少白人客户的抵制。现在终于实现了，而且一切也显得安然无恙。从1954年最高法院做出取消种族隔离的裁定后的第12年，普兰斯镇上的学校终于实现了这个判决。整个普兰斯镇的居民都为此长舒了一口气，尤其是卡特一家，他们曾为了这件事付出的努力，终于有了回报，他们为此感到很欣慰。

　　1967年10月19日，又发生了一件令卡特全家人都异常兴奋的事，卡特终于有女儿了。卡特一直都很喜欢孩子，在有了三个儿子之后，还想再要个女儿。可是他们回到普兰斯后，罗莎琳的身体出了问题，不能再生孩子了。十多年后，罗莎琳动了手术，切除了子宫瘤。妇产科医生告诉他们说，罗莎琳可以再生孩子了。他们听后，非常高兴，开始为能生一个女儿而祈祷。

　　几年后，罗莎琳终于怀孕了。当这个消息在家里传开后，全家人都欢天喜地。为给这个未曾谋面的孩子取名，全家还专门召开了一次取名大会。一个星期天的下午，全家聚集在走廊上，卡特和罗莎琳提了好几个名字，但是杰克他们一个都不喜欢。最后，他们商议每个人各写五个名字，在这些名字中如果有重合的，再讨论决定。没想到，大家所提的名字中，没一个是重复的。于是，卡特只好拿出字典，把上面女孩子的名字挨个念出来。当他读到"艾米"时，杰克他们都没有再反对，因为他们都很喜欢"艾米"这个名字。最后，全家一致决定，这个孩子就叫艾米了。他们又加上了罗莎琳的小名林恩，因此，这个未出世的孩子的全名就是艾米·林恩·卡特。

艾米出生那天，卡特正在8英里外的地方接受记者采访，其他孩子都不在家。突然，罗莎琳感到肚子痛起来，她知道这是孩子出生前的先兆，便想去医院生产，可她一个人没法去。于是，她给卡特打电话，说她快要生了。卡特听后，扔下听众，急急忙忙往家赶。他以最快的速度回到家，把罗莎琳送往医院。到了医院，卡特把罗莎琳安排好后，立刻把这个好消息告诉给他的三个儿子。不久，艾米出生了，40岁的罗莎琳躺在医院的床上，满心喜悦。当罗莎琳抱着婴儿被推出产房时，三个儿子已经在产房外等着她了。她虚弱地对他们说："你们多了一个妹妹。"

当杰克跟弟弟们回到普兰斯时，已经是后半夜了。他们太兴奋了，怎么也睡不着。他们想把这件事通告给全镇，让全镇人一起分享他们的喜悦。很不容易熬到天亮，他们赶快起床，跑出家门，挨家挨户地敲门，把他们家多了个妹妹的好消息通知大家。

艾米的到来，不但使全家充满了笑声，还使卡特和罗莎琳感到自己又变年轻了。卡特幸福地说："艾米使我重获青春。"罗莎琳认为艾米刚出生的那半年，是她生活中最愉快、最美好的一段时光。因此，以后有外出活动，卡特总是带着艾米。

艾米出生没多久，卡特的大儿子杰克就做出了一个令全家感到震惊的决定：他打电话告诉父母，打算退学去参加海军。杰克原来在佐治亚理工学院上学，可这个学院的课程太专业，学起来很费劲，因此他没有时间读书看报，不久转入亚特兰大的埃默里大学。可是过了一段时间，他发现这所大学跟他原来的学校没什么两样，而且他在学习上仍然困难重重。生活中的一些事情，也促使他产生退学的念头。受家庭影响，杰克也很支持取消种族隔离的政策，而佐治亚州州长的大权仍被反对这项政策的马多克斯掌握着。本来杰克对政治抱有极高的热情，却因此而变得冷淡了许多。征兵中的不公平现象也使他感到愤慨不已。美国有一条法律就是大学生可以免受征招，而那些被招去当兵的全都是因为生活非常穷困而上不起大学的年轻人。因此，杰克觉得这很不公平，不想再享受这个特权了，所以他选择了退学。

杰克退学后，参加了美国海军。卡特本来就对海军怀有特殊感情，因此非常支持杰克的选择。不久，杰克被派到紧靠越南海岸的一艘小浮标船上工作。在那里，他见识了真正的枪林弹雨，真正体会到了战争的残酷。

卡特的二儿子契普是一个很有特点的男生。契普当时14岁，但对政治很感兴趣，他知道父亲是民主党州长候选人，就用胸章表明自己是民主党人，还在他的笔记本上贴了一张"我是民主党人"的小标签。因此，他的衬衫常常被一些挑衅的同学撕破，笔记本也经常被这些人撕毁。但契普很倔强，仍然坚持戴着徽章去上学。只有一次他的立场发生了动摇，取下了徽章。因为他受到了同学们过分的挑衅和侮辱。那天，在合唱队排练时，有个男同学把他的椅子悄悄拉开，当他坐下的时候，一屁股摔倒在了地上。趁他倒地之时，几个同学过来对他拳脚相加。契普受了委屈，却又无处诉苦，就独自跑到操场边，躲在草丛里，取下戴在身上的民主党徽章，还把笔记本上的那张标签也撕掉了。晚上回家后，契普把自己的经历对卡特和罗莎琳讲了一遍，还说"我再也不做民主党人了"。卡特夫妇安慰了他一番，然后鼓励他说："任何人都要坚持自己的信念和理想，不能为一时受到委屈就退缩，那不是大丈夫所为。"在卡特夫妇的鼓励下，第二天早上，契普又戴上了那枚徽章，并在笔记本上贴了一张崭新的民主党标签。

8 不当州长誓不罢休

1970年又是一个州长选举年。4月3日，卡特正式宣布了他再次参加竞选州长的消息。

对于这次的州长竞选，卡特周围的人大多都持反对意见，因为他的对手太强大，他的胜算不大，很多朋友都劝卡特去竞选副州长或是争取农业厅长的职位，支持他的只有他的家人和少数几个关系亲密的工作人员。可卡特下定决心要做的事，谁也别想阻挡他，就像他在自传中写的那样："对于自己该做什么，我一点都不会犹豫，我认为我能在竞选中取胜，我一点也不担心自己的竞争对手是谁。"

除了卡特之外，几个主要候选人有以下几个：林达·詹内斯夫人，她是社会党人；自称"乔治·华莱士·哈格里特"的麦基·哈格里特博士；简·考克斯，他留着胡子，有八面玲珑的本领，在报界很受欢迎；J·B.斯托纳，他是萨凡纳海滨的一个检察官，他竞选州长是因为讨厌黑人和犹太人，他还将这种态度公开表现了出来；黑人G·B.金律师和前州长卡尔·桑德斯，他们俩既有财力又有强大的政治背景。最有竞争力的两个人是金律师和前州长卡尔·桑德斯。其中前州长桑德斯对卡特的威胁最大，卡特要想当州长，就必须战胜他。

一项民意测验显示，在态度未决的选民中，有27%的人觉得桑德斯令人难以接近。于是卡特决定扮演一个贴近百姓的候选人形象，以争取这部分选民的支持。

卡特这次参加州长竞选，远比上次成熟多了。早在卡特下定决心一定要取得这次竞选胜利之前，他就做了一次民意调查。1969年，卡特聘请华盛顿一流民意测验家威廉·汉密尔顿，为他在佐治亚州进行一次民意测验。汉密尔顿就此对所有的投票人进行了一次详细的调查。民意测验的结果显示，卡尔·桑德斯的确是卡特的劲敌，因为五个选民中就有一个将他评为优秀州长。还有一个问题就是仍有很多人不知道卡特是何许人。虽然他在1966年及后来进行的竞选中努力向众人宣传自己，但是对于25%的人来说，他仍是个陌生人。在20个民主党人中，只有11个人对他有所了解。所以"吉米是谁"依然是卡特面临的最大问题。

现实很多情况对卡特颇为不利，但卡特也不是完全没有一点优势。比如桑德斯和卡特两人都偏向自由主义派，而这一点对两人都有利，对其他候选人不利。再比较桑德斯和卡特，桑德斯以前做过州长，人们对他很熟悉，都认为他属于极端自由派，所以那些保守派自由主义者就不会支持他，这一点对桑德斯来说是不利的，而对卡特是有利的。从这两点来看，卡特还是有一定优势的，在竞选中胜出还是有可能的。

JIMMY CARTER

选举之初，卡特的政治支持者还不是很多，只有查尔斯·柯博、比尔·冈特、福特·斯平克斯、菲利普·阿尔斯顿等人。这些人从1966年开始就一直支持卡特，这次竞选也是死心塌地地站在卡特这边，卡特日后参加的总统选举，他们仍是一如既往地给予了很大的支持。

后来，随着卡特宣传力度的加大，他的名气也随之越来越大，支持他的人越来越多。有一些青年人还主动去找他，要求为他服务。卡特和他的朋友汉密尔顿·乔丹在普兰斯镇的一个小屋里，跟这些新来助选的工作人员探讨与竞选有关的话题。在此期间，有人慕名专程来拜访卡特。一天，罗莎琳正在给参加会议的人做饭，突然听到敲门声。她打开门一看，原来是一位年轻人。这个年轻人自我介绍了一番，并说明了来意。原来这个人叫乔迪·鲍威尔，在埃默里大学读博士。他打算写一篇关于政治竞选运动的博士论文，所以想跟卡特谈谈，还希望能参加他们的会议，以便获得第一手资料。于是，罗莎琳把他送到卡特他们开会的地方。此后，他也成了卡特的支持者，并在卡特的政治生涯中担任重要角色。

卡特在没有正式宣布自己参加这次竞选州长时，早就在亚特兰大为自己的竞选打下了一些基础。亚特兰大有一个支持他的志愿小组，是由名叫斯图尔特·艾森施塔特的青年律师组织起来的，目的就是帮助卡特竞选州长。这个小组的成员都很出色，他们帮卡特分析各种问题时，总能一语中的。每个星期天下午，都会跟他们在一起开战略会议。卡特待在亚特兰大期间，管理学专家弗兰克·穆尔也经常跟他讨论有关当地计划委员会的问题。而且每次卡特去开战略会议时，穆尔也会去参加。在这次竞选中，还产生了一个有名的组织，叫"花生大队"，因为卡特是花生农场主。"花生大队"的成员主动要求去全州各地为卡特拉选票。

1970年是卡特一家最辛苦的一年。卡特一家又像上次一样，在佐治亚州地图上用各种颜色标明每个人负责的区域。分工明确后，每个人开始忙碌起来。每天天不亮，72岁的莉莲、卡特、罗莎琳和已经中学毕业的杰弗就得起床，开始一天的工作。他们兵分几路，去各种活动场所，包括工厂、大学运动会会场、马术竞赛场、牲畜交易市场、狗表演场等等，向这里的人们发表演讲，跟听众们握手。此外，他们还去各个镇上拜访每一家理发馆、美容院、饭店、商店和服务站。

在竞选宣传过程中,卡特也得到了当地一些人的支持。卡特每次去某个地方,总有一两个支持他的志愿者帮他的忙。这些支持者与他一起勘查地点,之后再决定怎样才能把他们有限的时间充分利用。只要碰到人,不管是谁,是干什么的,卡特和支持者都会向他们做介绍,并送上一张精致的宣传单。宣传单是卡特和他的支持者们精心设计的,十分精美,保证拿到的人阅读完后还想把它保留下来。大家齐心合力工作了一段时间后,都学会了合理安排时间,还学会了在野外怎样生活。

卡特一家还通过各地的电台来宣传自己,无论是多么偏远的地方,他们都会去。这种乡村电台通常只有一两个人在操作。他们来后,工作人员都会热情地接待他们,并进行现场采访或录音访问。他们每次都不会空手而回。这种小电台有一个好处,就是经常能跟大众真正接触,赢得更多人的支持。

在竞选中,卡特一直以平民的身份去赢得普通公民的支持。一天,他去佐治亚州北部山区宣传。当地人邀请他去观看村民卡尔·沃伦德沿一条铁索走过塔卢拉赫峡谷的表演。他刚到达那里,他的竞争对手卡尔·桑德斯便乘直升机也赶到了。当时,那个地方正刮着狂风,桑德斯走下飞机时,头发却纹丝不动。可卡特的头发却乱作一团,使他的形象看起来很糟糕。第二天,就有报道说卡尔·桑德斯头发之所以能够安然无恙地贴在头上,是他喷了护发剂的缘故。而这种报道对卡特来说是很有利的,因为这就反映出桑德斯在亚特兰大是富有的律师形象,而卡特是一个平民的形象,这使卡特获得了不少普通选民的支持。

卡特也并非处处得利。一次,他去一个地方宣传,看到有个年轻人,背靠着墙站着。于是,他走上前去,轻轻地拉了拉这个人的胳膊,面带微笑地说道:"你好,我是吉米·卡特,正在竞选州长。请你支持我,投我一票。"这个年轻人一听,立刻转过身来,挥手就冲卡特的下巴狠狠揍了一拳。卡特当时仰面倒了下去。原来,这个人是一名海军陆战队员,患有战斗疲劳症,所以才会这么暴躁易怒。卡特是在事情过去之后才知道这个事实的。

卡特在竞选的过程中也遇到过几次大的困难,而且还犯了不少错误。

JIMMY CARTER

最大困难就是竞选经费总是不够，这成了他和家人及朋友们一直担心的问题。由于经费问题，卡特和罗莎琳，还有其他工作人员外出宣传时都不住旅馆。晚上过夜时，他们一般是住在当地的朋友或支持者家里。他们竞选总部有一张支持者名单，上面记录了他们在各个选区认识的所有人的名字。如果有人去某处做宣传，卡特竞选总部就会事先打电话给这个地方的朋友，说有人去他们那里，麻烦他们给安排住宿。朋友们总是热情地给予帮助。他们的在朋友或支持者家里住宿，不但使他们更贴近普通百姓，而且还可以借机让竞选总部的人和佐治亚州各县的人互相交流，这样他们得到别的候选人的消息也更容易一些。

住宿问题解决了，接下来就是用于宣传的小册子、画报和大幅标语的制作问题了。这些用于宣传的东西总是不够用。卡特他们就尽量使这些东西都能物尽其用。他们把宣传小册子送给选民，有的人看完后会随手扔到地上，他们就把它捡起来，接着送给下一个人。这样既节省了成本，又不会浪费资源。但不管怎么节约，财政总是出现赤字。因此，卡特和几个关系极为密切的朋友为接着竞选的经费做了预算，结果发现现有的财力和他整个竞选所需的费用数额相差太远。于是，他们不得不把花在每位选民的费用降到最低点，即每人 0.15 美元，而且还得向众人募集欠缺的资金。他们还问每一位志愿帮忙的支持者能负责多大的地区，再根据他们的回答估量出其负责地区的人口，然后乘以 0.15 美元。总数估算出来以后，就派工作人员负责此地区的募集工作。这个方法在为数不多的几个地区颇有成效。卡特参加初选、决选和总选三次竞选活动所需金额的半数都是用这个方法取得的。

尽管众人想方设法解决经费问题，但在整个竞选过程中，经费对于卡特和罗莎琳来说，仍是一个沉重的话题。一个星期六，卡特和罗莎琳出去散步，又谈到这个问题。卡特轻声地问罗莎琳："为了筹出竞选的经费，你愿不愿意把农场卖掉？"罗莎琳微笑地回答说："愿意。"在这个问题上，她与卡特的想法是一致的。但她也知道这样做会有什么样的后果：竞选赢了，什么都好说；若是输了，他们就会失去农场，而且还可能会陷入家庭经济危机。可事情一旦到了紧要关头，人往往会拼尽全力，把能做到的事都做了，以求赢得胜利。卡特和罗莎琳当时抱的就是这样的想法。

竞选中，尽管卡特争取做到事事提前谋划，可有时也不免会犯错误，尤其是碰到突发事件的时候。卡特犯的比较严重的一次错误跟一家报社有关。那是第二次竞选刚开始的时候发生的事。亚特兰大一家报社的编辑在竞选之初就开始说卡特的坏话，说他是一个愚昧无知、顽固地奉行种族主义的花生农场主。还让人在文章旁边附了一幅漫画，画中把卡特描绘成是站在"种族主义"垃圾堆上的人，而其他的候选人则全都逐渐消失在摆脱偏见的初升旭日下。这种攻击严重影响到了卡特的声誉，对他竞选州长是个致命的打击。首先，那些还不知道卡特为人的选民，对他的印象非常不好；其次，那些当初答应支持卡特的人可能会因此而改变主意；再者，在亚特兰大，那些可能在财务上给卡特帮助的人也可能会考虑是否继续支持他。这家报纸之所以这么做，是因为该报的主办人是前州长桑德斯的坚决支持者。因为卡特有过第一次竞选活动，在选民中也产生了一定的影响，而且还属于自由派，在所有候选人中实力还是很强的，因此桑德斯的支持者视卡特为最主要的竞争对手，想办法对他进行人身攻击，该报就是其中之一。该报用如此激烈的方式攻击卡特，就是为了在竞选初期击垮卡特。虽然这次事件对卡特打击不小，但也并不是全无好处。好处就是它把卡特推到了众多候选人中最显著的地位。

可是面对这样的侮辱，卡特怎么能不愤怒？他写了一封信，怒气冲冲地回击这家报纸，但这封信没有被刊登出来。卡特并不甘心就此罢手。不久，佐治亚州新闻协会举办年会，邀请州长候选人在会上发表演讲，卡特趁这个机会把这封信读给了在场的人。当时，参加年会的有所有州长候选人以及佐治亚州的所有新闻工作人员。卡特为了解一时之气，却没有考虑到那样做会造成怎样的结果。

卡特采取了这个错误的方法来解决他跟亚特兰大那家报社的纠纷，造成了对他不利的负面影响，导致他在初选时失去了很多黑人的选票。事实上，在整个初选活动期间，他一直把白人和黑人一视同仁。他花了很多时间走访黑人光顾的商店、饭店和街道，了解黑人的各种情况，以便争取更多的黑人选票。他也是所有候选人中，唯一一个遍访各地村镇的人。但由

JIMMY CARTER

于他把与亚特兰大那家报社的事情没有处理好，致使以前的努力全都白费了。这对卡特来说有点儿得不偿失。但他吸取了这次教训，在总选时就知道怎样做得更好了。

卡特竞选时，还发生过一件令他十分尴尬的事。有一次，他去哥伦布的一所学校，和那里的一些黑人教师以及行政人员会面。这些人是那一带极有影响力的人物。会面时，他先向他们做了自我介绍，然后与他们逐个握手交谈。这些人都很热情地回应了卡特，并也向他做了自我介绍，还告诉他，他们以自己的职业和地位而感到自豪。

在这些人中，卡特会见的最后一个人是个比其他人都年轻的女孩。这个女孩是一位教师助理，她没有主动去跟卡特交谈，卡特就上前跟她打招呼。当卡特向她走去时，她似乎有点紧张不安。卡特自报家门："我是吉米·卡特。请问您是……?"这个女孩不说话，一阵沉默之后，她突然说道："我什么也不是!"当时，除了卡特和这位女孩外，在场的所有人都笑了。接着，卡特问她："我能跟您谈谈吗?"并且用很笨拙的方式向她解释自己的意图，说：她对他来说是非常重要的，他需要她的支持。但他们谈论的结果却不理想，因为卡特不知道她是不是理解了自己想要说明的问题。这让卡特当时非常尴尬，一时不知如何下台。还好有了第一次的竞选经验，他很快自我解嘲说："没关系，我想您会理解我的。"

卡特不断地到各处宣传自己，从准备竞选州长到他参加初选期间，总共发表了大约 1 800 次演说。他和罗莎琳在佐治亚州亲自跟全州一半以上的选民握了手。

在竞选活动快接近尾声时，卡特在选民中已很有声望了。支持他的主要是农村人，还有那些认为他勤奋努力、关心普通民众又与大企业毫无瓜葛的选民。虽然卡特已经获得了不少选票，但前州长卡尔·桑德斯的实力仍不容忽视。因为不但州里大多数主要报社和政府官员力捧他，不少大企业也为他撑腰。

初选日越来越临近了，卡特加快了竞选的步伐，他的全家也都感到既紧张又自信。为了能专心参加竞选，卡特给家里人分派了不同的任务：把货栈交给弟弟比利和弟媳西比尔掌管；他的竞选总部设在亚特兰大，他让小儿子杰弗去亚特兰大寄宿学校上学，这样就能帮他搞宣传；当时，卡特的二儿子契普在佐治亚西南学院上学。学校里有一些品德不好的学生，把他给带坏了。他整天跟这些学生厮混在一起。因此，卡特跟罗莎琳经常接到学校的电话，让他们去把契普接回去。卡特宣布竞选以后，家里决定让他暂时休学一年，在亚特兰大总部帮着做竞选工作，免得在外面惹祸。这个决定起到了很好的效果，契普不但在竞选中帮了大忙，而且也丢掉了以前的坏习气。这次竞选结束后，契普又回到了学院。不过，他没有再跟以前的那些朋友联系，把心思全都放到了学习上，成了一名优秀的学生。

　　选举开始了，卡特和罗莎琳先在他们本地投了票，然后带着契普和杰弗一起去亚特兰大投票。一路上，他们走走停停，很热情地同那些准备去投票的选民打招呼。到了吃午饭的时间，他们就找个地方用餐。罗莎琳一点胃口都没有，她太紧张了。到了亚特兰大，她又坐立不安，于是就带着契普和杰弗一起去市郊发传单。到达郊区时，正赶上下班的高峰期，他们分开行动，把小册子递给每一个从他们身边走过的人，并提醒那些人不要忘了投卡特的票。每次都是当街上看不见一个人时，罗莎琳才带着两个儿子开车返回旅馆，焦虑地等待着选举结果的揭晓。

　　初选结果出来的那天晚上，大家的情绪都很激动，而且兴奋不已。根据选票计算出结果来看，卡特完全有获胜的希望。结果，卡特果然是胜利者。这令卡特全家及其支持者大受鼓舞。

　　一家人带着良好的精神面貌，继续为总选而努力。在决定性选举中，卡特终于击败了卡尔·桑德斯。后来，他在大选中又将共和党候选人哈尔·休特击败。

　　至此，卡特终于如愿以偿，成为佐治亚州第76位州长。

9 妻子助选
JIMMY CARTER

　　在卡特的竞选活动中，他的妻子罗莎琳功不可没。罗莎琳在为卡特做

JIMMY CARTER

宣传时，总是走访完一个镇子，接着马不停蹄地赶往下一个城镇。在各大购物中心的门前，她就像一个接待员，态度热情地迎接进出店门的每一位顾客，与他们亲切交谈，并送给他们宣传卡特的小册子。有时她去得太早，进去的人寥寥无几，她就去闹区的公共汽车终点站做宣传。

随着时间的推移，她也总结出许多宣传的经验。每个城市都有警察、消防队员、维修工或清洁工上班前集合的地方，罗莎琳认为这些地方是宣传卡特的最佳场所。于是，每天她就从这些地方开始宣传活动。

消防站是她最喜欢的地方。她最爱吃的东西是消防队员烤的肉和饼。罗莎琳去那里，如果刚好赶上他们吃饭的时间，他们就会邀请她共同进餐。罗莎琳最讨厌的地方是商品市场，因为那里严禁拉票。她去佐治亚州的任何一个商品市场，不是被人家赶出门，就是被人家命令离开。可是，她还是抵挡不住那里人多的诱惑，只要工作人员稍不留意，她就会溜进去宣传。有时，实在进不去，她就绕到商场的后门，在那里散发小册子，直到有人过去赶她走，她才会依依不舍地离开。

在竞选过程中，罗莎琳也会遇到一些令她气愤的事。一次，有位竞选支持者请罗莎琳去一家工厂宣传。在去那家工厂的前一天晚上，罗莎琳一直在工作，直到半夜才休息。凌晨3点半她就起床了，因为那个工厂离她家太远，起晚了，就会错过工人的上班时间。她开车匆匆忙忙地赶到那家工厂，和那些上班的工人们一边握手，一边自我介绍。罗莎琳认为自己这么努力，一定会赢得他们的支持，没想到结果却是：那位支持者在一周后竟然转而支持卡特的劲敌前州长桑德斯，那些厂里的工人自然也不会投卡特的票了。这令罗莎琳非常气愤，可她又不能改变什么，只能生闷气而已。

宣传时，每天跟第一个见到的人打交道，是罗莎琳最头疼的事。通常情况下，她遇到的第一个人总是最难相处的。这让罗莎琳有时对自己每天做同样的事，说同样的话，以求得别人的支持，感到有点厌烦。后来，她接触的人多了，就学会了给人"相面"。她能够凭自己的经验去判断接触的哪些人心慈面善，比较好说话；哪些人比较难相处和接近。接触的第一个人如果是个好相处的人，她就会一天保持好心情，否则就会一天很难过。通常她的判断都很准确，但偶尔也有判断失误的时候。一天早上，罗莎琳又去宣传。她碰到的第一个人是一位中年妇人。这个妇人胖乎乎的，看上去是个老实忠厚的人。罗莎琳心想：这个人应该是个很好相处的人。于是，她走到这个妇人面前，递给妇人一本小册子，妇人微笑着接受了。接着，罗莎琳向她说道："早上好！我叫罗莎琳·卡特，希望您投我丈夫吉米·卡特一票……"妇人一听到吉米·卡特这个名字，马上激动地嚷嚷道："哦，天哪，不，不，不！我不投吉米·卡特的票！"说完，她把小册子快速地扔到地上，好像这本小册子上有病毒一样。罗莎琳眼睁睁地看着这个妇人飞快地逃进一家商店，心里很难受。她在原地站了好一会儿，调整好情绪后才又向下一个目标出发。

上中学的时候，罗莎琳是非常优秀的学生，她可以当着全班人的面发言，也曾参加过辩论赛，后来甚至还接受过记者的采访。在采访过程中，她能跟记者侃侃而谈，可她从来没进行过一次正式演讲。现在的竞选活动和中学时接受采访完全不一样了，不但需要善于与人交谈，还要善于在别人面前表现自己，更重要的是要能当众演讲。当众演讲是最让罗莎琳难为情的一件事了，但又不得不做。很多时候，她只要一想到站在大庭广众面前演讲，就仿佛有置身冰窖的感觉，直到她成为州长夫人仍然怕当众演讲。卡特第一次竞选州长时，她没有发表任何演讲。但这次的竞选运动，如果再不这样做，就不利于卡特的竞选。怎么办呢？想逃避是不可能的。作为竞选人的夫人，现在罗莎琳已经是名人了，即使自己不主动要求演讲，也会有很多团体或组织要求她当众发言。这让罗莎琳很为难，但她必须努力克服自己的恐惧。

一次，罗莎琳受邀去参加一个午餐会。当她到那儿的时候，已经有很多人先到了。她怀着愉悦的心情与会上的人进行交谈，正当她谈兴正浓时，突然听到有人说："现在欢迎卡特的夫人给大家讲几句话！"罗莎琳听到这话，当场就懵了。虽然她知道要演讲的事迟早会发生，却没想到会这么快就来了。等反应过来后，罗莎琳暗中给自己鼓劲，鼓励自己上去把卡特的情况和条件向众人介绍一下。但当她站起来的时候，她看到众人的目光都齐刷刷地盯着她。她又开始紧张起来，以至于当时脑子里面一片空

JIMMY CARTER

白，自己要讲的事情，一点都想不起来了。最后，她带着极度紧张的情绪，结结巴巴地说了几句话，大意是"她丈夫卡特正在竞选州长，请他们竭诚相助"。说完，罗莎琳便惶恐不安地跌坐在椅子上。她为自己差劲的表现感到惭愧，而且一想到这样的情况以后很可能会经常发生，心里就更加害怕了。

由于举行午餐会的地方距罗莎琳家很远，晚上，罗莎琳和朋友们在临近的镇上找了一个落脚点。她担心还会有人再请她讲话，像上次一样出丑，于是就跟朋友说她有点累，先回去休息了。回到自己的房间，罗莎琳把下次讲演时有可能遇到的问题写了下来。她一边写一边哭。担心自己在大庭广众之下讲不好，会给卡特丢脸，从而影响卡特的形象，给竞选造成损失。写完之后，她就上床睡觉了，可是翻来覆去睡不着，她为此承受的压力太大了。此时，她感到非常孤单，需要卡特的安慰，却又不能给他打电话，因为她不知道卡特此刻身在何处。一向倔强而不服输的罗莎琳，这一次，确实遇到了难题：演讲不是她的特长，却又必须去做。

为了不再让自己对演讲心生恐惧，罗莎琳开始加强演讲练习。每次，她在一些较小的招待会上，都会谨慎地向在场的人说几句话。她进入会场时，总是首先直奔盥洗室，将自己反锁在里面，然后反复背诵要讲的话——虽然只是短短几句。她把要讲的话背熟后，再为自己不断打气。她认为一切准备得万无一失了，才会出来跟大家见面。练习讲话的那段时间，对罗莎琳来说，简直就是一种折磨。她出去时，经常紧张得两腿不住打战，总是担心讲到一半时会忘记下面该说什么或该怎么说。虽然每次都是只有几分钟的演讲，但她在演讲的时候，总会放一杯水在身边，因为她的嘴巴常常会发干。有时还要求放一个小小的讲台，以便在讲话时能够扶着它，舒缓过分紧张的情绪。不过，罗莎琳在发表演讲时，有一点让她感到无比自豪，就是她从来都不用发言稿。

一个星期天下午，卡特和他的智囊团召开战略会议，罗莎琳也在场。当他们谈论到各地的政治集会时，所有人都盯着罗莎琳看。因为那种集会除了主办者外，前去参加的人寥寥无几。因而，对于卡特来说，参加那些集会只会浪费时间，但因他是参选者，又不能不去，所以大家的意思是让罗莎琳代替卡特去。在那些集会上，与会者是要参加演讲的，罗莎琳虽然胆怯，但为了卡特，她还是硬着头皮去了。

这是她第一次正式代表卡特讲话，因此一直处于紧张状态。参加集会的还有其他候选人的代表，而且都是男人。罗莎琳一直给自己打气，让心情慢慢平静下来。上台前，她深深地吸了一口气，心里对自己说"加油"。没想到这次演讲居然很顺利地完成了。后来，她经常用这种方法鼓励自己。一段时间以后，罗莎琳在进行简短演讲时，已经能够发挥自如了。

在竞选活动中，罗莎琳还练就出一个本领，就是能够认出一些心里有事，同时又想把事情告诉她的人。她还把这些人分成两类：第一类是要钱的人，这类人中有的总是在人群边上站着，有的会一直等在罗莎琳身边。他们这样要钱的原因有以下两种，有的是因为亲友在法律上遇到了麻烦，或被关进了监狱；有的是由于家人有病，而且常常是已经到了无药可救的地步，希望能从罗莎琳这里获得帮助。另外一类就是家里有轻微精神疾病的人。一天早上，大约4点半的时候，罗莎琳在一家棉花加工厂门口看见一个女工从里面走出来。这个女工是上夜班的，看起来很疲倦，而且从头到脚沾满了棉花。罗莎琳亲切地向她打招呼，并问道："晚上工作很辛苦，您现在是不是要回去休息了？"这个女工用略带嘶哑的声音说："是啊，回去睡一小会儿，这样才有精力照顾孩子。"罗莎琳问道："您的孩子很小吧？"女工回答说："孩子不小了，只是智力有点儿问题，需要我照顾。"罗莎琳听后，很同情她，为她难过。这件事让罗莎琳开始同情起"有精神问题"的人了，她暗暗想，如果卡特当上州长，一定劝他为"有精神问题"的人多做些事情，尤其是儿童。

凑巧的是当天下午，卡特要到这个镇上参加大型招待会。罗莎琳在发传单时，偶然听说了卡特要来的消息，决定留下来跟卡特见一面，他们已经有一个星期没见过面了。卡特并不知道罗莎琳也在这里，他来了之后，先上台发表演讲。接着，与台下的人一一握手。罗莎琳跟听众们排在一起，等着同卡特握手。轮到罗莎琳时，卡特像对待其他人一样，同她握了手，这才认出是罗莎琳。但罗莎琳并没在意这个，反而问了卡特一个问题："请问卡特先生，如果您担任州长，打算怎样处理精神健康问题？"卡

JIMMY CARTER

特不假思索地答道："我们将竭力把这项工作做到最好，而且我准备让你主管这项工作。"

"精神健康问题"后来成了卡特十分重视的问题之一。因为在宣传过程中，有很多人都跟他谈及这个问题。每次，卡特去一个地方做宣传，总能听到当地人给他讲这个话题。他们说心智有障碍的孩子不是待在家里，就是在医院接受不恰当的治疗。但当时卡特并没有在意，直到有一天碰到一个人，这才引起他的关注。那天，他去超市向那里的顾客发宣传品，有个人走上前来很有礼貌地对他说："卡特先生，我正在为您积极拉票。"卡特向他表示了深深的谢意。他接着问道："您知道我为什么这么做吗？"卡特摇摇头，他直截了当地说："因为我有一个低能的孩子。"从大众的谈话中，卡特明白了自己将来对这个问题的责任。

预选那几天，卡特家人人都很紧张。尤其是罗莎琳，她一直寝食不安，心情糟糕透了。在家里等待结果时，她总是躲在自己的房间里，不愿意听到外面乱纷的消息，若是在某个旅馆等候，她就躲在旅馆的房里不愿意外出。各处宣布关闭投票站时，她会跟家人或朋友们待在一起，以减轻她在等待结果揭晓期间的痛苦。

不过功夫不负有心人，罗莎琳的努力没有白费，卡特竞选成功了。现在她终于可以缓口气了，她心里也暗暗地默念："要当州长夫人，可真不容易呀！"

JIMMY CARTER
第四章
佐治亚的第一行政长官

卡特上任以后,才发现他遇到的问题比他以前预想的要多得多。例如,他要做出各种计划和实施政策、访问各阶层民众、分析国会和州之间的相互关系,以及其他一些工作。州长的工作繁重而复杂,而且工作内容极具挑战性,可卡特没有被这些问题吓倒,因为他永远都是一个非常勤奋且勇于接受挑战的人。

JIMMY CARTER

1 新官上任
JIMMY CARTER

1971年初，当上佐治亚州州长的卡特和家人一起搬进了州长官邸。在这里，卡特开始真正踏上了政治之路。

当初，卡特竞选州长这个位置，很大一部分原因是他真心想为人民做些实事。于是，他把竞选过程中遇到的一些有关人民利益的问题一一做了记录，并于元月20日在他的就职演说词中讲了出来。这些问题包括精神健康问题、种族隔离问题和环境保护问题等等。

卡特说："以前的州政府没有解决这些问题，而且还浪费了不少的人力和物力。现在，终止这种浪费的时候到了。既然瑞士、以色列和其他国家都能够消灭文盲，那么我们也能办到……根据对南部和北部、农村和城市以及保守主义和自由主义等各种佐治亚人的了解，我可以很坦率地对你们说，种族歧视的时代已经过去了！我们的人民已经作出了这个困难而重大的决定。我们与生俱来的人类之爱和我们的宗教信仰将不允许这样的事再发生。任何一个穷人、农民、弱者或黑人，都不应该承担这种额外的负担，他们也应该有接受教育、就业或获得起码公道的机会。

佐治亚是一个有自然美景和很有前途的地方，但这里自然环境的质量，却因为人们的贪婪、自私和失职而受到伤害。对这个州人口的增长以及农业、娱乐和工业方面的进步来说，革命和发展是必不可少的。要确保各方面的发展不会破坏和毁掉我们的环境，是我们目前面临的最大问题。应付这个问题的责任在于我们自身。作为州长，我会担负起这个责任。"

卡特在提出他执政目标的同时，也阐明了解决这些问题的方法。他说："我们应该明白，只有让一个强劲有力而又独立的州长和一个强劲有力而又独立的立法机关结合起来，才能更好地为我们的州服务。现在坐在我周围的是州立法机关的成员和其他公职人员。他们都是一些非常忠实又具有奉献精神的人。他们跟大家一样，都十分热爱这个州。但是无论哪次选举产生的公职人员集团，不论他们多么能干或优秀，都不能够完全控制佐治亚州的命运。也没有一个公职人员集团能不依靠人民而单独解决所有问题。只有你们——佐治亚人民——有这种操控能力。"卡特还向佐治亚的人民保证，他领导的政府将会通过更好的社会方案来为他们服务。

卡特上任以后，才发现他遇到的问题比他以前预想的要多得多。例如，他要做出各种计划和实施政策、访问各阶层民众、分析国会和州之间的相互关系，以及其他一些工作。州长的工作繁重而复杂，而且工作内容极具挑战性，可卡特没有被这些问题吓倒，因为他永远都是一个非常勤奋且勇于接受挑战的人。卡特仍旧按照当议员时的工作习惯，每天早上7点15分之前到达国会大厦，然后浏览一天的工作进度表，做出合理的安排。

卡特走马上任后的前几个月里，他和他的领导班子曾在全州各处公开举行了51次会议，广泛征询民众的意见，以便拟定有关人民日常生活各方面的长远计划。每次举行会议，都会有成千上万的佐治亚公民前来参加。卡特等人鼓励民众多提建议和意见，并请他们说出对政府的要求。最后，州政府将人们最关心的问题总结出来，明文表示：他们会以2年、5年，甚至20年的时间，来完成包括身心健康、教育、交通、犯罪、司法，以及佐治亚州环境质量的保持和工业发展的工作任务。

通过多次举行会议，卡特发现佐治亚州有很多诚实、能干的人愿意和政府一起议事，这让他很受感动。

卡特在担任海军军官期间，一直严于律己，他的做事方法和管理方式深受雷克佛将军的影响，他把这些作风也带到了州政府。他要求身边的人工作时要竭尽全力，做事时能够迅速行动起来，提高效率，但卡特很少表扬他们。当那些人的办事效率不能让他满意时，他就会亲自动手。一次，卡特让佐治亚州卫生局开展有关药物滥用和计划生育的活动时，卫生局因为有事耽误了，他就自己去办这件事。事情办完后，他决定取消这个卫生局，尽管卫生局局长是他大学同寝室的伙伴和亲密的朋友。因此，卡特领导班子的成员都觉得他像一个严厉的工头。

卡特还要求工作人员一定要守时，如果不能守时，卡特就会对他进行相应的惩罚。一次，卡特带领身边的工作人员外出办事，他们约好按时在

JIMMY CARTER

机场见面，一起坐飞机出发。可是一位官员却迟到了，他自己也知道卡特对工作人员要求一向很严格，于是拼命向卡特乘坐的飞机跑去，眼看就要到达飞机旁了，卡特看着这位官员气喘吁吁地跑来，但又看看自己的手表，起飞时间到了，于是马上要求飞行员起飞。最后，那个官员没能坐上飞机。卡特在飞机上说："不守时的人，真是太糟糕了。"

还有一次发生的事，也同样证明了卡特不允许迟到的个性。那是在1976年卡特竞选总统时发生的事，卡特的助手蒂姆·克拉福特没有把卡特出行的时间安排好，导致他参加新墨西哥记者招待会几乎迟到。卡特非常恼火，乘坐私人飞机时，他生气地对克拉福特说："我宁可提早到达，也不愿意迟到。"说完，命令飞行员无论多颠簸，都要尽量低空飞行，以缩短飞行时间。

2 任人唯贤
JIMMY CARTER

卡特当了州长后，那些在竞选时支持他的人，自认为拥立有功，就去办公室找他，希望能谋个一官半职。可是此时的卡特就有点不近人情了，很干脆地拒绝了他们的要求。这让他们大吃一惊，因而对卡特心怀不满。

在重要的任命方面，卡特一直是任人唯贤。在他的任期内，有才能的人总是被委以重任，负责重要的工作。比如对约翰·布莱克蒙的任用，就很好地说明了卡特任人唯贤的执政风格。约翰·布莱克蒙是个极有才干的人，曾在前州长马多克斯手下当过税务专员，与卡特几乎没有任何私人关系。但是当卡特查阅了布莱克蒙的资料后，认为他有资格、也有能力胜任税务专员之职，便把他留了下来。对于那些在竞选中，曾经支持过卡特的人，如果没有真才实干，即使和卡特关系再好，也不能被任用。一个曾支持过卡特，后来向卡特谋求职位却遭到拒绝的人这样评价卡特："卡特总是任用有真才实学的人，哪怕这个人是他的敌人，他也照用不误。"

不管是竞选州长，还是当了州长后，卡特在政治上一直是一个十分孤独的人，因为没有民主党的州领导人为他做坚强的后盾。他能依靠的只有他自己上任后亲手挑选的一批人，他没有一些深谙政治之道的"老朋友"。

卡特的领导班子中，最让卡特信任的是汉密尔顿·乔丹和乔迪·鲍威尔。汉密尔顿·乔丹是卡特的行政秘书，他不仅是卡特的佐治亚同乡，还曾是卡特1966年第一次竞选州长时的联络员，1970年开始担任卡特第二次竞选州长时的经理人。乔迪·鲍威尔是卡特的新闻秘书，在1970年卡特竞选州长时，以司机的身份参加了卡特的竞选班子。鲍威尔在空军学院上学时，因为在一次测验中作弊而被学校开除。后来，他通过自学考上了埃默里大学政治系的研究生。鲍威尔在维护他的上司利益时说话特别尖刻。一次，有一个妇女写信给州政府，表示她对卡特的不满。给她的回信是鲍威尔写的，鲍威尔毫不留情地在信中把这个妇女臭骂了一顿。这个妇女气愤地把这封信寄给了亚特兰大一家报社。信被刊登出来后，众人议论纷纷，但卡特却站在后面坚定地支持他的新闻秘书。

在工作过程中，卡特的领导班子对他很忠诚，也对他提了很多有益的建议，可是一切事情的最终决定权还是掌握在卡特手里。曾给卡特当过助手的人说："卡特很乐意倾听别人的意见，但作出最后决策的还是他自己。"

作为一州之长，卡特不得不与州议员打交道。按照规则，州长提出的议案在实施之前，需要经州议会讨论。州议会通过后，才能正式实施。以前一些州长，为了让自己的提案通过，经常与议员讨价还价——即以牺牲一部分人或团体的利益来换取议案的通过。而卡特不这么做，虽然他非常希望自己的议案在州议会得到通过，也希望州议员能从各方面支持自己，但绝不做出有损州政府形象的事。最明显的一次就是，当时一些州议员希望修建州公路和更多公共设施，这样可以从中捞取一些利益，但卡特断然拒绝了他们的提议。因为他不希望以此来换取议员的选票。有时，为了得到议员的支持，卡特也会耍些小手腕。但多数时候，卡特还是比较喜欢公开与反对他的人对抗，他常常会公开攻击那些反对他提案的院外活动家。比如，他敢把立法机关说成是佐治亚州有史以来"最糟糕的"机关，痛斥佐治亚商会是"佐治亚州内最捣蛋的院外活动集团之一"。

3 改革州政府
JIMMY CARTER

卡特在竞选州长时,向选民承诺,一定会重组州政府,将其变成高效率的工作机关。现在上任了,当然要大刀阔斧开始干了。首先他要对佐治亚州各部门进行改革。

卡特领导班子对州政府进行改革,首先获得了工商业集团的大力支持。因为工商业集团对混乱的政府机构早就厌烦了,一直都希望出现一个强有力的领导班子对其进行整顿,而卡特领导班子的这一做法正符合他们的心思。在改组的数百天里,工商业集团一直很热心地和卡特政府一起向议会和普通民众宣传改革计划。

州政府大大小小的机构对外宣称共有146个,但卡特和他的领导班子对此做了调查。最后发现州政府实际上共有300个机构,而且很多是多余的。卡特就这件事和各单位领导人进行了探讨,决定撤销一些不必要的机构,只留下少数办实事的机构来负责州里的事务。州参议院就此事进行了表决,卡特的提议得到很多议员的支持,最后提案得到通过。

州政府改组后,机构的数目从300个减少到了22个,机构重叠造成办事效率低的状况也得以改观。另外,卡特结合州里的实际情况,在和有关人员商讨后,设立了一些综合性的单位,如人力资源局就是其中之一。在机构改组之前,有时会出现不同部门的调查员去同一个家庭做调查,不同单位调查记录的结果都不相同的情况,这导致州政府里存放了多份关于这个家庭的不同档案。人力资源局成立后,这个问题得到了及时解决。另外,人力资源局还负责管理民众的精神健康、生理卫生、失业、酒民、烟民、少年犯罪和老年人问题等,而且一个家庭的不同问题,只需找这一个部门处理就可以了。这样做不仅精简了机构、节省了人力,还大大提高了办事效率。在整个政府机构改组中,卡特做到了既没有人才流失,也没有影响政府机关的正常工作。

政府改组成功后，接下来要解决的问题是州政府的财务问题。卡特刚担任州长时，对州政府缺乏组织、办事混乱，尤其是财务方面的杂乱无章感到很吃惊。在为来年的预算作准备时，他的办公桌上堆满了政府各部门要求拨款的申请，申请金额比可以利用的资金多了一半。此前，面对这种情况，没有人去认真地评估这些申请的价值，也没有人对它们做出条理清晰的安排。卡特决定着手审核财务问题，以便节省开支。可申请经费的名目、种类繁多，一时半会整理不出来，又不能拖太久，这让卡特一时感到无从下手。为了尽快处理好预算问题，卡特亲自登门拜访了佐治亚州的一些大公司，请求公司里的最高领导人把他们最有才能的财务管理人员借给他使用一年。卡特的诚意打动了那些公司的最高领导人，他们全都表示乐意帮忙。不久，一支100名管理精英队伍成立了。紧接着，这些财物精英开始着手研究处理那些名目繁多的经费申请问题，并就如何使政府更有效地使用资金提出了很好的建议。他们忙了整整六个星期，才把那些账目全部处理好。

在调查中，卡特他们发现，按照以前的惯例，几乎每届州政府都是只就新计划所需的经费进行严格的评估，而对于几年前的计划则不会太在意。事实上，新计划需要的经费只占总经费的一小部分，恰恰是那些早已提出的旧计划占了总经费的大部分。因为那些计划已经开始实行，人们认为它们已经很成熟了，所以根本不再去严格审查。而令他们没有想到的是，这些旧计划所需的经费一天天增加，甚至超过新计划，至于过了几年后，它们还是否合理，就更没有人去调查了。因此，州政府的开支不断在增加。

卡特和他的领导班子把这种情况查清楚后，开始动手对其进行改革。他们拟定了一套使将来的预算由零开始的编制预算程序。很多政府官员对于这个程序表示不能理解，卡特就利用在官邸举行工作晚餐的机会，向他们详细地解释：这个程序将州政府的所有机构按职能的不同划分开来，然后每年对每一个服务系统进行一次分析和评估，看这个部门的所需经费是否运用合理。他还补充说，所有的州政府机构都要做，不管它是已有50年历史的机构，还是为将来发展需要而设立的新机构。

JIMMY CARTER

卡特任命十分了解各单位工作的劳务部门的相关人员来完成这份分析、评估工作。劳务部门的相关人员还制成了一种叫"计划一览表"的表格，然后把评估结果详细地填在表上。填这种表时，还把各部门的所需经费项目按轻重缓急依次填写。卡特看过表后，通常还会与有关部门的领导人深入探讨，在认真核实之后，认为他们的事情确实如"一览表"上所写的那样，才会在表上签字。

自此，佐治亚州政府各部门请求增加经费的要求，再也不会像往年那样，很容易就获得批准了。各部门在制订计划时，也不得不特别小心，他们会修改一些多余的预算或干脆取消。卡特的这一举措，每年为佐治亚州节省了上千万美元的开支。

卡特再接下来的工作就是着手处理州政府部门只领工资不办事及其下属单位人员庞杂等问题。州政府的有些部门只热心于改善自己的环境和待遇，却不为人民办实事。州政府有些部门的下属单位也有类似的毛病。比如，为州政府各个部门设立专门服务的无线电修理厂，在一个城市就有三四个，有的甚至多达五个。而且每个厂里的工作人员很多，却没有人尽其才、物尽其用，浪费了大量的人力、物力和财力。面对这种情况，卡特领导的州政府精简了一些机构，而且还修改了佐治亚州法，允许从第一年节省下来的经费中拿出百分之十用以奖励工作成绩突出的部门。这样一来，不但迫使各部门提高工作效率，而且也节省了不必要的经费开支。

交通问题也是佐治亚州需要改革的重点之一。在实行交通部门的改革措施时，有人给政府提建议，改善高速公路的环境时，不要把整个高速公路两边及周围的草全都割掉，只要除掉公路右边单向行车道中心线30英尺以内的草就可以了。如果采取这种方式，那么在此范围以外的花草树木就可以生长起来，有利于美化环境。卡特采用了这个建议，因为这样做不但节省了除草的费用，还减少了因在险坡除草而发生的事故。经过改造，茂盛的花草树木，不但使公路沿线山坡的水土不再流失，还遮住了那些难看的广告牌。此外，全州公路的保养费也因此减少了15%左右。

交通方面的改革，还有一项是关于分析工程师在监督修建高速公路时工作内容的改革。以前，佐治亚州修建公路时，分工很细。一个工程队中有很多工程师，其中一部分工程师专门负责检验各种修路原料，一部分工程师负责监督卡车载运原料的多少，还有一部分工程师则监督施工单位在修路时有没有偷工减料以及完工后路的质量是否合格等相关事宜。卡特和他的领导班子改变了这一做法，把整个修路过程中的相关事情，全都交由一个主要负责人去监督执行。路修好后，再由州政府派人去验收。这样规定之后，主要负责人就要全面负起修路的责任，他必须定时去工地查看修路进程，还要做钻孔试验，把样品送往实验室，由实验室分析公路的成分和厚度。这一改革措施，不但给州政府省下了庞大的人力，而且还能使工程师学以致用，把学到的东西切实应用于实践中。

卡特在交通改革过程中，还把巡警的主要职责问题也纳入到了改革的范围。每年，佐治亚州都得花很大一笔资金来培训巡警，并为他们提供制服、配备车辆。但很多巡警并没有担任巡逻任务，而是经常被派去给巡逻站填写意外报告，或是负责电台的工作。这样做不但浪费了人力、财力，还引起了广大人民的不满。卡特了解到这个情况后，与主要部门协商，决定把大约一百个这类巡警调离办公室，派他们去各处巡逻。而这些巡警在办公室所做的工作，就交给那些受过职业训练的佐治亚州残障民众来完成。同时，州政府还专门派人培训这些残障人员担任专业的电台操作员。这个措施不但使地方治安有了更好的保障，还解决了残障人员的就业问题，可谓一举两得。

卡特在对州政府进行改革时，决定取消那些有势力金融集团享受了数代的特殊利益。例如，佐治亚州政府一直保有3亿美元以上的资金，这笔资金是尚未动用的税款，是备用金。过去，这笔资金都因政治利益的关系，分别存在几家与某些政府官员私交甚好的银行里，而且只收取很低的利息。除此之外，还有几百种其他经费则存放在全州各处的相关银行，而且是无息存款。卡特政府彻底改变了这一不正常现象。他的做法是正式成立一个公开处理州政府事务的储蓄委员会，用电脑了解现款的流动情况，以便确定最有利的投资项目，把州政府现有的款项以竞争投标的方式存于州里的一些银行。这一措施实行后，4年之内，州政府的利息收入增加了——即由原来每年820万美元迅速增加到2 820万美元。这个措施刚实

JIMMY CARTER

行时，银行业人士对此不相信。后来，他们看到了这个做法实行后产生的效果，便都接受了这一新做法。佐治亚州的银行业终于公开、正当地运行，从此摆脱了政治因素的影响。

采取了各种改革措施之后，佐治亚州州政府用于行政上的经费减少了一半以上，而且还不用增加民众的赋税，就能够提供大有改进的公共服务。卡特离任时，佐治亚州一年的盈余差不多已经达到两亿美元。在年度预算中，1975 年实际上比 1974 年的预算节省了 1 000 万美元。1974 年，卡特卸任时，他为州政府留下了 1 300 万美元的预算盈余。这是他任州长期间引以为骄傲的功业之一。

卡特在进行各种改革的同时，承受了很大的压力和责难，因为这些措施无疑触犯了一些人的切身利益。有些在政府中浑水摸鱼的人，或因某种特殊利益而喜欢躲在幕后操控的人，对州政府改革都做过强烈的反对；还有议会中的少数领导人，由于不愿看到自己的领地受到危害，也强烈地反对过这些措施。但这些改革是合乎民意、顺乎民心的，最后还是顺利地施行了。

4 环境保护主义者
JIMMY CARTER

解决了精简政府机构的问题后，保护自然资源是卡特的又一重要举措。在州长任内，花在自然资源方面的资金从原来的 5 500 万美元增加到了 7 000 万美元。

佐治亚州历史悠久，很早就有人在那里定居，留下了很多历史遗址，对研究佐治亚的历史和地理很有帮助。这里的很多地方，地理位置优越，商用价值也很高，因此吸引很多人来这里开发土地。那么"是保护历史遗址还是继续开发"成为人们争论的话题。但是一些追求经济利益的人，不管文化遗址是不是被破坏，继续加快他们开发的步伐，很多历史遗址都被毁坏了。为了保住珍贵的历史遗产，佐治亚州前政府也曾采取了有效措施，对其加以保护，并且设立了一个佐治亚遗产信托公司，对2 000多个重要的历史遗址进行清点和评估。

佐治亚遗产信托公司在勘查那些遗址时，发现其中一些历史遗址研究价值很高。例如，奥古斯塔市里有一条蜿蜒曲折的运河，那是很多年前，一些中国工人初到此地时修建的。修建这条运河的中国工人后来就留在运河沿岸的纺织厂工作，并在那里安家落户了。如今，他们的子孙已经成为此地受人尊敬的优秀公民了。卡特当州长后，继续为保护遗产而努力。为了保护佐治亚州的自然资源和文化资源，卡特还设立了"遗产基金"，并为此特别设立了一个古迹保管委员会。

卡特和他的工作组对像奥古斯塔市运河这类有历史意义的遗址，进行了全面的清理和调查，并将19处这样的遗址由州政府直接管理。这些遗址有的是州政府出资买下的，有的是土地的主人送给州政府的。比如刘易斯岛，是佐治亚州发现的唯一一片原始柏树林及燕尾鸢等珍禽的栖息地；沃姆斯洛种植园，反映了佐治亚殖民地时期的历史；皮克特磨坊，是目前保留得最完好的南北战争时的战场之一。

卡特领导的州政府还就保护佐治亚州自然资源的问题，与其他机构有过多次争执。在此过程中，他们跟美国陆军工程部发生的争议是最激烈的一次。最后，他们成功地抵制住了工程部不切实际的计划。

早在很多年前，工程部就已经计划，要在亚特兰大风景如画的佛林特河上修造一个大水库。工程部为了使这个计划实施下去，不但夸大水库修好后带来的效益，还缩小了建水库的预算。他们说这个水库能提供大量的电力、能够防洪、净化河水，且能在100年内提供高于成本费160%的经济效益。他们还宣称这个计划的主要目的是娱乐，说这个水库将成为佐治亚州急需的一个水上娱乐场所。这些说法立刻遭到州政府和联邦政府所有娱乐机构的一致反对。这些机构的负责人指出，在这个计划中，水库所在地周围50英里以内，有很多湖泊游览区都没有被充分利用，其中一个距预定建水库的地方只有26英里。这个湖泊原来是由联邦政府直接资助的，由于没有被适当利用，几乎快干涸了。而且经过这些娱乐机构人员调查，证实目前最需要的游乐区是自由流动的河流，而不是一片死水。

JIMMY CARTER

虽然州政府和联邦政府的所有娱乐机构都反对这个计划,当卡特和支持这个计划的人开始都很相信工程部,认为他们没有必要做犯众怒的事。但后来,卡特发现工程部的计划确实有问题。在公开听证会上,人们对这个计划提出了几个关键性的问题,工程部的回答都是含糊其辞。一般来说,如果要实行一项计划,一定会把各方面可能发生的情况都预测到,但听证会上却出现了不能回答问题的状况。这让卡特和参议员塔尔梅奇担心起来。塔尔梅奇是修建水库计划的支持者之一,他要求国会总审计局对工程部的说法加以证实。卡特则要求工程部把详细分析的报告和证明他们说词的资料拿给他,但工程部却一拖再拖。1973年1月,工程部向卡特保证,说在4月会将修改过的报告送去,接着又说到6月底才能修改好。直到8月份,资料才送到卡特面前。

工程部递交给卡特的报告中显示:一、这个地区未来的人口将成倍增长,将来的发电量需增长到125%以上才能维持正常的照明。二、防洪效益的系数将会增加到287%。三、以上两个条件都成立的话,按照预算,短短几个月之内,娱乐所产生的经济效益就能增加近乎4倍。工程部估计的娱乐收益,比国家公园管理局原先估算的结果几乎多了16倍。

面对工程部提供的报告,卡特不太相信,便自己找有关资料查证,而且他还亲自去勘查修建水库的地点,并且两次乘独木舟仔细考察这一带的河流。结果发现实际情况并没有工程部说的那么好:一、如果真像工程部说的那样,发那么多电的话,附近的河水就会枯竭,裸露出大片泥滩。而且这里的水流量太小,一年只有42天能发电。二、如果发生水灾,水库只有降低水位才能防洪。这样做会引起不良后果,既会使储水干涸,还会降低或减少发电和娱乐的效益。三、由于上述两个条件不成立,水库建成后不会有什么好效益。卡特将自己的调查结果提交给国会审计局,国会审计局证实了卡特的调查结果属实,否决了工程部的这项计划。卡特不仅反对这个建水库的计划,还请求国会对已经批准的其他同类的项目重新进行评估,国会接受了他的提议。

卡特还做了很多保护环境的事情。原来的查特胡奇河从东北缓缓而来,流经亚特兰大郊区。河水冰凉清澈,人们驾着木舟、撑着筏子穿梭在河上，捕捉鳟鱼。河周围草木茂盛，百花常开，很多麝香鼠和野鸭在这里繁衍生息。离河不远，就是高速公路、办公大楼和住宅区。然而就是这样一条美丽的河，却受到了严重的人为破坏。沿河的很多重要地点都被政府征用，用于建设厂房。为了保护这条河不受污染，不被破坏，卡特采取了很多保护措施，尽力保持它原有的样子。

为了保护本地环境，卡特不仅推动并实现了对空气和水污染的严格控制的计划，还坚决反对尼克松总统制定的扣留联邦控制污染经费的决策。对于要求迁入佐治亚州的新工业，卡特坚持要他们保证能够严格遵守佐治亚州的反污染规章制度。

在推动环保工作的同时，卡特对其他方面的工作也没有放松。在身心健康方面，对于那些瘾君子和嗜酒者，他把重点放在改造上。在与有关部门商议后，卡特建立了佐治亚麻醉品治理部门。这个机构的主要职能是为那些吸毒者进行治疗，并对他们进行改造。对于嗜酒成性的人，则由州医疗服务站为他们提供治疗措施。以前，刑事犯罪领域规定"酗酒"也算犯罪。后来，在卡特的努力下，立法机构取消了这一项罪名。

在卫生和教育领域，州立法机构提出了"致死病症和残废病症"与"为教育提供适当方案"的法律规定。前者是为了保证产妇和幼儿的利益，后者是为保证每个适龄儿童都有受教育的机会。另外，州政府还用州资金建造了第一个公共图书馆。

卡特曾经向佐治亚洲人许诺要减轻财产税。1973年，他提出了一项给所有缴纳财产税的人减少总共达到5 000万美元税额的法案，并且设法使这个提案得以通过。后来有关证据表明这一法案实际上并没有起到帮助穷人的作用，卡特就在下一年废除了这一法案。为了使对财产划分感到不满的财产所有人，有一个比较方便的申诉途径，卡特还施行了财产估价标准法案。

在种族关系方面，卡特也做了很多工作。在卡特还未担任州长的前几年，本地的种族冲突特别严重。他上台后，采取了一系列措施，缓和了种族冲突。他设立了一个由黑人和白人共同组成的民事骚乱问题小组。这个小组的主要职责是进入出现紧张形势的社区，对冲突事件进行调解。小组的工作极为有效，有一次，黑人和白人团体起了冲突，并且都带有枪械武器。小组接到报案后迅速赶到现场，经过调停，这两个团体居然平静了下来。经过两天的谈判，这两个团体回到了亚特兰大，而他们携带的枪械全都安全地放在了汽车尾箱里。在卡特任内，冲突事件的数目迅速下降。州警察巡逻队花在民事骚乱方面的时间，也比原来少了很多。卡特担任州长的前一年，州警察花在这些事上的时间是 45 910 人时，到卡特任州长第二年，已经减少到 177 人时了。卡特建立了一个州长人类关系咨询会，成员由 6 名黑人和 6 名白人组成。这个咨询会一直被保留下来，后来成了全州人类关系联合会。

卡特还任命黑人在州里的重要机构担任职务。他在假释和赦免管理局、州的福利部和大学评议会中尽量安插黑人。当他州长任期将满时，州主要机构的任职席位，黑人人数已经达到 53 个，这是以前任何州长都没有办到的事。此外，他还任命一名黑人法官在法院工作、选年轻的黑人担任巡警，以此来从各方面保障黑人的利益，也显示他和黑人之间的亲近。卡特本人也有一个黑人保安，有时其他单位请他去演讲，并明确要求他不要带这个黑人保安参加，他却坚持带这个黑人保安去，还在会上给听众讲种族融合的重要性。小马丁·路德·金是一位黑人民权运动领袖，后来被杀害了。1973 年，卡特宣布元月 15 日为小马丁·路德·金日，以此纪念金为民权做出的不懈努力。一年之后，州议会大厦还挂起了金的肖像。

5 让佐治亚州走向世界

在美国，一个州要进行外交事务会受到很大限制。在担任州长期间，卡特为了促进佐治亚州的经济发展，总是千方百计地同外国领导人进行联系。他和工作人员经常去国外访问，与外国领导人商谈经济业务。佐治亚州在很多国家都设有专门的贸易办事处，例如，布鲁塞尔、东京、伦敦等。卡特为促进佐治亚州经济增长付出的努力没有白费。在他的任期内，佐治亚州的经济发展在资本投资方面增加了 25 亿美元，还增加了 8 万 9 千个新的就业岗位。

1972年，卡特和罗莎琳访问了巴西的柏南布柯州。他们和那里的首府累西腓政府官员达成一项协议：每年在一定时间里，让两个州一定数量的公民进行交换访问。后来，每年这两个州的人民都会有一次互换活动。来佐治亚的访客会待上半个月，他们都住在私人住宅里，参加很多特别活动。在活动中，他们了解了美国人民的一些风俗习惯。

卡特访问其他国家的时候，不仅了解了它们的工商业和政治事务，还了解了跟美国人民有很大利益关系的国际事务。一次，卡特去访问原西德。当时，担任原西德的财政部长，后来又成为原西德总理的施密特博士接待了他。起初，他们谈论的是劳工和生产成本及原西德希望在美国投资等事宜。后来，他们就美国能源政策的状况进行了讨论。施密特请卡特谈谈美国能源政策的相关情况，卡特说："我们国家目前还没有能源政策。"施密特吃惊地说："美国作为一个工业化国家，怎么会没有能源政策？"卡特说："我们确实没有。您能谈谈你们国家的能源政策吗？"施密特回答："我们国家有一个专门为能源政策而制定的电脑程式，供经济学家和政府领导人使用。电脑里面存有与能源相关的各方面的消息和最新资料。我们还做了一种与能源政策有关的书，书里讲解了关于原料供应及价格变化对我们国家的人民和市场可能产生的影响。这种书是供普通人用的。"卡特对能源政策非常感兴趣，很想了解这项政策，就请施密特送他一本这样的书。施密特答应了他，但目前他身边没有这本书，便说等卡特回到美国后寄给他。不久，施密特被选为总理，但送给卡特的书却一直没有寄出。卡特认为施密特一定是太忙了，所以把这件事给忘了。一天，卡特正在办公室里工作，工作人员进来告诉他，说原西德总领事要求与他会面。卡特就让人把原西德总领事请了进来。原西德总领事对他说施密特总理寄来一个包裹，让他转交给卡特。卡特一听就明白，施密特把书给他寄来了，便开玩笑地说："我还以为他把这件事忘了呢！"原西德总领事回答说："总理先生没有忘，他为迟迟没给您寄书表示深深的歉意。还说，把这本书由德文翻译成英文所花的时间比他预料的要长，所以才寄晚了。"卡特请他向施密特表达了自己的谢意。对卡特而言，这本书确实是一本好书，因为当

JIMMY CARTER

时的美国还没有一本有关能源政策的书。

卡特任佐治亚州长期间，还出访了以色列。卡特一行人不管是在政事上还是在生活上，都受到了热情的接待。他们与以色列军事和政治方面的领导人都见了面。这些领导人不仅在公众场合与他们探讨政事，还私下特意找卡特讨论以色列的局势。以色列军事情报局局长向卡特介绍了本国的国防情况，并邀请卡特乘飞弹艇出海，以便向他说明以色列海军的防御能力。卡特一行人还花了几天时间访问戈兰高地、约旦河西岸以及其他战略要地。

这次访问，去拿撒勒市市长家吃的一顿午饭，一直让卡特记忆犹新。那天，原拿撒勒市市长、副市长以及新拿撒勒市市长邀请卡特等人一起共进午餐，地点是拿撒勒市市长家。卡特和随行人员去拿撒勒市市长家之前，由于早上太忙，一直没吃东西，大家都饿坏了。因此，他们到市长家吃饭时，只要菜一上桌，就被他们风卷残云般地一扫而光。市长让人一连上了好几次菜，都被他们吃掉了。当时，市长一脸尴尬。卡特虽然看到了市长脸上的表情，却对此大为不解。饭后他们才知道，当地有这样一个习俗：主人绝不能让客人把菜吃得碗底朝天，如果这样，就表示主人招待不周，让客人饿肚子了。当时，卡特等人为这件事感到很不好意思。饭后喝的咖啡也让卡特念念不忘，因为它与美国的咖啡不同，是用香浓的糖蜜调制而成的。卡特了解到：原拿撒勒市市长、副市长及新拿撒勒市市长的宗教信仰完全不同：原拿撒勒市市长是伊斯兰教徒，副市长是基督徒，而新拿撒勒市市长则是犹太人。但这并不妨碍他们在政事上的完美配合，这一点让卡特很欣赏。那时，每天都有很多苏联犹太人涌进以色列。三位市长很热心地接纳了这些人，为他们建造新公寓，让他们在这里安居乐业。

在外交中，卡特还访问了英国和拉丁美洲的一些国家。英国的下院向内阁成员质询的情形给卡特留下了深刻的印象。他认为，如果美国也那样做，一定会对美国的发展很有帮助的。在拉丁美洲，卡特发现那里人情味很浓厚。在记者招待会上，卡特用拉美人熟悉的西班牙语发表讲话，立刻博得了人们的好感。

1974年，"美洲国家组织"会议要在美国召开。按照常例，这类会议都是在华盛顿举行的。可卡特却想让这次会议在佐治亚州召开，他和其他政府官员四处奔走,竭力疏通国内各方面的关系,还利用了与国家领导人建立起的私人关系。最后,这次会议终于在佐治亚州首府亚特兰大举行了。这是"美洲国家组织"首次在华盛顿以外的地方举行会议。这次会议拉近了佐治亚州和拉丁美洲的关系,使它们有了更好的机会了解彼此。

在对外贸易的问题上,佐治亚州与日本的关系曾一度处于紧张状态,但是随着它们之间的贸易往来日益增加,双方的关系慢慢缓和了。后来,日本还成了佐治亚州的重要海外投资者。卡特很赞赏日本工商领袖的实际表现,因为他们做的总是比说的好。

为了让佐治亚州获得更多的贸易机会,加强与其他国家的贸易往来,卡特曾一再派代表团去访问他曾出访过的那些国家。访问的结果使他们发现了佐治亚州内部存在的一些问题,比如佐治亚州展览物品的展览厅不够用,而且没有地方举办国际性的展览会,这不利于佐治亚州的经济发展。卡特和有关领导人决定在亚特兰大建立一个世界贸易中心,以保证这些活动能够顺利举办。经过表决,这项提议在州议会上通过了。

佐治亚州的外交活动越来越频繁了,卡特参加了由美国、日本和西欧三地成立的一个名叫"三方委员会"的组织。这个组织的主要任务是深入分析复杂、重要和现时的外交政策问题。"三方委员会"的成员都是极为优秀又具有先进思想的地区领导人。他们每半年召开一次会议,讨论美国及其他各国的利益问题,比如世界贸易、能源的前途、富国与穷国之间的经济关系,以及增进国际了解和合作的可能性等问题。这些问题由专家进行研究之后,再交给委员会委员共同分析商讨,最后确定结果,然后形成书面文字,打印出来,分别寄给各国领袖。参加这个委员会,卡特学到了很多东西。遇到难解的外交问题时,委员会的其他成员也给了卡特很大的帮助。

6 爱心
JIMMY CARTER

卡特不仅是一个厉害的政治家,同时还是一个充满爱心的人。他经历

JIMMY CARTER

的一些事情表现出了他的同情心和慈悲心。1965年，卡特的长子杰克高中毕业了，他们一家决定去墨西哥旅游。选择墨西哥是因为他们都会说一点西班牙语。他们待在墨西哥的3个礼拜里，去了他们最想去的地方，也是最能让他们了解墨西哥人的地方。他们遇见了各种职业的人，例如农民、店员、教士等，他们与那里的人和谐共处，一家人感受到了无比的快乐和轻松。

一天，卡特一家沿着一条主路一边开车慢悠悠地前行，一边心情愉快地欣赏着路边的风景。他们穿过山谷后，忽然看到不远处的沙漠里，有一个小村庄。走近时才发现村边立着一个路标，上面写着村子的名字，它的西班牙语发音与英文"普兰斯"的发音几乎一样。这让他们一家感到惊奇，立刻对这个地方产生了亲切感。他们决定下车，以路标附近的小茅屋做背景，拍几张照片留念。

这个小村庄大约有10来户人家，周围光秃秃的，远处有几只羊在村口吃草。从村子的外表来看，他们断定这是一个贫穷的村庄。正当他们站在路边调整照相机镜头时，跑过来一群八九岁的孩子。这些孩子伸出小手，向卡特一家要东西。罗莎琳以为他们要钱，于是掏出几个硬币塞到孩子们的手里。孩子们摇摇头，说他们不要钱，只希望能得到一些笔和纸。这让卡特很受感动，他把车上所有能读写的东西都拿出来，送给了他们。

一家回到车上继续前行，卡特感慨万千，他想虽然这些孩子生活贫困、吃不饱、穿不暖，却充满了想了解外面世界的渴望。卡特由此想到，美国人民很希望能过上更好的生活，但这个愿望至今仍没有实现。他暗暗下定决心，要为提高美国人民生活水平而尽心尽力地工作。

卡特是个虔诚的教徒，总是用最大的热情和爱心帮助周围的人。有一年，他代表教会到新英格兰一个城市的居民区工作，职责是与那个地区说西班牙语的人们进行交流。那个地区的人主要是刚移居到这里的古巴人和波多黎各人。由于他们刚刚定居，因此不愿意跟外界有过多的接触，更不愿意与周围社区的人交往。

在那里工作时，卡特遇到了语言障碍。他的西班牙语是在当海军的时候学的，有些词汇跟那些人说的完全不一样。教会了解到情况后，派了一位能够熟练讲西班牙语的古巴籍基督教徒艾洛伊·柯鲁兹跟他一起工作。柯鲁兹是个身体结实、肤色黝黑、行事果决的人。卡特和他工作了一段时间后，认为他是很能干的一个人。

　　柯鲁兹有很强的社交能力，能够以自然而谦虚的方式打动人心，让人很快相信上帝是爱他们的。柯鲁兹与卡特一样，是个热心而又喜欢帮助别人的人，很多人的生活因他们的出现而发生了改变。一次，卡特和柯鲁兹一起拜访了一个穷得丁当响的家庭。这个家只有3口人，一对年迈的夫妇和一个婴儿。这样奇怪的家庭令他们感到诧异。他们委婉地向这对老夫妇说出了他们心中的疑惑。老夫妇告诉卡特和柯鲁兹，小孩不是他们的亲人，是他们领养的。小孩的母亲去拔牙时，由于流血不止去世了。她的丈夫听到这个消息后，伤心欲绝，企图自杀，可又担心他死后没人照顾孩子，就抱着孩子打算跳楼自杀。幸好，被人及时救了下来。他们知道这件事后，自愿照顾这个孩子，就把他抱了回来。卡特和柯鲁兹听了这件事后深受感动，柯鲁兹还向两位老人表达了自己的崇敬之意。离开时，他们送给这对老夫妇一些钱，可夫妇俩坚决不接受。最后，卡特和柯鲁兹说这些钱是用来给孩子买东西的，他们才接受了。

　　卡特和柯鲁兹合作的最后一天，他们去拜访了一户人家。他们敲了门后才发现主人不在，因为门是锁着的，正想离开时，房子的主人回来了，看他们站在门口，就热情地邀请他们进去喝咖啡。房主人说他曾在附近的人行道上看到过他们，却一直弄不清楚他们是干什么的。卡特和柯鲁兹向房主人表明了身份和来意。喝完咖啡后，房主还邀请他们去楼上的寓所坐一坐。经过一间屋子时，房主人停下脚步，指着那间屋子对他们说，里面住着一个年轻人，他妻子最近因拔牙流血过多去世了。这个年轻人很伤心，连房门都不愿意出，更不愿意跟别人交往。柯鲁兹走过去，轻轻地敲了敲门，房里传出让他们走开的吼声。柯鲁兹温和地说："我们谈谈好吗，我认识你的孩子。"门开了，出来一位消瘦的年轻人，他问柯鲁兹："你怎么会认识我的孩子？难道你是给我孩子钱的那个人吗？"柯鲁兹微笑着点点头。这个年轻人赶快把他们请进屋里。柯鲁兹与这个年轻人谈了很多事，并安慰他，鼓励他，这让他重新获得了生活的希望。柯鲁兹和年轻人谈话时，表现出来的温情，连卡特和房主人都感动了。

从公寓里出来后，卡特问了柯鲁兹一个问题："像您这么一个强壮而粗犷的人怎么会有如此细腻的感情？"这让柯鲁兹有点尴尬，他羞涩地回答："卡特先生，我们的救世主有一颗仁慈而温暖的心，他乐意救苦救难，但他不会对铁石心肠的人施恩。"

卡特担任佐治亚州长期间，常常想起柯鲁兹的这句话。他还经常思考这样一个问题：我们怎样才能把纳税人的钱有效配置，合理利用，以减轻穷人在生活中的痛苦，帮他们脱离苦海？如何做才能让他们的聪明才智得到发挥？后来，卡特在自传中回答说："也许我们只有把那些虽然接受社会福利却有劳动能力的人，和那些永远只能依靠政府救济的人区分开来之后，才能更好地帮助他们。这是发展健全的福利和公共保健系统最重要的一步。"

卡特还认识到，单靠政府是难以解决贫困问题的，还要依靠那些自愿帮助穷人的个体和团体，只有两者共同努力，这个问题的解决速度才会加快。在工作时，卡特总是边做事边反省，看看自己什么地方做得不够好。在普兰斯镇时，他是普兰斯镇最大教堂的教友，同时还是主日学校的老师和执事。凡是教会组织的活动，他从不缺席。因此，他自认为自己对宗教已经算得上是尽心尽力了。

福音布道会是教会一年一期的盛大活动，开会时间是一周。到了开会那天，高一级的教会会派一位传教士跟卡特所在教堂的教友们一起做传教工作。在这一周来临之前，教会的领导人常常会去社区，邀请那些非教会人士在福音布道周跟他们一起做礼拜。由于卡特是执事，所以他一直都热心这个工作。他常跟牧师或其他执事带上圣经一起去做这件事。他们每次拜访两个家庭，工作的内容是：先读经文，再做祷告，然后与主人谈谈宗教信仰，聊聊天气和收成之类的话题，临走时告诉主人福音布道会的活动日程，以及活动事项，并诚心邀请他们前去参加。每年做这个工作时，卡特都会感到非常自豪和安心，因为他认为对这项工作他已经尽职尽责了，而且还帮助了别人。这足以让他在"一年的其他日子里心安理得"。

1967年的一天，附近的普莱斯顿教会邀请卡特去他们那儿发表演讲，演讲的题目是"基督教徒的见证"。接到邀请函后,卡特开始准备有关这个题目的演讲稿。稿子写到一半时,为了增添真实感,他决定把参加福音布道会的活动也写进去,并计算出他邀请非教会人士的人数。从离职回乡后算起,卡特做这项工作已经整整 14 年了。每年,他都会拜访两个家庭。假设拜访的每个家庭有一对夫妻和三个孩子,14 年间,他总共访问了 140 人。后来,他得意地把这个数字写进了演讲稿里。

卡特正在为自己的这一成绩洋洋自得时,突然想起了一件 1966 年参加州长选举的事。他做出竞选州长的决定时,选期已经临近了。由于时间紧迫,他和罗莎琳不得不疯狂地工作,以弥补起步太晚的缺陷。每天,他们花 16 到 18 个小时尽量与佐治亚州的选民接触、到处发表演讲、与选民握手,向选民宣传"卡特是一个多么优秀的人",以及"为什么应该投卡特一票"。竞选活动结束时,他们会见的佐治亚人多达 30 多万。

卡特把这个数字与他在教会所拜访的人的数字对比,结果让他感到吃惊,更让他感到羞愧。卡特认为他对自己付出的太多,而对教会付出的太少。在这件事之后,卡特开始扩大自己在教会的工作领域,而且还在各种工作中寻找为教会服务的机会。一次,有人邀请卡特到另一个州去工作,工作内容是在大约 100 个不信教的家庭中向他们传播圣经的教义,时间是一礼拜。他们邀请卡特参加这个工作时告诉他,做这个工作没有特殊要求,只要"不附带任何条件"、心甘情愿地花一周时间,真心诚意地把它做好就可以了。参加这个工作后,卡特才意识到,在他作为教会会友的 30 多年里,没有一个小时是绝对"不附带任何条件"地完全为教会做奉献的。那一周的工作,卡特感到愉快和轻松,以后他经常参加类似的活动。

卡特一向不喜欢别人说"我干不了"或是"我胜任不了"之类的话,他认为那些既是借口,也是缺乏为别人服务的决心。

在佐治亚州的梅肯市,卡特受邀出席了一次颁奖典礼。这个颁奖典礼是由《指标》杂志主办的,目的是为美国杰出的教会授奖。当时,大概有 5 000 多人慕名而来,同时也是为了听著名慈善家诺曼·皮尔博士的演说。颁奖典礼开始前,先由皮尔博士进行演讲。他的演讲铿锵有力,扣人心弦。卡特也发表了演讲,他是个争强好胜的人,不愿意自己被皮尔博士比

JIMMY CARTER

下去，尽力使演讲精彩，以打动人心。演讲结束后，颁奖典礼正式开始，"美国杰出的教会"这个奖项颁发给了一个名叫"特殊教派"的教会。这个教会共有35位教友，他们全都是智力有问题的残障人士。

典礼结束前，台子上出现了一位大约45岁的蒙古族女残疾人，她是"特殊教派"的一员。这个女患者视力不好，手也不听使唤。她平时担任的工作，是每天晚上点燃教堂里大烛台上的蜡烛。这次，她仍担任点蜡烛的工作。因为点燃会台前的蜡烛表示典礼即将结束。只见她右手拄着拐杖，左手拿着火把，慢慢走到烛台前点蜡烛，可点了好几次，都没点着，但她没有放弃。在座的人全都暗暗为女患者鼓劲。蜡烛终于点着了！全场的人松了一口气，女患者脸上露出了灿烂的笑容。她的这个笑容深深感动了在场的每一个人。对于自己的工作，她是如此真心实意地努力完成。卡特认为，她这种对工作尽职尽责的态度和努力不懈的精神，足以让那些说"我干不了"或"我胜任不了"的人感到羞愧。

JIMMY CARTER
第五章
州长一家人

州长及其家人的安全非常重要，因此，州长官邸一直都有警察保护。这里总是不断有客人来访，或是游客来参观，警察站在向公众开放的房间门口和大厅里巡视。刚搬进州长官邸时，卡特一家很不习惯，但渐渐都习以为常了。为了减轻客人的陌生感，卡特减少了一些警察的数量。四年来，全家终于可以聚在一起吃饭，这让他们感到很满足。

JIMMY CARTER

第五章 州长一家人

1 走进州长官邸
JIMMY CARTER

1971年1月20日，卡特宣誓就任佐治亚州州长之职，全家随之也搬进了州长官邸，并很快安顿了下来。罗莎琳和卡特住在州长卧室，杰克、杰弗住在二楼的州长家属居住区。当时，杰克刚从海军退役，返回佐治亚州理工学院，继续他未完成的学业。杰弗已转入佐治亚州立大学，契普也在这所大学。契普则在地下室给自己挑一间能通到外面出口的小套间。这个地下室原本是佣人住的，现在成了契普的私人地方。地下室的隔音效果很好，不管在里面弄出多大声，外面的人也不会听到。契普还把地下室当做接待室，招待他的朋友。他的朋友可以从地下室的出口随便出入，也不会影响到官邸其他人的正常生活或办公。当时，卡特的小女儿艾米只有3岁，住在宽敞明亮的州长夫人卧室，与卡特夫妇的房间相邻。艾米的房间里有一个很大的密室，也是她的玩具室。

"州长官邸非常大，"罗莎琳曾经说，"刚刚住进去的时候，就像进了迷宫一样，几乎分不清东南西北。"有时到了晚饭时间，罗莎琳都不知道到哪里吃，不得不站在大厅中央高声喊："晚饭准备好了吗？"但是这样太不方便了，生活显得一团糟，最后他们和州长官邸的服务人员制定了一些不成文的规定，还做了一些就餐签名簿。

自从卡特宣布参加竞选州长四年来，卡特全家第一次全部聚在了一起。一家人终于可以聚在一起吃晚饭了，显得无比兴奋和温馨。

搬进州长官邸几天后的一个晚上，卡特全家正在一层的家庭餐室开心地边吃边聊，突然进来一位女仆，很有礼貌地说："如果大家的鞋子需要擦或者清洗，只要放在房门口就行了。"听了这句话，卡特一家惊奇地互相看了看。因为这些活以前全都是他们自己做的，突然有人要帮他们擦鞋，刚开始还真有点不习惯。最后，杰克用他一贯的口气说："不用担心，我想大家很快就会习惯这里的一切了！"

JIMMY CARTER

州长官邸太大了，却只有卡特一家住，显得有点空空荡荡的。尤其是官邸里的舞厅，显得特别冷清和单调。舞厅里设有 500 个座位，可以供 400 人舒舒服服地用餐，但里面除了这些椅子外，再没有其他东西了。如果请客，里面才会摆上鲜花，设置很好的灯光，整个舞厅看起来光彩夺目。但鲜花一撤，霓虹灯一关，整个舞厅马上恢复了原来的冷清。当卡特一家搬进官邸后，罗莎琳一直想把舞厅好好装饰一番，加以充分利用。

一天，罗莎琳到亚特兰大市中心参观一所高级美术馆。她刚进入展厅，看到很多风景优美的油画。突然她的脑子里又闪现一个念头："为什么不向美术馆借些画挂在官邸的舞厅里呢？画一定会让舞厅增光不少！"

另外，南方地区州长会议快要召开了，场所就定在佐治亚州，卡特和罗莎琳是东道主。如果请其他州长和夫人到官邸做客，那么举办一个舞会是有必要的，对舞厅进行一番修饰肯定也是必需的！

罗莎琳回去后，就把这个想法告诉了卡特。卡特很赞同她的想法，于是他让罗莎琳打电话给美术馆的工作人员。馆长听说州长要借画，马上答应了下来，还亲自从馆藏画中挑出一些，让人送到了州长官邸。罗莎琳将这些画挂在墙上，舞厅顿时眼前一新。

罗莎琳还命人买了一些植物摆在舞厅的合适位置，画与花交相辉映，舞厅确实变了一个样。舞厅装饰一番之后，就成了他们宴请客人的主要场所。他们在这里举办了很多场舞会，邀请不同层次的官员来做客。

社交活动是每个州长必须进行的工作，州政府会每年给出 2.5 万美元的预算费用。因为州长家举办舞会的次数有些频繁，开支也随之增加，仅 2.5 万美元的预算费用根本不够。举行宴会的次数多了，卡特他们也慢慢总结出了经验：如果连续举行大型招待会的话，既可以省钱，也可省却重新布置的麻烦。因为同一束花可以连着用好几天；配菜时也可以优化组合、全面安排；桌子也不用来回地摆开和收起。

在州长官邸，卡特除了宴请与自己工作有关的客人外，还招待与罗莎琳工作有关的团体和人士，例如精神健康委员会成员、运输部门的官员和"佐治亚州花园俱乐部"的女同胞。卡特和罗莎琳还在官邸舞厅为从越南回来的战俘举行了招待会，并为萨凡纳交响乐团举办了大型筹款会。另外，其他类型的家人聚会和同学聚会也都在官邸的舞厅举行。

　　按照一般的宴会规矩，举行宴会的主人每次需要穿不同的礼服，以表示对客人的尊重。但如果每个人为了应付这些宴会都去买新礼服的话，太浪费了。因此，卡特家的女士们：罗莎琳、杰克的妻子朱迪、朱迪的母亲埃德娜·兰福德——她常去官邸帮罗莎琳的忙、契普的妻子卡伦、杰弗的女朋友安妮特共同想出了一个好办法：不同的人如果不是一起出现，那么一件礼服大家可以轮换着穿。这样做既可以穿不同的衣服，又可以避免浪费。幸好，她们几个人的身材差不多，所以她们的衣服可以互相换着穿。于是，她们把适合各种场合的衣服、鞋、手提包等一起放在二楼的一个大衣橱里，以便大家能随时使用。

　　对卡特一家来说，接电话也是一件麻烦事。因为房间多，电话也多，电话一响，满房间跑接电话，让人有点应接不暇。有时一个电话响了，还没去接，另一个电话又响了。后来，他们请人设计了一个特制的电话系统：就是在官邸的不同地方同时装上分机，人无论在哪个房间都能及时接上电话。另外，他们还编制了一套接电话的暗号，因卡特是州长，事务繁忙，所以他的电话铃声设置得比较简单，电话主要为他服务，只响一下的是卡特的电话，响两下是罗莎琳的，响三下的是杰克的电话，依此类推。

　　在官邸生活了一段时间后，全家人逐渐适应了新生活。正当罗莎琳为一切安排感到满意的时候，一天，卡特对罗莎琳说："我打算每天6点半起床，7点去办公室，以后我不吃早餐了。竞选带给我最大的好处就是早上不用吃饭，也不用再为我做了。"这件事让罗莎琳很难过，因为自他们结婚以来，每天早晨几乎都是罗莎琳为他做早饭，而现在，卡特却告诉她说不用做了。

2 安全工作

　　作为一州之长，卡特及其家人的安全很重要，因此，州长官邸一直都有警察保护。州长官邸总是有客人和游客来参观访问，警察在每一个向公众开放的门口巡视和检查。起初，这些程序让卡特一家很不习惯，但也没有表现出来。

可是太多的警察在不同的进出口查岗，让人很不舒服，也让来访者觉得很紧张。为了让人有一种轻松感，罗莎琳调整了出入口的警察人数：大门口及其他与外界接触的进出口，警察当然是少不了的；但撤掉了官邸内的一些警察，比如通往家属区楼梯口就没有必要有警察站岗了。这样调整下来，警察的人数明显少了，大厅里也只留了一两名警察，一家人感觉轻松多了。为了防止不知情人乱闯，罗莎琳就让人在通往家属区楼梯口揽上一段软绳。

罗莎琳有时喜欢到处逛逛或购物，但随身警察总是穿着制服，太惹人注意了。于是每当她外出逛街时，她就会让警察换上便服，这样避免了不少麻烦。

住进州长官邸时，艾米才刚刚3岁。有人警告卡特和罗莎琳，说艾米很容易成为那些绑架者的目标，让他们要小心。卡特和罗莎琳非常担心，经过商量，他们决定给艾米派了一个贴身卫兵，一天24小时保护她。

卡特全家本来就很担心安全问题，后来发生一件事更让他们心有余悸。一个星期六的早上，一家人正在餐桌前用餐。突然，一位警察走了进来，四处查看了一番，没有说一句话就离开了，这让卡特一家很费解。因为在平时，如果没有客人来，警察一般是不会出现在他们面前的，更不会在他们吃饭的时候进来。而这个警察的举止也有些奇怪，但他们也没有问，继续吃饭。不一会，这个警察又出现了。这时，他们就不能不问了。警察说：他是在巡逻。卡特走到门口，接着问："是不是门口发生了什么事？"那警察很谨慎地回答："刚才有人在外面说，要伤害您。因此，我才会不停地巡逻。"罗莎琳得知了事情的来龙去脉后，很为卡特担心，就强烈要求卡特留在家里办公，暂时不要去办公室了。可卡特坚决不同意，只是增加了车上卫兵的数量。此后，如果家里人再看到警察在官邸里巡逻或是车里增加了卫兵，就知道危险比平时大了。

3 与外国使者打交道
JIMMY CARTER

卡特在担任州长期间，一直都很刻苦勤奋地工作。他也很想增进和外国城市的关系，于是他和罗莎琳会经常邀请一些外国使者或朋友到家里来做客。

为了增进和英国的关系，卡特夫妇邀请英国大使克罗默勋爵夫妇来官邸参加晚宴。怎样为客人营造一种轻松、舒适的环境呢？怎样让勋爵夫妇有宾至如归的感觉呢？经过思考，卡特夫妇不仅在官邸各处都摆上美丽的鲜花，还事先对勋爵夫妇的喜好深入了解了一番。他们依照勋爵夫妇的喜好，精心拟定了一张菜单，并细心在每个席位放上手写的菜单。餐桌上用最好的银制餐具、瓷器和桌布。食物由他们最好的厨师去准备。在客人到来之前，卡特和罗莎琳已经把一切都安排妥当了。在这次晚宴上，克罗默勋爵夫妇感到非常满意，也对卡特夫妇发出邀请，请他们有机会到英国做客。

后来，卡特和罗莎琳又邀请德国总领事罗兰·戈特利布夫妇到家里吃饭。那天晚上，在与德国领事夫妇交谈的过程中，罗莎琳得知领事夫人露丝不但在食品和饮料方面堪称权威，而且在外交部还工作过25年，对接人待物方面的礼节非常精通，还专门写了一本叫《礼貌待人》的书。于是，罗莎琳和向露丝请教了一些礼仪方面的问题，还向露丝学习怎样待人接物。此后，卡特和罗莎琳在接待外交官和其他官员时，露丝经常给他们出主意、想办法，帮了他们不少忙。

请客那天，还发生了一个小插曲。露丝看到餐桌上的桌布有些皱褶，就命女仆用熨斗把它熨平。因为桌上一切都已经布置好了，所以只能直接在桌子上熨了。罗莎琳看到平整的桌布，心里也很高兴，还直夸露丝有办法。

那天的问题是解决了，可还是出问题了。第二天，罗莎琳正在楼上做事，一个女仆突然冲了进来，嘴里大声嚷嚷道："夫人，不好了，出事了！您快去看看吧！"罗莎琳一听，赶快丢下手头的事，迅速跑到楼下。眼前的景象让她不知所措：原来，前一天仆人熨桌布时，由于温度过高，桌布底下的衬垫与桌面粘在了一起。现在桌布被取下来了，却留下一层厚厚的白毛。这些白毛已经跟桌面上的蜡和抛光剂粘在了一起。即使再铺上桌布，桌布也会显得凸凹不平。罗莎琳看着眼前的情境，再想想当天下午的一场招待会，心里十分着急。难道要再去买一张桌子吗？这时一个朋友帮她解了围。这位朋友是一位州参议员，经常到卡特家来做客。头天晚上，卡特和罗莎琳也邀请了他来做陪，并热情留他在官邸过了夜。这位朋友知道桌子被粘的事后，花了整个上午时间来修复这张桌子。他又磨又擦，还用砂纸轻轻地蹭，用尽各种方法和工具，努力使桌子恢复原样。他的努力没有白费，招待会开始时，桌子终于恢复了原样。

4 "为了儿童的精神健康"
JIMMY CARTER

作为州长夫人，罗莎琳可以选择自己喜欢做和想做的事情。她不但继续做以前的工作，还选择了一些新工作。自从罗莎琳成了佐治亚州长夫人后，就有各种组织和从事公益事业的人联系她，请她去主持有关事宜。但罗莎琳的第一选择是精神健康方面的工作。早在她帮卡特竞选州长时，就有很多人问她："如果卡特当了州长，会在精神健康方面作出什么贡献？"罗莎琳十分清楚州里有关精神健康方面的服务设施，远远没有达到人们的要求，这方面还有很多工作需要做。于是当别人这么问她的时候，她的回答是会尽最大的努力做好这方面的工作。她还请求卡特当着公众的面，作出今后在精神健康方面会竭尽全力改善目前条件的承诺。现在她要帮卡特实现这一承诺，并和卡特一起尽心竭力地做好这方面的工作。

卡特当了州长后，果然没有食言。在他就职后不久，便成立了一个"负责改善医治精神病和心理病患者机构的州长委员会"，简称"州长委员会"。由于罗莎琳在这方面的知识还很欠缺，所以卡特没有让她主管这项工作，而是委托一个主张"以治疗为主"的人负责这方面的工作，并请病人家属和医护人员带着罗莎琳一起协助这项工作。为了让自己在精神健康的工作中迅速成长起来，罗莎琳以一名志愿者的身份，每周都会去佐治亚州地区医院工作一天，她还会到州里的其他医院进行参观访问。访问完后，她把自己的所见、所闻、所学一起向委员会的成员汇报，并表达出自己的真实感受。

罗莎琳去工作的佐治亚州地区医院是本州最新的医院，也是州里设备最先进的医院之一。罗莎琳在这里工作时，凡是跟护理有关的事情，她都参与了，例如：她和老年病房里的老头、老太太们一起栽花种草，陪他们聊天；给来医院戒酒的人做思想工作；还给那些生活不能自理的人喂饭、讲故事。在做这些事的过程中，她细心地观察每个人的反应，以确定自己能帮他们做些什么。

在照顾那些不能正常生活的病人中，罗莎琳觉得做"为孩子们服务的工作"更有价值。于是，她把更多的精力投向了"为孩子身心健康"方面的工作。

有一次，罗莎琳去一所儿童医院进行参观访问，遇到了一件让她十分伤心的事情，这家医院的大部分孩子智力迟钝。看到那些痴呆的孩子，罗莎琳很同情他们，也很痛心。整个上午，她都是泪水盈眶，心情特别难过。访问结束时，医院的监护人邀请罗莎琳到他的办公室去坐一会儿，罗莎琳欣然答应了。医院的监护人对罗莎琳说："州长夫人，今天上午您所表现出来的爱心让我很感动。但有件事我必须说明，大多数智力迟钝的人感受不到他们实际该有的痛苦，因此他们总是心情愉快地生活着。既然您是真心实意地想帮他们，就请您忍住眼泪，让他们看到的是微笑的您。我们都很需要您的帮助！"

罗莎琳心想：话固然不错，可是真要这么做的话，实在很难。眼睁睁地看着那些智力迟钝的孩子，无法像正常人一样做出反应，而且他们中很多人的一生中，有大部分时间都得待在收容院里，这种景象即使是铁石心肠的人看了，也会伤心的。罗莎琳在她的自传中说："对于那些智力迟钝的人，我们一点也不懂得他们的内心世界，这不免让人感到沮丧。"一段时间后，罗莎琳逐渐适应了这份新工作，她这时才真正认识到，这些智力和心理上有缺陷的人，自己没有照顾自己的能力，而他们的家人又不能长期给提供他们足够的帮助，所以更需要别人的关怀和照顾。

经过几个月的细致调查，"州长委员会"提出了一份切实可行的报告。卡特和罗莎琳等人在报告中制定了一项实用性很强的计划，即"关怀佐治亚州受精神病折磨者计划"。这项计划采用化整为零的方式，把那些大的慈善机构分成一个个小型慈善机构，把更多的精神健康中心建在住宅区，让更多的患者享受到具体实惠的照顾。

在这些精神健康中心里，这些智力迟钝的孩子白天有专业工作人员照顾，并教他们学习基本生活技能，晚上则可以住在家里，享受家人的关爱。这一计划施行后，许多精神有缺陷的儿童被转出条件很差的州治疗机构，送往新设立的各个地方治疗中心。尽管这个计划在实行过程中，进展不是很顺利，但卡特却成功地捍卫了这个政策。

卡特和罗莎琳还倡导建立了一个"健康医疗中心"，使那些生活不能自理的人都有保障。在此后的3年里，"州长委员会"如火如荼地展开了关于"精神健康建设"方面的工作，佐治亚州的"精神健康体系"自此发生了翻天覆地的变化：全州各地原来的精神健康中心只有23个，这个工作展开后，健康中心迅速发展到了134个；后来还建立了23个"精神小组之家"，它们是专为那些不用待在收容院，但又无处容身的智障者建立的。"州长委员会"还协助各大医院，对全州55%以上的精神病人进行了治疗，使长期住院治疗的精神病人减少了大约三分之一。

这期间，卡特和罗莎琳还做了很多其他方面的工作，但让罗莎琳一直引以为傲的仍是有关精神健康方面的工作。很多其他州的人来参观，总是问罗莎琳："作为佐治亚州的第一夫人，您所做的工作，哪方面最为突出？"罗莎琳总是一脸骄傲地回答说："当然是有关精神健康方面的工作！"

5 放松一下吧！
JIMMY CARTER

佐治亚州的州长办公室设在亚特兰大市中心的议会大厦，其他相关工

JIMMY CARTER

作人员也都在那里上班。这座议会大厦离官邸有 7 英里的路程。罗莎琳担心自己来不及赶到那里去上班，就决定在官邸里设置一个办公室。她选择了二楼的一个房间作自己的办公室。因为这间房在客厅旁边单独有一个门，不管怎么进出都不会打扰到其他人。长期以来，她一般都亲自处理自己的信件和安排活动计划。后来她的工作越来越多，于是她让卡特给自己配一个秘书。

几周后，一个名叫马德琳·麦克贝恩的女孩接受了聘用。当罗莎琳一看到马德琳·麦克贝恩，就马上喜欢上了她。首先，马德琳·麦克贝恩长得娇小玲珑，有一头长长的金发，浑身散发着青春的气息，给人一种办事麻利的感觉。另外，从其他各方面来评价，马德琳·麦克贝恩也都符合罗莎琳所提出的秘书条件，既能够帮助处理信件，接人待物也能够做得恰到好处。

相处了一段时间后，罗莎琳发现，马德琳不但是她的工作秘书，还是她私人生活的好帮手。平时，马德琳能够把罗莎琳交给的社交文件处理得很有条理，又能帮她处理家务事，甚至还会帮她做宣传来提高州长的影响力。在罗莎琳的回忆录中，她赞赏马德琳说："马德琳能够很快熟悉我的所有朋友，几乎能够了解我的所有爱好、习惯、长处和弱点。她确实是我生活中的好帮手。"

起初，罗莎琳对州长夫人的生活很满足，但是太多的工作有时让她感到有点厌烦。因为她发现没有了以前的自由，她被日程安排和安全措施完全给牵制住了。罗莎琳非常想按自己的时间安排工作，而不必完全按照日程表行事。但她发现这根本不可能，即使在官邸的院子里散步，都会有人盯着她，更不用说是独自外出了。这令她很怀念过去的生活，那时多自由呀，想干什么就干什么了：她可以推着小货车悠闲地出入杂货店，把要买的东西随意地装到车子里。还可以经常带着艾米逛商店，让艾米自己挑选麦片和小甜饼之类的东西。若在商店里看到一件自己喜欢的衣服，还可以拿下来试试。可现在，她已经不可能这么自由地去做这些事了。她开始热切地希望自己能有一些时间，让自己放松一下。

于是，一到节假日，罗莎琳就要求卡特一起去佐治亚州的自然风景区度假。他们要么坐船在河上漫游，欣赏碧水青草，要么去佐治亚北方偏远的溪流里淘金。有时还会去禁猎区研究怎样繁殖野生动物，在路易斯岛检查原始柏林。

佐治亚州东南海岸外的昆布兰岛，是卡特和罗莎琳最喜欢去的地方。初夏，不断有海龟从河里爬上来下蛋，卡特和罗莎琳总是饶有兴趣的看着它们生下一只只龟蛋。这里的海滩十分广阔，方圆20里都荒无人烟，他们开着车可以任意驰骋。在这里，他们不但可以看日出，还可以悠闲地欣赏在水里游来游去的短鼻鳄鱼，有时还会碰到在天上飞来飞去的啄木鸟。很多时候，他们也会静静地坐在淡水湖边钓鱼，或乘着平底船畅游旁边的支流河，河里盛产海螺、蛤蜊和牡蛎，只要驾船出去1个小时，捞到的海产品就可以供他们吃好几天。这里的野猪也很多，他们会偶尔猎捕一头野猪，然后烤着吃。

虽然去海滨度假，让罗莎琳感到很放松，但是她仍然很怀念以前独自出门逛街或聚会的感觉。她真想悄悄溜出州长官邸，好让自己彻底放松，再过一把普通女人的生活。于是她决定乔装打扮出门，这样别人就认不出自己了。首先她要为自己准备一副假发套，因为这样更容易掩藏自己。一连几个月，她都在卡特面前说买假发的事，卡特觉得她举动异常，就关心地问："你最近怎么了？"罗莎琳情绪低落地说："我心情不好，很烦躁！"卡特温和地说："为什么不开车出去逛逛呢？"她惊异地问道："就我一个人？""是啊，就你一个人！"卡特回答道，"我会让警察在你的车里装上报话机，如果你有事，直接呼叫他们就行了！你去转转也许会感觉好一些。不过，出去的时间不能太长，免得我们为你担心。"罗莎琳听后异常兴奋，她觉得卡特太体谅她了。

她匆匆忙忙地换好衣服，冲下楼朝汽车飞奔而去，准备驾车出游。可是，官邸的保安人员却将她拦了下来，原来卡特把她要出去的事忘记告诉保安人员了。她向保安人员说明了事情的原委，保安人员明白之后，就在她的车上装了报话机，然后教她怎样使用。罗莎琳心情愉悦地驾车驶出了官邸大院。这一刻，久别的自由终于又回到了她身上了。

罗莎琳开着车漫无目的地行驶着，不知不觉来到离亚特兰大市中心60

JIMMY CARTER

英里远的卡尔霍恩。一路上，她把车里的收音机一直开着，并轻声哼着歌。在那里逛了一会儿后，她准备去看望朱迪的母亲埃德娜·兰福德。

罗莎琳在埃德娜家后门停好车后，就去敲门。埃德娜出来开了门，罗莎琳一看到她，便忍不住"哇"的一声哭了起来。埃德娜关切地问道："你怎么了，到底发生什么事了？"罗莎琳听她这么一问，倒不好意思了，支支吾吾地说："没……没事，什么事也没有。"由于埃德娜经常去官邸，知道罗莎琳的生活情况，立刻就明白是怎么回事了，也就没再多问。

罗莎琳在埃德娜家度过了一个非常愉快的下午。她们谈孩子、谈家庭，聊完全属于女人们的话题。罗莎琳还帮埃德娜锄了一会儿草。罗莎琳出来时，曾答应过官邸的保安人员她不下车，所以在埃德娜家休息了一会儿，就给官邸打了个电话，告诉他们她确切的位置。不料，保安人员却说："夫人，我们知道您在埃德娜夫人家里。"罗莎琳惊讶地问："你们怎么会知道？"保安人员回答："其实我们一直注意着您的去向呢！并通知了沿途的警察署"。罗莎琳心里不由嘀咕道："天哪，我仍然没能摆脱你们的跟踪。"但在外面逛了大半天，罗莎琳的心情已经好多了，就向埃德娜告辞。再回到家里时，罗莎琳感到轻松多了。

6 钟情"环境和艺术"
JIMMY CARTER

在为精神健康工作付出努力的同时，罗莎琳还参加了其他活动，其中比较有意义的一项就是"佐治亚州路旁种花计划"。"路旁种花计划"是美国第36任总统林登·约翰逊的妻子伯德·约翰逊在得克萨斯州首先开始实施的。

得克萨斯州的"路旁种花计划"一向很有名气，罗莎琳也想在佐治亚州仿制这一计划，但因为自己没有经验，于是决定到得克萨斯州向约翰逊夫人咨询。在她动身之前，收到了一封匿名信。写信的人在信中表示他愿意为"路旁种花计划"提供资金。这封来信更增加了罗莎琳要实行这项计划的决心。她和佐治亚州花园俱乐部的其他成员一起商议，决定一同去拜访约翰逊夫人。他们先打电话给约翰逊夫人，问她什么时候方便，他们很想去拜访她。约翰逊夫人表示欢迎他们的到来，并约好了拜访时间。

那天，罗莎琳等人准时出现在约翰逊夫人的家门口。约翰逊夫人友好而热情地接待了他们。他们向约翰逊夫人请教"路旁种花计划"的窍门。约翰逊夫人侃侃而谈，详细地告诉他们"公路旁种花"的注意事项。首先，要在公路两边划出专门的种植区域，这样花木才能有充足的生长空间；其次，要努力说服公路局在修剪花木之前，先将花木的种子采集下来，这些种子以后还可以用于其他地方的种植；最后，也是最关键的一条，对那些把公路两旁整修得最好的养路队队长进行奖励，这样，他们就会更加尽心尽力地维护路旁的花木，为花木创造更好的生长环境。"只要做到这三条，这个计划就一定能成功。"约翰逊夫人最后补充说。罗莎琳诚恳地接受了这些建议，谢过约翰逊夫人，就回去开始着手实行这个计划。

罗莎琳等人按照约翰逊夫人的提议，先就此事与佐治亚州公路局进行了沟通。让他们没想到是：佐治亚州公路局对这件事的热情很高，表示一定会给予大力支持。罗莎琳和花园俱乐部开始有声有色地进行这项活动了。后来，交通局也表示支持这项活动，并为他们聘请了专门的植物学家帮助他们管理路旁的花木。交通局为全力配合"路旁种花计划"，还建立了年度评奖制度，如果谁能好好维护路旁的花木，年终会得到奖励。种植在公路两旁的花木，在公路局和养路队等部门工作人员的细心照顾下，生长非常茂盛，各种花争相斗艳、姹紫嫣红。佐治亚州公路沿线一年比一年漂亮了。看到自己的努力有了成果，罗莎琳等会心地笑了。

除此之外，罗莎琳还参加了另一项很有意义的活动——艺术列车东南地区巡回展览活动，并担任这个活动的主席。"艺术列车"，顾名思义，就是运送艺术品的列车，但不是去卖，而是把一些艺术品送去展览。这次活动的目的地是乡下，就是让列车把一些艺术品运到乡下展览。罗莎琳是这次活动的主席，理所当然得负全责，例如，收集要展出的作品、与铁路部门商谈借用列车的事以及和列车要前往地区的负责人联系等等。

JIMMY CARTER

在罗莎琳和各方面工作人员的努力下，这次宣传活动非常成功。还吸引了华盛顿很多知名人士来参加，时任副总统的杰拉尔德·福特的妻子贝蒂·福特一向对艺术活动很感兴趣，也要求参加这次活动。

罗莎琳听到这个消息，非常高兴。她没想到这项活动会引起副总统夫人的注意，她开始盼望能尽早见到福特夫人。在此之前，罗莎琳已经听说过有关福特夫人的一些事，而且知道福特夫人和自己有许多共同点，例如在生活中，她们都很重视自己的家庭等。但她也知道福特夫人和她有很多不同之处，首先，她们的生长环境不太相同，福特夫人家庭条件要好一些；再者，她们以前的政治生涯也不相同，福特夫人在华盛顿生活了多年，从来没有独自进行过竞选，而罗莎琳在这方面却是经验多多。

在这次巡回展开幕式前的游行活动中，罗莎琳终于见到了福特夫人。幸运的是，她还和福特夫人同坐一辆汽车，这件事令她兴奋不已。她们乘车游行时，罗莎琳像往常一样，向所有的人热情招手，并大声地问候他们。福特夫人看到罗莎琳不停地跟人打招呼，以为她认识这些人，就问罗莎琳："这些人你全都认识吧？"罗莎琳惊讶地回答说："哦，不，我根本不认识！"这让福特夫人有点惊讶，在接着的游行中，福特夫人开始学着罗莎琳的样子，也挥起手来问候所有的人。

那天参加这个活动的人太多，罗莎琳她们的车根本没法开快。等她们终于赶到在货车上举行的记者招待会时，已经迟到了很长一段时间。记者们见到福特夫人来了，纷纷涌上前去，谁知记者提的第一个问题却是："福特夫人，您是否长期服药，能告诉我们是什么药物吗？"福特夫人坦率地回答："是的，我每天都服安定药。"她刚说完，只听到笔从纸上划过的声音——记者把这件事情做了记录。这件事在新闻界引起了不小的风波，福特夫人回到华盛顿后，白宫有关人员立刻站出来解释说："福特夫人的脖子神经经常会痛，因此必须服用安定药来减轻疼痛。"福特夫人的回答之所以这么具有爆炸作用，是因为在美国公众的心目中，无论是候选人还是当选者，他们的妻子都应该是完美无瑕的，他们的家庭生活应是充满诗情画意的，任何哪怕是极微小的一个污点，都会有损于丈夫的形象。所以，在美国当总统夫人很不容易，她们大多都不愿意在公众面前谈论自己的痛苦。福特夫人可能没想到，她那天的直言不讳会产生重大的影响：她的开诚布公，不但使公众开始了解到政治家配偶所承受的巨大压力，而且也使公众对其他政治家配偶的微有瑕疵有所包容了。通过这件事，罗莎琳知道了"作为政治家的夫人就必须能承受其他人所不能承受的痛苦和压力，还要尽量在公众面前保持良好的形象，不能有任何闪失，否则就会给自己的丈夫造成不必要的麻烦。"

7 "打抱不平"
JIMMY CARTER

卡特任州长期间，北方一些妇女掀起了"民权运动"——她们要求与男人享有平等的权力，并提出了《同等权利修正案》。当时，虽然这个提案还没有成为全美国重视的问题，但需要各州对其进行表决，以确定它是否符合大多数人的利益。1974年1月，这个提案将在佐治亚州众议院进行表决。而此时的佐治亚州还没有做好接受它的准备，更不要说支持了。关于这件事，罗莎琳知道通过这项《修正案》并不是一件容易的事，即使再努力也可能无济于事，但她还是想尽自己的一份心意，就给有关部门打了几次电话，希望能够得到有关部门的支持，但最终还是徒劳无功。

当时，《同等权力修正案》的支持者，如贝拉·阿布朱格和格洛里亚·斯坦尼姆等人频繁地出现在电视新闻中。她们在新闻中表示坚决拥护这个修正案。一天晚上，新闻报道上说，格洛里亚·斯坦尼姆应邀参加在亚特兰大州议会前举行的支持《修正案》的游行。卡特和罗莎琳刚好看到了这则新闻，罗莎琳对卡特说："佐治亚人把格洛里亚·斯坦尼姆看作是一个具有威胁性的激进分子。她这么做，不仅得不到佐治亚人的支持，反而对《修正案》的通过起了反作用。"卡特只是微笑着看了看她。

在支持《修正案》的人举行游行示威，要求通过这个法案的同时，反对这个提案的人也展开了行动。就在《修正案》付诸表决的前几天，州议会前聚集了很多反对派示威者。卡特把他们请进了接待室。这个接待室是

JIMMY CARTER

相当大的，但是这些人进来后，屋子里就显得特别拥挤了，还有一些人无法进来，只能站在外面的大厅里看。卡特对情绪激动的人群说："我本人支持这个《修正案》，但我尊重你们反对《修正案》的权利，而且我妻子与你们的立场相同，她也对此表示反对！"

当天晚上，罗莎琳和卡特一起去听音乐会。在休息室里，一个朋友对罗莎琳说："罗莎琳，我没想到连你也反对《修正案》！"罗莎琳听她这么说，有些吃惊，赶忙摇摇头说："我没有反对啊！"朋友却说："今天早上，你丈夫当着众人的面，亲口说你反对这个《修正案》。"罗莎琳诧异地看着卡特，因为在公开场合，为了照顾卡特的面子，她只能说："你怎么能那样说呢？"卡特只是对她微笑了一下。原来，卡特这样说是有原因的。因为那天晚上，他们在看电视新闻时，罗莎琳说："格洛里亚·斯坦尼姆去议会大厦聚会，只会起到反作用。"当时，卡特在想其他事情，有点心不在焉，就以为罗莎琳反对《修正案》。

为了表明自己的立场，罗莎琳做了一个写有"我支持《修正案》"的大胸章。第二天，她跟卡特一起去州议会吃午饭时，把那枚大胸章戴在胸前，昂首阔步地走进州议会。那些支持派示威者仍在里面，而且人数不少。罗莎琳骄傲地从他们身边走过。她想借此消除他们对她的误解，让他们知道她跟他们是同一战线的。罗莎琳进去时，支持派示威者看到了罗莎琳戴着胸章，但仍然表现出冷漠的神情。卡特和她出来时，周围传来一片嘘声。

由于反对的人很多，最终，这个修正案被议会否定掉了。

因为罗莎琳来自农村，对于贫穷人有着深厚的感情，她总是想办法帮助贫困者。还有一件事，也能反映罗莎琳的这种"打抱不平"的思想。

罗莎琳曾认识一些从监狱里面保释出来的犯人，经过考核，这些人便被派到州长官邸干活。经过了解，罗莎琳认为州里的有些法律制度不完善，很多方面都是不平等的，有时甚至会冤枉一些无辜的好人。比如，为罗莎琳一家干活的玛丽，是一个年轻善良而又诚实可靠的女孩，但她曾经有犯罪记录。经过调查，罗莎琳知道她是被冤枉的。

原来在佐治亚州的伦普金发生了一次枪击事件，玛丽被无缘无故地扯了进去。在上法庭之前，她一直没有见到法院给她指定的律师。开庭后，这个律师突然出现了，他不但不替她辩护，反而劝她承认法院强加给她的罪名。这个律师私下对她说："坦白从宽，你认罪态度好，法院就会减轻你的刑罚；如果拒不认罪，犯了众怒，后果会很严重。"玛丽当时年轻单纯，又是个身无分文的黑人，加上这个律师的"好意"劝说，她就照律师的意思做了。结果，法院宣布她犯有杀人罪，判了她无期徒刑。后来，因为表现良好，被保释出来了，并被派到州长官邸做杂事。

还有一个犯人珀尔，是6个孩子的母亲。她的丈夫是个不务正业的酒鬼，家里就靠她一个人撑着。更可恶的是，那个男人每次在她发薪水的时候就会回来，拿走她辛辛苦苦挣来的钱。后来，珀尔忍无可忍，在与丈夫的争执中失手杀死了他。法庭为珀尔指定了律师和法官，他们商量之后决定：她要么交750美元的罚款，要么服无期徒刑。珀尔东拼西凑，只借到500美元。于是，她被判处无期徒刑，关进了监狱。她服了几年刑后，因为人忠厚老实，也被送进州长官邸干活。一天，珀尔向卡特夫妇借钱。原来，珀尔进监狱之前，把孩子们都托付给她的母亲照顾。现在，她母亲生了重病，不能再为她照顾孩子了。因此，她想借250美元，加上原来筹到的500美元，一起交给法院。这样，她就可以出狱，自己照顾孩子了。当时，罗莎琳还不太清楚珀尔的事，她对珀尔说："珀尔，你要明白，靠花钱是不能离开监狱的。"珀尔回答说："我可以的。他们给了我一封信，允许我以钱换自由。"说完，她进屋把信拿给罗莎琳和卡特看。那封信是保释她出狱的官员写的。罗莎琳和卡特看完信后，认为法院的判决不合理。因此，卡特把信交给他的律师，并委托他们立即着手重新调查这件事。经过调查，卡特的委托人认为原来法院对珀尔的判决不合法。就这件事，法院又做出了新的判决，珀尔重获自由。

罗莎琳了解到佐治亚监狱的犯人在能够被保释出狱的前一年里，都要受到某些律师的敲诈。那些律师手里有一份犯人名单，他们照着名单去找那些犯人，并想方设法使那些犯人相信：只有律师才有办法把他们保释出狱。事实上，律师知道监狱里人满为患，到时凡是享有假释权的犯人都会被假释，特别是那些可以在官邸干活的犯人。但犯人们对这种情况不清楚，他们急于被假释，所以相信了律师的说词。那些律师就借机敲诈他们，说如果每个月不给他们 50 美元的酬劳，就别想被假释。有一个女犯人，她年迈的双亲为了能让她假释出狱，一年以来，一直用微薄的救济金付给律师钱，还有一些人为了给律师付钱而东挪西借。

由于卡特和罗莎琳与给官邸干活的犯人接触多了，他们也就对犯人的情况有了更多的了解。后来，他们又了解到一些情况，便派人调查。在掌握了有力的证据之后，他们把敲诈犯人的那些律师名字记下来，连同这些资料一起交给佐治亚州律师协会。然而，这些律师却没有受到应有的惩罚，他们本应被取消律师资格，却只受到了警告。这使罗莎琳非常愤怒。一天，她实在忍不住了，拿起电话打给其中一个律师，义愤填膺地对这个律师说了她对他那些欺诈行为的憎恨。此后，律师敲诈犯人的情况才有所减少。

佐治亚州监狱的条件基本上都很差，关押妇女的监狱更是如此。监狱把犯人分为两种，待遇上也有差别。一种是"可信赖的囚犯"，即可以去州长官邸干活的人，给罗莎琳干活的玛丽就是其中之一。像她们这样的，一般是八九个人住一间大屋子，每个人也有自己的床，在床底下，还有一个装私人物品的纸箱子。屋子里面还有洗澡间，洗澡间在屋子的一角，用一个折叠屏风挡着。另一种就是普通犯人，她们的生活条件极为恶劣：三四十个人被一起关在一间四周都是铁栏杆的屋子里，拥挤不堪，根本不能随意活动。饭都是用铁盘子从门上的窗户塞进去的。每次吃饭，大家只能挨个往里递，否则在最里面的人就拿不到。牢房里的洗澡间也形同虚设，犯人在这样的生活状况下，毫无隐私可言。这些人是暂时被收押在那儿的，其中一些人正在等待审判，而另有一些人只用服 30 到 60 天的徒刑，但事实是，很多人都是长期被关在里面的。卡特和罗莎琳对此了解后，开始关注犯人的生活状况。为了进一步了解他们的生活情形，罗莎琳还选了玛丽所在的那个监狱进行访问。

罗莎琳以视察者的身份去过这个监狱，看到里面犯人的生活环境十分恶劣，她心情非常低落。回来后的好几天，她都夜不能寐。她时常在卡特面前说："要对监狱进行改革，那里的条件太差了。"经过调查，发现事实确实如罗莎琳所说的，于是卡特说服美国著名的刑事制度改革家埃利斯·麦克杜格尔，担任佐治亚州新成立的罪犯改造部的领导。此外，卡特还开展了对罪犯进行改造的活动，而且取得了一定的成效。罗莎琳又参加了"妇女地位委员会女监小组"，这个小组是卡特刚刚倡议设立的。罗莎琳和小组成员为改善女犯人的生活环境而不懈努力着。她们找到了一所老房子，准备建立一个"罪犯改造中心"。这所老房子曾是卡特竞选州长时的总部，已经很久没人用了，灰尘覆盖了整个屋子，于是罗莎琳派人对房子进行了粉刷和清扫。同时，她们还与监狱当局协商，征求当局的同意。房子修好后，虽不能与普通的居民房相提并论，但比监狱要好许多。最后，监狱当局同意成立这个中心。罗莎琳和小组成员为此都感到很高兴。为了庆祝这个中心的建成，在交付使用那天，他们举办了一场盛大的开幕仪式。有大约65名女犯人被转移到这个新的中心。在卡特州长任期满，全家离开州长官邸后，玛丽也搬到这个中心去住了。在"罪犯改造中心"，女犯们有了更多的自由：白天，她们可以在屋子外面干活，而在原来的监狱，这是根本不可能的。

此后，卡特和罗莎琳协同"改造事务主任"和"妇女地位委员会"，又建立了几个相当大的"罪犯改造中心"。每一个中心都能容纳四五百名在监犯人，使那些被关在庞大的州立监狱中的犯人生活条件得到明显的改善。这不仅有效地缓解了监狱过于拥挤的状况，而且也使卡特和罗莎琳的心里有了一些安慰。

8 到州长家做客
JIMMY CARTER

当卡特一家搬进州长官邸没多久，1971年1月30日那天，音乐家范·克莱本受亚特兰大音乐俱乐部的邀请前来为州长演出。卡特和罗莎琳为他举行了一个正式的"音乐招待会"。此前，很多人都告诉罗莎琳说，范·克莱本性情古怪，招待他的话就要提前做好思想准备。罗莎琳担心自

JIMMY CARTER

己招待不周，就请卡特的姑母帮自己准备点心和鲜花，还邀请了亚特兰大市对音乐和艺术感兴趣的知名人士。范·克莱本是卡特任州长以来所邀请的第一位名人，他能接受邀请，卡特和罗莎琳十分高兴。在范·克莱本到来之前，罗莎琳把一切都准备就绪了。可她还是有点不放心，担心范·克莱本会不满意。事实证明，罗莎琳的担心是多余的，因为范·克莱本来官邸时，一点都不像朋友说的那样——性情古怪。

下午来演奏之前，范·克莱本给罗莎琳打了个电话，告诉她，他为能受到州长及州长夫人的邀请，有幸去州长官邸而感到高兴。那天晚上，范·克莱本到了州长官邸之后，与卡特和罗莎琳进行了亲切的交谈，并开玩笑似地问能否请他吃饭。卡特和罗莎琳赶快把他领到楼上客厅里，送上一大块牛排。然后，范·克莱本端着牛排下了楼，和其他客人一起愉快地聊天。就是在这次宴会上，卡特夫妇与范·克莱本成了好朋友。自此以后，范·克莱本每年圣诞节都会给卡特一家送去鲜花。

卡特和罗莎琳还在州长官邸里接待过许多政界的客人，包括参加1972年民主党总统候选人和很多参议员。由于卡特一家热情好客，很多政界人士都喜欢去他们那里坐坐。有好几次，当卡特同候选人谈话时，罗莎琳也陪在旁边。

当卡特与那些总统候选人谈论联邦和州的关系时，那些人的讲话使罗莎琳强烈意识到，他们之中没有人比卡特更清楚"关于政府具体如何为民众服务"这样的事情。

州参议员们很随和，他们也很喜欢到州长官邸做客，并把这里当成自己家一样，举止自如。一次，参议员马斯基要睡觉了，他喜欢睡前喝一点威士忌和牛奶，就向罗莎琳提出这个请求。罗莎琳亲自下楼去拿，走到半路又返回去问马斯基："威士忌和牛奶是要掺在一起吗？"马斯基说："要掺在一起。"罗莎琳招待客人总是这么殷勤周到。

招待访客时，卡特和罗莎琳都会尽量让客人有宾至如归的感觉，但有一次出了一点意外。那一年，卡特用尽一切办法，才使"美洲国家组织会议"在亚特兰大举行。当时，亨利·基辛格担任国务卿，也来参加这次会议。卡特和罗莎琳热情地邀请基辛格夫妇会议期间在官邸下榻。可是，后来发生的事情让他们改变了主意。

那是在会议要开始的前几天，官邸里忽然来了一帮人，说是负责给基辛格安装专用电话的。他们宣称，为了拉线，必须在楼里钻23个洞。罗莎琳得知那些洞大多数是在客人套间的镶木地板上，于是坚决反对他们这么做。因为万一不小心，里面被装了窃听装置之类的东西，不但会让主人麻烦不断，而且还可能危及客人的安全。因此，卡特和罗莎琳只得让基辛格夫妇住进了饭店，并把他们住的那一层楼全包了下来。当男人们去工作的时候，罗莎琳就带着基辛格的新婚妻子去观光。没过几天，两人就成了好朋友。基辛格的妻子告诉罗莎琳，凡是外国官员送给她个人的结婚礼物，都要上交给政府，这真让她有些舍不得。因为当时，美国有一条法律明文规定：外国官员送给政府要员或其妻子的礼物，如果价值超过50美元，就属于公有财产。这让罗莎琳又增长了一些知识。

本来州长与参议员很多时候接触都是为了工作。但来罗莎琳家做客的参议员很多时候特别随便，而且和他们的孩子关系也很好。有一次，罗莎琳开完会回到家，走进房间一看，只见卡特和他们的两个儿子正跟参议员休伯特·汉弗莱坐在一起相谈甚欢，艾米就坐在汉弗莱的腿上。他们用柠檬水和小点心招待汉弗莱。他很开心地吃着喝着，而且吃得脸上到处都是点心屑，可艾米还一个劲儿往他嘴里塞东西。

卡特作为一个大州的州长，与文化界人士打交道肯定是在所难免的。官邸的楼上有个小图书室，图书室的格调简单而清新，墙上是用樱桃木镶板装饰起来的，房子里面还有一个敞开的壁炉。房间的书架上摆的全是与佐治亚有关的书籍。总体上让人产生一种亲切感。卡特和罗莎琳就在这里为作家们举行了一次宴会，他们与作家们一起度过了一个美好的夜晚。卡特夫妇还收集了很多著名的佐治亚州人的作品，他们把收集到的作品都放在这个图书室里，有空时就来看看。

卡特极力想把佐治亚州推向世界，于是经常鼓动电影界到佐治亚州拍片。这种努力还真取得了显著的成果。和演艺界的人士打交道多了，自然就会交上几个好朋友。因此，电影明星去州长官邸做客也是常有的事，更何况卡特夫妇是那么平易近人和好客。影星玛格丽特·米德就曾到过官邸，她跟卡特和罗莎琳在一起讨论了关于精神健康的问题。

除了和政界的人以及文化界的人打交道，卡特一家接触的人非常广泛。奥勒尔·罗伯茨是个热心传道的人，也因此而闻名。一天晚上，他来拜访卡特夫妇，由于正赶上吃晚饭时间，卡特夫妇便邀请他一起用餐，他爽快地留了下来。奥勒尔喜欢在厨房吃饭，因此那顿饭是在厨房吃的。在那儿，奥勒尔一边喝着麦片粥，一边同卡特和他的几个孩子讨论宗教问题，一直讨论到凌晨3点。

除了在州长官邸接见外界人士，很多时候，卡特还是需要出去与其他人见面或商谈事情。

1974年春天，佐治亚大学举行庆祝法律节的活动，卡特和罗莎琳邀请参议员爱德华·肯尼迪来担任这个活动的主演讲人。爱德华·肯尼迪是前总统约翰·肯尼迪的弟弟。法律节那天，庆祝仪式结束后安排了一个午餐会，参加午餐会的有著名的律师、最高法院的法官和特邀嘉宾，卡特作为一州之长，当然要在会上发言了。于是，卡特精心准备了一篇演讲稿，并把它记得很熟。

可是那天，爱德华在庆祝仪式上讲话时，也许是兴奋过头了，不知不觉讲了很多，几乎把卡特要讲的也都讲完了。卡特只好把预先准备好的稿件丢掉，重找话题来谈。他这次谈的主题是"有关佐治亚州的法律制度的问题"。他在演讲中实话实说，把关于这方面的所见所闻都说了出来，还列举了案例。比如，有人因为穷苦无依而受到欺诈，或是被送进监狱的事。他义愤填膺、毫不留情地把矛头指向法律界的权威，严厉抨击了他们的失职和没有同情心。他还用平缓而沉重的语调，把那些贫穷而又无依无靠的人，同处于强制性种族隔离中的黑人做了类比，认为他们都是些缺乏法律保护的人。

卡特激情洋溢的演讲结束后，听众为他的慷慨陈词而震惊，随即全场响起了热烈的掌声。回到官邸时，连爱德华·肯尼迪的助手也说，卡特这次的讲演比以前的任何一次都精彩。卡特在演讲时并不知道作家亨特·汤普森也在场。起初，亨特·汤普森坐在听众席的最后一排，不动声色地喝着配有茶水的烈性酒。轮到卡特讲话时，他的酒也快喝完了，便站起身向出口处走去，准备给自己再添一些酒。但他一听到卡特提到莱因霍尔德·尼布尔和鲍勃·迪伦的名字时，立刻被吸引住了，又转身回来，静静地听完了卡特的演讲。演讲一结束，他马上要求佐治亚大学给他一份演讲录音。接着的几个月里，只要一有机会，汤普森就把磁带拿出来，一遍又一遍地听，还要让他身边的人一起听。后来，他去普兰斯办事，又去了一趟卡特的家。回去后，他在《滚石》杂志上以那次演讲为中心发表了一篇篇幅很长的文章，表达自己对那次演讲的赞赏。

9 罗莎琳的演讲恐惧症
JIMMY CARTER

罗莎琳的工作日程总是被安排得满满的，几乎没有空闲时间休息，但一段时间之后，出现了一件令她十分头疼的事——演讲。她本来不喜欢也不愿意演讲。在卡特竞选州长的整个选期里，虽然她上台演讲过很多次，可那都是迫于无奈。她之所以能坚持下来，是因为她有"只要竞选活动结束，我就可以就此解脱"的想法支持着。但是演讲的事却没有因为竞选活动的结束而结束，各个组织机构的邀请书如雪片一样飞到她的面前。起初，她对全州各地的朋友总是满怀歉疚地说："谢谢你们的热情邀请，我实在不擅长演讲。"可时间长了，她也不好意思再这么说了。

罗莎琳对此一直感到很惭愧，卡特知道后，鼓励她放下包袱，轻装上阵。一次，佐治亚州"弱智儿童协会"邀请罗莎琳前去发表演讲，这令她非常紧张。但卡特认为，这是一个由罗莎琳概述"他打算在本州实施防治精神病规划"的好机会，就极力鼓励她去。罗莎琳勉强答应了。卡特亲自为她拟定讲演稿，她照着稿子一遍又一遍地读，反复记诵，终于把整篇演讲词背了下来。

但当罗莎琳来到"弱智儿童协会"时，看到底下坐着的人，黑压压的一片，原来的平静和自信又全都不见了。她紧张地直冒冷汗，腿也跟着发抖，哆哆嗦嗦地摸出讲稿来读，却读得一塌糊涂。在场的每一个人几乎都

JIMMY CARTER

能感觉到她的极度紧张,却没有人嘲笑她,或是给她喝倒彩。罗莎琳向来对自己要求很高,她现在的身份也不同以往,言行举止都关乎卡特的州长形象。因此,虽然没有人笑她,但她明白自己精心准备的演讲彻底完蛋了。回到家后,她放声大哭,对着卡特歇斯底里地喊道:"完了,这事我实在干不了了!"

卡特看着她难过的样子,就柔声细语地劝导她,安慰她。但卡特越是这样,罗莎琳越难受。罗莎琳知道,她在卡特眼里是个很能干的人;她也知道,卡特从来不允许别人用"不行"或"我干不了"来回答他。这次罗莎琳失败了,她觉得辜负了卡特,也辜负了她自己。

后来的几个月里,在公开场合,罗莎琳都没发表过演讲。而卡特一直都在鼓励她要勇敢地面对困难,帮她克服和排除这个心理障碍,但罗莎琳仍觉得自己没办法做到。一天,卡特又一次启发罗莎琳怎样从失败中总结经验,同时,还教给她演讲的技巧:"你怎么不试试我的办法呢?把要讲的事用几个字写下来,上台随身携带。讲话时,如果忘记要讲的事情,就看看这些提示语,这方法特别管用。"罗莎琳听卡特这么一说,突然想起一件事:有一次,她在带领游客参观官邸向他们描述官邸及其内部布置时,一点都不觉得困难。而自己为什么会恐惧当众演讲呢?卡特的方法也不妨一试。不久,亚特兰大"妇女商会"邀请罗莎琳去发表演讲,而且还是关于州长官邸的问题。她毅然接受了邀请。

那天,罗莎琳应邀到市中心的饭店去参加妇女商会举办的午餐会。此前,她把要在会上讲的话,用七八个字概括出来,再把它们写在卡片上,放在自己的衣兜里。到了会场后,她努力作出一副轻松自在的样子,与主办人谈笑风生,尽力不去想演讲的事。以往罗莎琳只要一紧张,就会吃不下饭,而这次却吃完了那份属于她的午餐。

午饭过后,她被介绍给在座的人认识。接着,她受邀给大家讲话。罗莎琳看了看在座的人,平静了一下自己的心情,把在座的人都假想成到官邸参观的游客,这样一想,真的没那么紧张了。她一面这样想,一面镇静自若地开始给大家介绍州长官邸。在座的人全神贯注地听着,等罗莎琳讲完后,这些人还提了一些问题,而罗莎琳神色不变地做了回答。

演讲结束后,罗莎琳热情地跟她们一一道别。当她走出餐厅后,长舒了一口气——演讲总算成功了。她马上跑着去找电话,把这个好消息告诉卡特。电话打到了卡特的办公室,听到是卡特的声音,她激动地喊道:"卡特,我成功了!我演讲终于成功了!"罗莎琳的秘书马德琳对此事也是记忆犹新。玛德琳说:"那天,我正在舞厅里布置举行晚宴的桌子,罗莎琳开着车回来了。门一开,罗莎琳像一阵风似地冲了进来,嘴里嚷道:'我成功了!我演讲成功了!'"

尽管罗莎琳这次演讲时仍很紧张,但她最终成功了,从那以后,她经常锻炼自己在公共场合讲话的能力。慢慢地,她的紧张感消失了。后来,她在演讲时已经能够挥洒自如了。

不过,罗莎琳在讲话时仍会不时遇到一些小问题,让她有时不知怎么应付才好。例如话筒出了毛病或者讲台太高或太低。但是她每次都鼓励自己镇定,一切都有办法解决,逐渐地她能应付一些演讲过程中的小意外了。

一次,在她的演讲活动中,就发生了一个意外的小插曲。罗莎琳应邀去一所中学发表有关"州长官邸生活"的讲话。大家都在校门口列队欢迎她,还给她准备了一份小礼物——一朵胸花。为了表示敬意,罗莎琳当场就把它别在了胸前,在与现场的人打过招呼后,她去了卫生间。可等她要出来时,一推隔间的门,却怎么也打不开。她又使劲推了推,还是打不开了,想叫人,又不好意思。她把隔间上下打量了一番:门底下没有空当,钻出去是不可能了,看来只能从上面爬过去了。可她又担心万一爬到半道,有人看见她的样子,那她州长夫人的形象可就全毁了。她看了看表,演讲的时间快要到了,再不出去肯定会迟到。顾不了那么多了,她一只脚踏在马桶上,另一只脚踩在手纸架上,两手攀着墙,慢慢地爬到隔间的门顶上,当时,她身上还别着人们送给她的胸花。她先向卫生间的门口望了望,见没人进来,便迅速从隔间的门顶上滑下来,然后整了整衣服,神态自然地走了出去。她回到众人中间时,时间刚刚好。她装着什么事也没发生,便镇定自若地发表了一次精彩的演讲。

以前,罗莎琳总是担心自己见到知名人士或是政界权贵,会惊慌、不

JIMMY CARTER

知所措，但她在当州长夫人的这段时间里，她逐渐明白：人就是人，没有什么太大的区别，不管他们是位高权重，还是极有影响力。他们之所以有此成就，只不过是比别人经验丰富些或是更有才干而已。从此，罗莎琳见到政界权贵时，与这些人谈笑风生，亲如朋友，再也没有以前那么过分紧张或拘谨了。

此后，罗莎琳的演讲水平越来越高，在任何场合都不会怯场了。

JIMMY CARTER
第六章
向总统位置看齐

在当州长之前，卡特一直对美国总统的职位怀有敬畏之意。但这种敬畏心理在1971年到1972年这两年间，逐渐消失了。因为在这两年里，佐治亚州州长的政治生活锻炼了卡特的政治气魄和胆识。在任期间，他还见到了像尼克松、汉弗莱、洛克菲勒以及其他有名望的总统竞选人。

JIMMY CARTER

1 竞选的利与弊
JIMMY CARTER

在当州长之前,卡特一直对美国总统怀有敬畏之意。虽然他于1952年见过杜鲁门总统一面,但由于距离太远,根本没看清楚。因此,1971年之前,卡特可以说是从未与任何一个美国总统正式见过面。在他的印象里,像华盛顿、杰斐逊、林肯和罗斯福这些总统,都是历史上的大人物。即使卡特看了关于这些总统私生活的传记,他也无法相信:他们和他都一样,是个平凡人。

卡特对总统职位的这种敬畏心理在1971年到1972年这两年间,逐渐消失了。在这两年里,佐治亚州州长的政治生活锻炼了他的政治气魄,而且他逐渐接触到了尼克松、汉弗莱、洛克菲勒以及其他有名望的总统竞选人。这几个人也逐渐开始知道卡特,有的甚至还和他打过交道。

1971年,卡特全家搬到州长官邸。由于佐治亚州的州长不能连任,所以罗莎琳认为他们1975年就会回普兰斯老家去,可事情并非她想的那样。

1972年民主党代表大会上,卡特提名参议员亨利·杰克逊为总统候选人时,也有人提名卡特和其他几名州长为副总统候选人。这次会议结束后,卡特也开始认真考虑竞选总统的事。他把这件事告诉家人和几个挚友,请他们帮忙分析他所占的优劣之势。卡特与他们讨论了各种因素,包括他自己的名气不够大等问题。众人对他各方面的条件综合衡量后,认为他参加竞选总统的条件并不理想。

当时,卡特与其他人相比,条件确实有些差。首先,卡特是农场主出身。尽管从过军,也当过州长。其次,卡特住在极远的南部。一百多年来,没有一个南方人当选过美国总统。

但卡特认为:尽管自己在这两点上不占优势,但并不能说明他一定就会失败,况且缺点有时也可以看成是优点。首先,卡特的农场主身份可以为他赢得众多农民的选票。其次,身为农场主,卡特已经历过很多磨难和锻炼,所以他完全有勇气面对一些显而易见却又难以克服的困难,即使前途凶险无比，他也不会逃避。第三，卡特有多重身份，例如核子物理学家、企业家等。第四，虽然美国历史上没有南方人担任过总统，但并不能说明卡特也不能，更何况当时的地域性已经不是制约政治发展的最重要因素了。1960年总统选举的结果揭晓时，前总统约翰·肯尼迪获得大胜的地区就是处于南方的佐治亚州，而不是北方的马萨诸塞州。1972年选举国会议员时，在一个白人占优势的选区，选民选了一个以帮马丁·路德·金工作而出名的年轻人，这个人叫安德鲁·杨格。

但竞选总统毕竟不是竞选州长，这将是一个漫长而艰苦的历程。如果不能做好选前的准备工作，很可能在一开始就被淘汰。为了确保7月份卡特能得到提名，卡特和他的顾问们选择了一种担当风险、到处竞选的策略，希望得到更多人的支持。采用这种策略，虽然要承担很大风险，但如果在早期预选中做得好，就能为以后的竞选积聚力量。

经过卡特身边支持者几天的筹划，一个竞选计划制定出来了。首先，他们必须把卡特的不利条件彻底分析清楚，以致在竞选中尽量避开或有效利用；第二步，就是打听清楚竞争者都有谁，分别有什么特点，争取做到"知己知彼，百战不殆"。第三步，大家齐心协力帮助卡特游说选民；第四，卡特的演讲一定要深入人心，符合当时美国的国情。

分析的结果，除了做好以上几点，卡特还需要注意以下几点：第一，由于普兰斯是个小镇，卡特没有大量的都市选票基础，因此，必须尽量多地赢得乡下人的选票。这就需要凭借卡特之前的人气和声望了，发动周围的村民帮忙宣传，这样争取农村人的选票会更容易些；第二，1976年的大选之年，卡特的州长任期已满，而他又不打算竞选别的职位，因此需要全身心地投入到总统竞选活动中。华盛顿差不多一直是美国新闻媒介的集中点，而卡特身处南方是不利的。但卡特正好没有公职在身，所以不用媒体为自己作宣传，而是亲自去各地与选民见面。因为实地宣传的效果一定比在报纸上或电视上宣传的效果要好；第三，卡特有一个特点：只要他认为正确的事，就会力争到底，毫不妥协。这既是优点也是缺点，需要卡特在竞选总统时，特别注意什么时候该倔强，什么时候该放弃。但卡特坚持说："如果我现在改变这个个性是很不明智的，也许这个时代正需要我这样的人!"最后就是资金问题,卡特用于竞选的资金不够,而其他候选人早就开始筹措竞选基金了。在新的"竞选基金筹募法"正式实施前,已经有3位候选人各筹到100多万美元了。但卡特并不过分担心资金问题,他自己有办法筹集。不但他的助手在他参选时可以为他到处筹集资金,而且很多政界有影响力的人也都表示支持他竞选,并自愿出资。经过分析,大家一致认为,卡特赢得党内提名及总统大选的胜利还是有可能的。

  在分析了自己各方面的条件之后,卡特决心首先从日常生活做起。做好自己的本职工作,即应该把在州长任期间要做的事完成。卡特仍和往常一样,每天早晨按时到州长办公室工作,直到他的任期届满。卡特认为要竞选总统,现在开始不能只关心作为州长应该管理的事务,还要做一些与总统工作有联系的工作。因而,他开始在州长的工作中,留心类似总统工作的事情,以便为自己在以后担任总统时积累经验。例如,他在处理州长工作时,碰到与联邦行政部门管理有关的福利、卫生、教育、能源、国民住宅等问题时,他会谨慎思考这类问题的解决办法。他也开始关注与国计民生有重大关系的事情,如远程计划技术、编列预算的程序、刑事司法、国际贸易等等,研究它们在联邦与州的执行系统上运用起来有什么不同。卡特认识到要成为美国总统就必须知识渊博,早在竞选州长时养成了一周要读三四本书的习惯,现在仍要坚持下来。只是在决定参加竞选总统的活动后,他的读书方向有了改变,主要是读与外交、国防和经济等方面有关的书,研究这方面的问题及解决办法。他还搜集并阅读有关美国历史的书,以及各个总统的传记,更多地了解国情和各个前总统的品行。在以往的总统选举中,总有竞选失败的人,为了避免与他们犯下同样的错误,卡特还研究了这些总统候选人竞选时提出的政治纲领,从中吸取经验教训。同时,他阅读各种科学期刊,了解各种可能利用的能源,确定美国在以后数十年中具有潜力的能源;他还研究了与核子武器有关的所有协议和条约,并估算了国防部各军队所需经费的预算。为了掌握以上问题的第一手资料,卡特还想方设法与编著这些书籍或撰写这些专题的作者见了面。后来,这些作家有的还把他们的新作品在出版前就送给卡特,供他研究。此外,卡特借助佐治亚州长的身份,与到佐治亚州参加各种会议的来宾会谈，让自己给他们留下深刻的印象。这些对提高他的知名度很关键，也为他在竞选总统的活动中创造了有利条件。

在 1973 和 1974 这两年中，卡特常和支持民主党的各界领袖进行会谈。这些人来自 25 种组织，代表各阶层人民的利益，例如，工人、农民、西班牙裔美国人、妇女、黑人、呼吁环境卫生者以及参议员等等。

1974 年，民主党全国竞选委员会在佐治亚州召开。这是一次庞大的竞选活动，包括 35 个州长、34 个联邦参议员席位以及众议员的 435 个席位。卡特想借这个机会认识更多的民主党人，便自动请缨，向民主党全国委员会主席罗伯特·斯特劳斯提出"希望为民主党效力"的请求。因为民主党人麦戈文在 1972 年竞选总统失败后，民主党的声望受到了严重影响，斯特劳斯力图使它恢复过来。这次的竞选活动很关键，如果成功了，民主党在国会的地位就有可能恢复。所以斯特劳斯聘请了北卡罗来纳州州长特里·桑福德帮忙筹备此事，但人手还是不够，便欣然接受了卡特的请求。卡特的助手汉密尔顿·乔丹也参加了这项工作。

在集会上，卡特和桑福德的做事方法完全相反。卡特和拥护民主党候选人的各集团领导人交谈时，总是表现出友好而谦虚的态度，显得平易近人；桑福德则总是一副盛气凌人的样子，让别人觉得很不舒服。卡特对于他所接待的领导人，一旦认识后，就热情地与他们进行交流，跟他们交朋友；而桑福德却对此不屑一顾。在举行的所有活动中，目前卡特的一切费用还是自己掏腰包；而桑福德的开支则由民主党全国委员会来支付。

为了确保这次的竞选活动万无一失，卡特必须尽全力去了解与选举有关的各种消息。因而，他得去各州旅行，与民主党的官员和候选人一起工作。从这个时候开始，卡特的政治活动领域一步步跨出了佐治亚州。

2 为竞选奔波
JIMMY CARTER

卡特在担任佐治亚州州长一职时，虽然做了很多利民大事，但也只在

JIMMY CARTER

佐治亚州出出名而已。"吉米·卡特"这个名字对于全国范围的民众来说，还是相当陌生的。可想而知，他要参加总统选举，阻力会有多大。为了克服这个困难，卡特必须利用各种活动来提高自己的知名度。

在大多数州长眼里，全国州长会议只是为大家提供一个交流的机会而已，不需要像开正式会议那样带上公事包。卡特却不这么认为，他把这个会议看得非常重要，认为既可以从中学到很多东西，还可以让自己充分表现。每次参加全国州长会议时，卡特总是带着公事包，包里装着有关社会问题的重要文件。他还尽量让自己表现得非常优秀，对于很多问题，他总是做出合理的分析，并提出自己的见解。例如，在一次州长会议上，他反对在即将来临的选举中，把越南战争定为竞选谈论的问题，因为越南战争是个非常敏感的话题。

为了尽可能提高自己的声望，卡特和他的竞选班子制定了走访全国州县的日程表。按照1975年卡特的日程表，他需要访问40个州和200个城镇，进行为期250天的竞选活动。虽然有日程表，卡特还是尽可能多地走访更多的地方。卡特对于1975年所做的努力，在自传中他这样描述："我们的策略十分简单：就是到全国各地竭尽全力地去宣传。在卸下州长之职后，仅前几个月，美国的50个州，我就走访了一半以上，有些州还去过好几次。每次出行，都要经我在亚特兰大的助手仔细筹划，再把要访问的地方安排好，然后放进行程里。我们在这次竞选活动的最初阶段有这样几个目的：让那些一直关心政治和政府的人，都认识我这个人；吸收支持者和筹措竞选经费；尽力让新闻媒介报道我，并使我在联邦或地方问题上所采取的主张能够获得尽可能广泛传播。对我而言，所有目的中，最重要的一个就是让我能够认识我的国家——它现在是什么样子，它又应该是什么样子。"

卡特在选民面前，总是以一个正直、大家完全可以信赖的形象出现。他竞选的方法诚挚、低调而又富有民间风味，给选民们留下了良好的印象。很多选民为他热情而真诚的态度打动，对他做了回应。他在向选民发表演讲时说："我决不说谎，而且永远不会辜负你们对我的信任。我也绝不会做任何糊弄你们的事，更不会回避有争议的问题。"卡特的这个声明，将意味着他会比其他候选人受到的考验更多。但卡特相信，候选人的品质要比在具体问题上的立场更能引起选民的关注。

其实，卡特建议竞选人员运用的"信任"方针，也是别人教他的。教他的人就是特拉华州的乔·比丹。1972年，比丹从一个默默无闻的人物，一跃成为美国参议院中的一员。他能够取得如此骄人的成绩，主要是运用了让选民信任他的竞选方式。比丹担任参议院议员后不久，去亚特兰大办事，应卡特之邀，去州长官邸住了几天。他们两个对政治做了深入广泛的探讨。后来，在卡特参加竞选总统活动时，比丹担任他的全国筹划指导委员会主席。比丹告诉卡特，他之所以能够在竞选参议院议员时取得成功，是因为他使用了肯尼迪1960年用过的"信任"方针。那时，卡特已经决定参加1976年的总统竞选活动了，他打算借鉴这种方式来竞选总统之职。

现在，卡特决定把"信任"方针正式用到自己的竞选中。1974年12月，他在一次演讲中，正式宣布了他要竞选总统的消息。在这次演讲中，卡特表达了自越南战争和水门事件被揭露以来，很多人对政府的不满情绪，美国人民对现有的政府失去了信心。当时，尼克松总统身陷"水门丑闻"不能自拔。而随着"水门丑闻"被揭露，卡特更加肯定这个时候采用"信任"方针最恰当，可以借抨击尼克松来提高自己的知名度。

事实上，在"水门丑闻"发生之前，卡特就曾十分露骨地批评过尼克松，说他是所有历届美国总统中最差劲的一个。后来，他还猛烈抨击尼克松的"税收分享计划"，说这个计划是用来掩盖联邦削减州补助的一个"残酷骗局"。卡特还要求就这一计划与当时的白宫助理约翰·埃利希曼进行商谈，埃利希曼对他不加理睬。卡特非常恼怒，出言攻击埃利希曼。1973年10月21日早上，当得知尼克松解除特别检察官阿奇博尔德·考克斯的职务后，卡特马上召开了新闻记者会，宣称尼克松对克考斯的解职是无礼行为，并要求就此事对尼克松提出弹劾，要求他辞职。紧接着，卡特又在全国的报纸、广播、电视上发表了同样的言论。卡特的这一言论果然奏效，为他赢得了不少支持者。

卡特的"信任"方针，还体现在他亲自帮助其他民主党人参加一些其他的竞选活动。在帮助其他人的过程中，卡特与这些人及他们的助手密切

JIMMY CARTER

合作,帮他们出谋划策,还教他们用取信于民的方式参加竞选。通过这些助选活动,卡特结识了党内很多人,这些人在他竞选总统时帮了很多忙。卡特在同他们的谈话中,态度诚恳、积极,所以他能了解到关于各个州及其遇到的问题,这对他以后参加总统竞选很有利。1974年11月,许多民主党候选人都当选为国会议员,这少不了卡特的功劳。这些人的成功证实了卡特提倡的"信任"方针是正确无误的。

除了"信任"这个问题之外,卡特还谈到了爱和德性。他在一次演说中,以此作为结束语:"我认为政府应该为人民办事,这也是人民心中所想的。那么,我们的国家就必须有一个像美国人民一样,具有各种美德和充满爱心的政府。"

尽管卡特努力向人们宣传自己,让选民支持他,也取得了很好的效果。可他参加1976年竞选的对手,更是非同一般,这些竞争者要么名声在外,要么实力很强,要击败这些人不是一件容易的事。当时,民主党内准备争取党内总统候选人提名的人不少,比如自由派人士莫里斯·尤德尔、伯奇·贝赫、萨金特·史蒂文森、弗雷德·哈里斯,以及参议员爱德华·肯尼迪、参议员亨利·杰克逊、亚拉巴马州州长乔治·华莱士等。

卡特和他的支持者都曾认为爱德华·肯尼迪是卡特在自由派阵营中最强大的潜在对手。因而,卡特在宣布参加竞选总统的同时,与肯尼迪谈过"1976年竞选总统计划"的事情。当得知肯尼迪无意参加这次竞选后,卡特才开始重点提防另外几个强大的竞争对手。其中,华盛顿参议员亨利·杰克逊,亚拉巴马州州长乔治·华莱士是卡特最为强劲的两个对手。

乔治·华莱士曾参加过1972年的总统竞选活动,并在预选中取得了良好的成绩,但在接着的竞选活动中遇刺,导致半身不遂。虽然如此,却仍有一大批人支持他,而这些支持者的实力之大,足以让其他候选人心生畏惧。卡特觉得要抓住各种机会对华莱士进行打击。1974年6月,在西雅图召开全国州长会议,华莱士却没有来。这次州长会议是卡特在州长任内参加的最后一次了,他要抓住机会,胜过华莱士。于是,他向与会人员说明了华莱士不能获得民主党总统提名,也不能获得副总统的理由。后来,卡特的顾问们又给卡特出主意说,如果华莱士无意竞选的话,就不妨争取得到华莱士一方的支持，因为他的影响力太大了。

而另一个强大的竞争对手杰克逊的威胁也让卡特等人不敢有任何纰漏，但杰克逊与华莱士不同，他的威胁主要是：他和卡特的观点相似。鉴于这一点，卡特的竞选班子劝卡特不要总是公开赞扬杰克逊。卡特与杰克逊都在争夺温和派以及保守派的选票，只是两人选用的方法不同。杰克逊充分利用他在华盛顿30年的经验来帮自己拉票。卡特则是利用国内人民对华盛顿的不满情绪来为自己赢得选票，他极力强调自己缺少华盛顿信任的事实。虽然如此，但在对华盛顿的批评上，卡特很有分寸，因为他知道以后他还需要华盛顿的支持。

进行政治活动时，运作经费是必不可少的，卡特的活动经费主要靠别人的资助。他1975年竞选所需的大部分经费几乎都由佐治亚州人提供。此后，他们一直是卡特竞选经费的主要来源。起初，他们捐钱的数量并不很多，只有几个人捐钱的数目超过1 000美元，这几个人还是他的好友，比如查尔斯·柯尔博、汉密尔顿·乔丹和罗伯特·利普舒茨。后来，卡特的名声日渐响亮了，直到1976年元月，他终于凑齐了竞选所需的全部费用。这笔钱对他来说至关重要，如果没有这笔钱，他的宣传工作将会非常难做。

在选举中，卡特的竞选策略还有以下两点：第一，他竭力借鉴以往民主党总统候选人竞选失败的教训，特别是麦戈文所犯的错误。1972年，由于麦戈文在政治上走的是极端主义路线，疏远了党内和选举人中的重要成分，所以才导致竞选失败。卡特不想重蹈麦戈文的覆辙，决定像肯尼迪那样走中间路线。这种做法对他很有利，即使有些略微偏差，也不致引起太大的风波。对于1972年麦戈文竞选失败的教训，不止卡特一个人借鉴了，莫里斯·尤德尔、伯奇·贝赫等自由派候选人，也都吸取了其中的一些教训。不过，虽然他们也这样做了，可他们的经济政策却十分激进，与麦戈文当年提出的主张仍有很多相似之处，因此卡特认为这几个人在这点上是失败的。第二，卡特要懂得全国人民到底需要怎样的政府，这样在做演讲时，才能有的放矢。因此卡特在竞选中，针对不同的事情，采取了不同的态度和应对措施。例如，他的经济政策是温和甚至保守的；在堕胎和死刑这类事上，也是保守的；而对于从朝鲜半岛撤出美军和大麻非刑事化的问题，他采用的则是自由派的态度。在具有争议的问题上，他总是给人这样的印象：谈论问题时，思路清晰、表达明确，比较专业。总的来说，卡特在各种有争议的问题上所处的立场都是为了争取更多的选民。

3 初战有败有胜
JIMMY CARTER

1976年元月19日，衣阿华州举行的预选会议对卡特来说非常重要，因为这是他准备参加民主党内总统提名的第一次预选会议。为了在这次会议上能让卡特获胜，在过去的一年里，卡特和他的竞选班子到处拉选票，并多次来衣阿华州做宣传。他们心里非常明白，如果能在这次预选会议上获胜，那么不但会有大量的新闻报道为卡特宣传，提高他在全国的知名度，而且他还会被人们看成是一位重要的候选人。在衣阿华州，卡特和他的竞选班子几乎认识这里的每一个人，还能准确无误地叫出很多人的姓名。由于他们在各方面的努力，这次预选会议的结果对卡特十分有利：卡特赢得了27%的选票；伯奇·贝赫名列第二，得到13%的选票；弗雷德·哈里斯获得10%的选票；莫里斯·尤德尔获得5%；萨金特·史蒂文森获得3%；亨利·杰克逊获得1%。此后，吉米·卡特正式登上了总统竞选的舞台。卡特由一个不起眼的人，一跃成为国人皆知的总统竞选人，这让很多民主党人都大感意外。然而，这次预选只是卡特在竞选过程中的一个小站，接下来的选举更关键。

按照惯例，大选年的2月份，美国总统初选的第一站安排在新罕布什尔州，新罕布什尔州位于新英格兰地区，新罕布什尔州的胜负对每位竞选人都有着举足轻重的作用，卡特及其竞选班子当然不敢有丝毫放松。

新罕布什尔州，对于卡特来说并不陌生，有一种回到家里的感觉，因为卡特在海军服役时，他们一家人曾先后三次居住在这里。尽管卡特在新罕布什尔州住过，但现在来到这里既不是居住也不是来旅游，而是为了竞选。

卡特在新罕布什尔州了解到,这儿的人真正见过总统候选人本人的少之又少,因为以往的多数竞选活动,竞选人只是通过新闻媒体宣传自己,只是走走过场,很少有人亲自来这儿宣传自己。从这一情况来看,卡特亲自来接近选民是正确的。

卡特原本就是一个亲民的人,非常愿意到一般人生活和工作的地方,跟他们交谈。在新罕布什尔州投票前,他先后几次来这里,每次总是先在市中心的公共车站向人们宣传自己,以获得他们的支持。比如,在新罕布什尔州的康科得和曼彻斯特,若赶上工人下班时间,卡特就会和他们亲切交谈,了解他们的想法,为自己的竞选拉票;若刚好赶上工人上班时间,他就会先到路边的店铺或政府办公大厦做宣传。

卡特还拜访了很多工厂、教堂、学校、百货公司等等。做宣传时,卡特发现了一个现象:跟其他州的人相比,新罕布什尔州的公民非常关心1976年的总统选举。因此,他们对于能跟卡特见面和相识很感兴趣。在宣传过程中,卡特还发现从来没有一个全国性选举的候选人到新罕布什尔州政府拜访过这里的工作人员,于是卡特就抓住机会与州政府的工作人员交谈,争取他们的支持。该做的工作都做了,就等着最后结果了。

新罕布什尔州的初选结果快要出来时,在康科德市的支持者家里,卡特、罗莎琳,还有他们的儿子、儿媳,以及他们的朋友乔迪·鲍威尔和帕特·卡德尔一直坐在电视前,紧张而又热切地等着观看选举结果。终于,皇天不负苦心人,选举结果揭晓,卡特稳居第一,赢得了30%的选票。尤德尔屈居第二,获得24%的选票,接下来依次是贝赫、哈里斯和史蒂文森。那天晚上,卡特竞选总部举办了庆祝胜利的活动,热闹非凡。参加的人有"花生大队"的成员和卡特在新罕布什尔州的朋友。人们狂欢着、互相拥抱、亲吻、跳舞,欢呼声不断,卡特心里更是美滋滋的。

前面讲过,民主党内有温和派、自由派、保守派之分,卡特属于温和派,正是他友好而低调的竞选风格给他带来了很多益处。在新罕布什尔州里,卡特获得了广泛的群众基础,尤其是工人、老人、收入较低的人,以及那些赞成联邦预算得到平衡的人。他们非常赞赏卡特的竞选计划,因此他在这个州获胜了。

JIMMY CARTER

接下来的战事,卡特就不那么顺利了。在马萨诸塞州,卡特首次遭到了失败。

当卡特等人正在为新罕布什尔州的胜利高兴的时候,突然接到通知:马萨诸塞州的初选日期比原定的提前了。这让卡特等人有点措手不及,因为在卡特的竞选计划中,马萨诸塞州本来就不占重要地位,所以他和助选人员就没有在那里投入太多的资金和时间,现在时间又提前了,真让他们不知如何是好。当时,卡特他们把很多时间都花费在了预选日期早的州里,原指望在那些地方赢得胜利,以带动他们在预选日期较晚的那些州。现在马萨诸塞州预选的日期提前了,这与他们的原定计划有了冲突,对他们在该州的取胜就造成了威胁。现在也没有其他办法,只能寄希望在新罕布什尔州获胜的势头推动马萨诸塞州的竞选了。然而,卡特在马萨诸塞州输了,而且输得很惨。那里的竞选结果是:亨利·杰克逊居第一,获得22.7%的选票;尤德尔居第二,获得18%的选票;华莱士居第三,获得17.1%的选票;卡特屈居第四,仅获得14.2%的选票。

3月9日,佛罗里达州预选,对卡特这位成为政治家的花生农场主来说,又是一次重大考验,因为佛罗里达州的预选是整个预选中最重要的一次,而且在这个州,他的最强竞争对手是华莱士。

在佛罗里达州预选前,有人对各个候选人的情况做了一次民意测验。在美国,每逢大选年,就会有民意测验机构搞一些提前的预测工作。3月初在佛罗里达州的一次民意测验的结果显示,民主党中并无一人完全领先其他人。各候选人的大致情况是这样的:杰克逊的竞选活动组织得很好,并且资金充足;当时,佛罗里达和伊利诺斯预选的时间还没到,华莱士仍具有威胁性;自由派的选票被分为两股,分别给了贝赫和尤德尔;卡特的情况就不太妙了,他在当地的政治组织,办事有点外行,因此他的处境不及以上诸人。

另外一个组织也做了的一次细致的民意测验,结果表明在佛罗里达州的预选中,卡特将会得到30%的选票,华莱士将获得35%。那么战胜华莱士是卡特获得提名机会的关键。佛罗里达州身处阳光地带,近年来人口猛增,而且它还是众多州中最具政治潜力的州之一。有人预测,卡特的竞争力本来不是很强,如果在佛罗里达输给华莱士,那么他不仅会在南部其他州,而且在密执安州、印第安纳州都会被华莱士压倒。卡特也知道,1972年的竞选总统活动,华莱士在密执安和印第安纳这两个州都取得过不错的成绩,因此,对卡特的威胁非常大。

为了赢得佛罗里达州的预选,卡特和他的工作人员很早就在佛罗里达展开了竞选宣传活动。他们在这个州投入了大量的时间,所以对这个州的熟悉程度,可以与自己的家乡相提并论。

尽管卡特及其智囊团在这个州做了十二分的努力,可面对如此强大的竞争对手,加上马萨诸塞州的失利,他们特别紧张,寝食难安。选举结果出来了,出人意料地好,卡特居于第一位,他竟然击败了乔治·华莱士和亨利·杰克逊。最后的投票结果恰恰与民意测验的预言相反,卡特有34%选票,华莱士有31%,杰克逊有24%。

卡特之所以能击败华莱士,主要有以下几个因素:其中一个因素就是华莱士曾经得罪过一些人,这些人当然希望华莱士失败,在竞选期间,这些人给了卡特很大的帮助。例如,加利福尼亚大富翁自由派的麦克斯·帕维尔斯基,乐意帮卡特筹措竞选资金,还在佛罗里达为卡特进行了一次强劲而有效的广告宣传。第二,是某些黑人政治领袖对卡特的反华莱士运动也给予了大力支持,比如,来自佐治亚州的众议员安德鲁·扬和参议员朱利安·邦德。而前者在佛罗里达竞选之后仍然继续支持卡特;后者转为支持莫里斯·尤德尔了。第三,在佛罗里达州,卡特被看成一个温和以至保守的候选人,所以获得了所有黑人的选票(黑人在该州占15.3%)。由于杰克逊支持华莱士1972年的"停止汽车接送学童"的观点,而遭到黑人选民的抵制,从而失去了这15.3%的选票。第四,卡特还赢得了很多青年选民、蓝领工人和收入在1 500美元以下选民的支持。因此,在佛罗里达的土著居民中,他和华莱士打了个平手。但因为那些从南部其他地方迁到佛罗里达州的民主党选民支持卡特,所以卡特最后还是胜了。能击败华莱士,还有一点卡特做得非常好,就是卡特采用有利于自己的竞选方式。在佛罗里达州,卡特尽量不去攻击华莱士在1972年竞选中提出的政治口号。当年,华莱士曾提出"停止在公立学校中用汽车接送学童"的口号,遭到了不少人的反对，这是他的弱点。卡特只是一味强调自己才真正具有当选总统的条件，而华莱士不具备。卡特这样做是有目的的，前面讲过，尽管华莱士在1972年失败了，但仍有很多支持者，卡特采用这种方式，希望获胜后，即华莱士在整个预选中失败后，他的支持者们能够反过来支持卡特。

这次的胜利使卡特恢复了自信心，而且使他又有了竞争优势。可卡特的这次胜利对华莱士来说却是个致命的打击，华莱士没有候选人提名的希望了。

一个星期后，伊利诺斯州举行初选。这时，尤德尔和杰克逊都放弃了在该州的竞选，而华莱士仍试图挽回佛罗里达州的失败，竭尽全力竞选。最后，卡特取得了压倒性胜利，获得了48%的选票，华莱士获得28%，史蒂文森获得16%，哈里斯只有8%的选票。

这又是一次意外的胜利。因为在伊利诺斯州预选前一个星期的民意测验中，华莱士的票数居于第一，卡特居后。前面讲过华莱士身体瘫痪，这是他最为不利的因素。民主党人中有将近一半的人都认为，这样的身体不能胜任总统，反对华莱士的人越来越多。另外，卡特在伊利诺斯州的胜利还与伊利诺斯州的产业结构有关。伊利诺斯州西北部是一个政治上温和、经济上富裕的农业区，卡特农民的身份显然在这里是个很大的优势。虽然该州芝加哥市的市长梅厄·戴利及其支持者都极力推荐自己中意的候选人，但卡特却坚守住了自己在该地区的阵地。最重要的是，在伊利诺斯，黑人的选票在民主党中占了半数以上，卡特全得到了。因此，这次卡特又沾了黑人选民的光。

不过，在伊利诺斯竞选开始时，卡特的竞选工作并不是很顺利。事情发生在伊利诺斯州预选的前几个月，卡特碰到一个难题：伊利诺斯州的总统候选人提名早已确定，这个人就是参议员艾德莱·史蒂文森，支持史蒂文森的是芝加哥市的戴利市长。戴利市长在芝加哥是个很有影响的人物，因此，即使能与之相抗衡的乔治·华莱士、萨金特·史蒂文森和弗雷德·哈里斯等几个候选人，也都不愿意得罪戴利市长，便顺从了他的意愿，随后全都退出了伊利诺斯州的竞选。鉴于这种情势，卡特也做了让步，但只是决定不在伊利诺伊州的首府芝加哥竞选，却决不退出伊利诺斯州的其他城市和乡村的竞选。

卡特做出这个决定是需要下很大勇气和毅力的，因为他不仅要同有势力的戴利市长进行斗争，还要同整个伊利诺斯州的选举委员会相抗衡。卡特的全名是"詹姆斯·厄尔·卡特"，但他不想用这个名字，因为这让他觉得他与选民很有距离感，所以在选票上他仍然使用了"吉米·卡特"。选举机构的官员拒绝了卡特的这一做法，因为按照法律规定，凡参加总统选举的人必须用全名。虽然这个问题很棘手，但还是有人帮卡特解决了。佐治亚州负责竞选运动的主席吉姆·沃尔动用自己的关系，从佐治亚州务卿本·福特森那里设法拿到一份法律公文。公文声明：卡特在佐治亚州进行竞选时，始终用"吉米·卡特"，因此，在以后的任何竞选中，"吉米·卡特"仍然可以用。看到这份公文，伊利诺斯州选举委员会才做了让步。在后来的选举中，卡特使用"吉米·卡特"这个名字时，就一直畅通无阻了。

紧接着就是北卡罗来纳州的预选了，该州原本制定的预选日期也提前了。不过，在这个州，卡特等人并没有像马萨诸塞州那样，被打得措手不及。因为他们吸取马萨诸塞州失败的教训，早就做好了工作，因而在该州获胜了。

加利福尼亚、新泽西和俄亥俄这三大州，是初选阶段的最后3次选举。6月8日是这三个州预选结果出来的日子。在此之前，卡特一方的人在竞选活动上都竭尽全力了，因此，不管结果是好是坏，他们只能接受。这一天，卡特全家都汇集到亚特兰大竞选总部等候结果。那天晚上，他们热切地希望获胜，因为这是获得总统候选人提名的关键一战。在初选结果揭晓前，他们全家紧张的几乎喘不过气来，结果终于出来了，两败一胜：在新泽西州和加利福尼亚州输了，在俄亥俄州取得了胜利。但听到结果时，众人兴高采烈的欢呼起来，因为几个州的总体结果是卡特获胜。罗莎琳潸然泪下，她终于可以松口气了。卡特吻了吻她说："我们终于胜利了，在第一轮投票中，我们将会获得提名的资格。"

开始几个月的角逐，卡特有败有胜，竞争仍在继续。

JIMMY CARTER

4 支持者和反对者
JIMMY CARTER

　　1972年以来，乔治·华莱士在民主党内的地位逐渐后退。但在政治上，他仍是一个具有强大影响力的人物，能够打败他的人肯定是个"牛人"，或者说是一个"巨人杀手"。在佛罗里达、伊利诺斯以及北卡罗来纳获得的胜利，使卡特认为自己就是那个"巨人杀手"。

　　一个人即使做得再好，都不可能赢得所有人的赞同，圣人不可能做到，凡人更不可能做到。卡特是一个温和派的人物，从小就与黑人打交道。他当佐治亚州州长时，在种族关系方面也处理得很好。比如，黑人众议员安德鲁·扬和黑人领袖老马丁·路德·金就是卡特的支持者。

　　虽然卡特得到黑人众议员安德鲁·扬的支持，可他并没有得到主要黑人政治领袖们的支持。卡特想方设法绕过了他们，使他们不能成为自己竞选的障碍。在众多的候选人中，卡特是唯一一个坚持不懈地去黑人教堂的人，他去那里只是向黑人们传道。黑人社会里的许多牧师都是卡特重要支持者。

　　黑人对卡特的支持，使民主党内那些不可靠或公开反对他的人态度逐渐发生了改变。党内不同集团的那些人，预测到卡特可能会是这次竞选的胜利者，在卡特击败了华莱士和自由派候选人贝赫、哈里斯、史蒂文森之后，这些人开始倒向卡特这一边。

　　作为一名总统候选人，受到某些非难是很正常的。但1976年的竞选，自由派对吉米·卡特的攻击却异常厉害，几乎让卡特有点招架不住。但自由派对卡特的某些指责也不是无中生有。因为卡特在宣传自己时，过于夸大自己的成就。例如，他的竞选身份包含核子物理学家一项，可他从来没有获得博士学位；当时在任佐治亚州州长时，他还夸大了自己精简政府机构的数目。有时，卡特表现得有些像"两面人"，因为当他向黑人选民讲话时，演讲词中小马丁·路德·金的名字频频出现；但向白人的选民讲话时，路德·金的名字就消失得无影无踪了。

上面这些事情，只是反对者讨厌卡特的一个不太紧要的原因，其实最主要的还是：卡特身上带有的农场主气息。很多时候，卡特表现出不想依靠现行体制的做法让老一辈政治家无法接受，尤其是他冒充佐治亚普兰斯乡下佬的做法，更令这些人愤恨不已。

不喜欢卡特的人除自由派外，还有华盛顿统治集团的所有人。华盛顿统治集团认为"我们无法掌控这个人"。劳工方面也有很多人不喜欢他，原因是他在劳动权利法上的立场跟他们不同。另外，卡特和其他几个州长之间，也是相互交恶，毫无感情。鲁宾·艾斯丘对卡特不满是因为在艾斯丘竞选南方州长会议首脑时，卡特曾一度给他设置障碍；马里兰州州长马文·曼德尔也不喜欢卡特，因为在竞选州会议主席一职时，卡特支持的是得克萨斯州的多尔夫·布里斯科，从而挡住了曼德尔晋级的道路。后来的结果证明卡特这样做对自己非常有利，1976年在得克萨斯的预选中，布里斯科给了卡特很大的支持。然而，卡特曾经得罪过的曼德尔则发起了一场对卡特非常不利的"制止卡特"运动，这个运动进入高潮阶段时，爱达荷州参议员弗兰克·丘奇和加利福尼亚州州长杰里·布朗进入了马里兰州的预选。虽然竞选活动漫长而复杂，中间还出现了很多波折，但是卡特一家坚持不懈，一起努力帮助卡特竞选。

5　两位亲家母联合起来！
JIMMY CARTER

卡特的每一次竞选活动，妻子罗莎琳都会全力帮助和支持他，竞选总统的活动自然更不会例外了。从卡特开始决定参加总统竞选，罗莎琳就立刻开始了"投我丈夫一票"的竞选旅行。

美国的所有州县，不可能做到每一个都进行详尽的宣传。于是，罗莎琳和她儿媳朱迪的母亲埃德娜·兰福德对访问计划做了合理的安排，一路走来真是不简单。

JIMMY CARTER

罗莎琳和埃德娜的第一站是佐治亚州,因为她们本身就住在这里。可是在出席了佐治亚州三个募捐招待会后,她们已经累得筋疲力尽了。但行程决定她们不能休息,她们得马上赶往马萨诸塞州的首府波士顿。

到达波士顿后,罗莎琳疲惫极了,她联系了一位当地朋友,希望在此地落脚。当罗莎琳和埃德娜抵达朋友的宅邸时,罗莎琳却没法下车,因为她被座位上的安全带卡住了,大家都过来帮她的忙,也没能让她摆脱与安全带的纠缠。后来,有人取来剪刀,把安全带剪断了,她才得以脱身。发生这种事,罗莎琳认为是不祥之兆,总觉得要出什么事。

进屋后,罗莎琳发现有很多客人都从城里赶来,为的是与她见面。她赶快上去和这些人交谈,但由于太累,有些力不从心。她看到埃德娜精力挺充沛的,就让埃德娜来应付这些人,自己上楼休息去了。进到房间后,罗莎琳准备换衣服,却找不着行李。这时她猛然省悟过来,她没有把行礼拿下车,便赶紧去取。可是,车上哪还有她们的行礼,她们的行李被人偷走了。现在,她们只剩下身上的衣服、公文包和外衣了。罗莎琳蒙了,埃德娜赶快报了警。警察来了,罗莎琳和埃德娜给他们列了一张失窃物品清单。由于第二天清晨5点就要起床,她们不敢多耽误时间,闷闷不乐地上床休息了。

出外竞选时,要特别注意自己的形象,不然很难给选民留下好印象。可是罗莎琳她们的行李丢了,只好穿着前一天的那套衣服继续进行竞选活动,这样是非常不好的,但事已至此,也没别的办法了。在波士顿做完宣传工作,当天傍晚,她们就乘飞机赶往加利福尼亚州。在去机场的路上,罗莎琳和埃德娜发现了一家百货店,便迫不及待地冲了进去。由于只有10分钟的时间可用,她们直奔服装柜台,情况真令人失望,柜台里几乎全都是童装。店主给她们拿来一条较长的裙子,罗莎琳看到这条裙子时,眼前一亮,二话不说就买下了。埃德娜也挑到了适合自己的衣服。随后,她们又买了几件短袖卫生衫、一块头巾和一条短衬裙,现在总算有衣服换洗了。

之后,她们又来到缅因州。这个州最大的一个县叫阿鲁斯托克。这个县虽然比较闭塞,但是风景却十分优美,以盛产马铃薯闻名。在整个竞选活动中,它是罗莎琳最喜欢的地方之一。整个冬季,罗莎琳曾多次去那里宣传。阿鲁斯托克县举办一年一度的马铃薯节时，还邀请罗莎琳前去参加。在那里进行竞选活动期间，罗莎琳会利用空余时间缓解一下自己的疲劳。一天晚上，所有工作结束后，罗莎琳、埃德娜、州议员弗洛伊德·哈丁和他的妻子琼一起去参加天主教慈善会举行的一个舞会。舞会使罗莎琳感觉自己稍微放松了一下。

在马里兰州，罗莎琳和埃德娜的宣传也遇到了一些不愉快。一天，她们起了个大早，赶着去和上早班的工人见面。她们加快脚步朝第一家工厂走去，向上班的工人们散发宣传小册子。不料，第一个工人一拿到小册子连看都不看，就扔到地上，并语带嘲讽地对她们说："女士，请弄清楚情况，我们可是生产B—1轰炸机的工人。"这让她们脸上有点挂不住。原来前一天，卡特曾表示反对生产B—1轰炸机。

罗莎琳是在宣传的路上得知马萨诸塞州和佛蒙特州投票情况的。马萨诸塞州和佛蒙特州进行预选时，罗莎琳正在佛罗里达州进行竞选演讲。有关马萨诸塞州的预选情况，她都不敢去想。当天晚上，她还需要和全体候选人代表一起去电视台进行竞选。佛蒙特州的投票结果揭晓了，卡特获胜，这令罗莎琳感到振奋。但是"真正的较量是在马萨诸塞州"。因为马萨诸塞州有104名代表，而佛蒙特州只有12名。罗莎琳结束电视台竞选活动时，还不知道马萨诸塞州的预选结果。接下来，她和埃德娜乘飞机去另一个社区宣传。她们都很担心马萨诸塞州的预选结果，但是谁也不愿意把心中的忧虑说出来，就那么相对无言，默默地坐着。直到飞机着陆后，她们才得知结果。在马萨诸塞州，卡特输了。听到这个结果，罗莎琳的心情一下跌到了谷底，她想：卡特赢得候选人提名无望了。回到住处后，她立刻打电话给卡特，发现卡特的情绪也非常低沉。那天晚上，罗莎琳失眠了。

5月底，罗莎琳她们去了罗得岛和南达科他州进行竞选宣传，卡特和工作人员对在这两个地方赢得胜利没抱太大希望。但罗莎琳到了这里之后，认为他们的这种想法是不可取的。她发现如果他们在这两个州失利，将会给他们以后的竞选带来灾难性后果。她立刻打电话给卡特，将详细情况告知他，并请他务必来一趟。她对卡特说："我们在这里争取到了很多人的支持，但是他们都没见过你，只要你能来跟他们接触一两次，肯定会有更多的人支持你。"于是，卡特在离最后一次重要初选仅有一周的时候去了罗得岛和南达科他州。他与选民们热情地交谈，尽量使他们了解自己。虽然卡特后来在罗得岛的预选中失利了，可那是微不足道的，因为该地参加投票的人本来就不多，取胜的人是杰里·布朗。但是，卡特在南达科他州赢得了胜利，战胜了孤注一掷的尤德尔。南达科他州的重大胜利使支持者们激情盎然，心情振奋。

在出外宣传的过程中，罗莎琳对人们提出的问题，并不是都能说出个所以然。遇到实在回答不出来的问题，她就记下，回去后问卡特。"吉米·卡特对家庭主妇取代法案采取什么态度"是罗莎琳经常碰到的问题。卡特在这个问题上是站在妇女这边的，他赞成由参议员叶沃尼·伯克提交众议院的家庭主妇取代法案。卡特在他的竞选宣言中说："我将一直深切关怀那些决定留在家里、献身于家庭的妇女们。因为这些妇女是我们社会中最脆弱的成员，她们一般都没有一技之长，却要面临不断上升的离婚率和早年成寡的威胁，所以我们要关心她们，给她们帮助。"罗莎琳把卡特对这个问题的看法详细记录下来，当遇到有选民问时，就原样回答。

罗莎琳也遇到过几次令她颇为沮丧的事，而这几次的经历很相似，即采访者往往花很长时间问其他问题，只留很少的时间让她讲有关卡特的事。经历的次数多了，她便学会了借题发挥。譬如，有人会问她"吉米·卡特夫人，你喜欢下厨吗？"她的回答："喜欢，但是今年顾不上了，我正为卡特争取当选总统而忙碌。作为一个家庭主妇，我知道我们的国家需要他，因为他会为改善我们这些家庭主妇的生活而努力。"还有人问："卡特夫人，你是否宁愿去欧洲度假，也不愿像现在这样每天为竞选活动而操劳？"她说："那是当然，但是我现在所做的事要比去欧洲旅游更重要，而欧洲人应该也是这样认为的，因为他们同样需要吉米·卡特出任我们的总统，因为……"

罗莎琳她们不辞劳苦地奔波着。在衣阿华州，她们走访的社区居然多达105个。在整个竞选过程中，罗莎琳不但去了上述几个州，还去了缅因州、佛蒙特州、马萨诸塞州、宾夕法尼亚州等地。到竞选结束时，美国50个州，罗莎琳就去过42个。

6 宣传起作用了
JIMMY CARTER

在衣阿华和佛罗里达州，卡特胜了，很大程度上是罗莎琳和埃德娜的宣传工作做得好。对于竞选活动，埃德娜的经验也很丰富，她丈夫在竞选州参议员时，她就到处帮着宣传，而且她以前也帮助卡特竞选过州长。因此，罗莎琳和埃德娜都可以说是受过锻炼的竞选宣传者了。但以前的竞选活动都是在佐治亚州内进行的，从来没有超出佐治亚州，所以她们二人心里也不免有些忐忑不安，尤其是罗莎琳身为卡特的妻子就更加紧张了。

虽然佛罗里达离佐治亚并不是很远，但罗莎琳担心两州之间的民风民俗会有差异，也担心自己会回答不出选民提出的问题，因此她和埃德娜打算在佛罗里达先待上两个星期，等熟悉环境之后，再制定竞选工作计划。

罗莎琳和埃德娜到达佛罗里达后，先建立人际关系——这对以后的竞选活动非常有利，然后对时间进了合理安排。在佛罗里达的塔拉哈西，罗莎琳遇到了埃莉诺·凯彻姆。罗莎琳上初中时，埃莉诺在普兰斯教书。后来，罗莎琳嫁给了卡特，由于卡特是海军军官，她不得不跟着卡特四处奔走，因而她好多年都没有见过埃莉诺了。这次相逢，罗莎琳才知道，原来自己堂兄的妻子就是埃莉诺的妹妹。埃莉诺给了罗莎琳很大的帮助，给她讲了佛罗里达的一些民风民俗。在佛罗里达，罗莎琳和埃德娜不断联系以前的老朋友，并争取结识更多的新朋友。这些亲朋好友，为她们的竞选活动帮了不少忙。

一切准备就绪后，罗莎琳和埃德娜开始按照计划进行竞选活动。每到一个社区，她们都亲切地跟那里的人握手、交谈，向他们散发宣传小册子，并想办法拜访当地有影响力的人。每次出行，罗莎琳和埃德娜一定会随身带上1974年的《佛罗里达州民主党官员名册》，这份名册对她们很重要。每到一个地方，她们就照着名册上的人名去拜访这些人。她们找到了民主党人J·D.亨利先生。当时，亨利先生正在自家花园里给植物浇水。

JIMMY CARTER

第六章 向总统位置看齐

罗莎琳和埃德娜进去后，亨利先生很热情地接待了她们，并向她们介绍了自己种的各种植物。她们与亨利先生相处得非常愉快。离开时，亨利先生还给了她们一份全州民主党的名单。这份名单十分珍贵，它的上面还记载了过去40年这个州的竞选情况。

卡特在佐治亚州比较出名，可其他州的人或是新闻媒介对他还是比较陌生的。为了让佛罗里达州的人更多地了解卡特，罗莎琳和埃德娜主动去找新闻单位。见到媒体后，罗莎琳说："我是总统竞选人吉米·卡特的夫人罗莎琳，我想你们会很乐意采访我的。"但她的出现往往让记者们手足无措，因为他们根本不了解卡特的情况，所以也就不知道该问些什么问题。

鉴于这种情况，罗莎琳自己列了五六个问题，问题的重点都是让大家尽快了解卡特的情况。这样一来，以后再碰到类似的情况，罗莎琳就知道该怎样与记者对话了。在后来的活动中，这个方法被证明是有效的。因为在90%的情况下，记者都用了罗莎琳所列的那几个问题。就这样，卡特的名字渐渐被大家所熟悉。

竞选活动中，做得比较多的事就是回答选民的提问。由于历届总统大都是北方人，而这次参加竞选总统的竟然是一个南方人，这引起了人们的广泛关注。佛罗里达州的人起初看到罗莎琳，非常惊讶，提问的人也比较多。但他们提出的问题却并没有罗莎琳想象中的那么难，他们只是问罗莎琳是哪里人、吉米·卡特是谁、他有怎样的经历等等。罗莎琳的目的是让更多的人认识卡特，并支持他，所以对人们的提问是有问必答。

罗莎琳总结出了人们最关心的几个问题以及回答的方式：首先是"吉米·卡特是谁？"的问题，罗莎琳地回答是："三个月前他是佐治亚州的州长，现在正在竞选美国总统。"二是关于卡特的背景情况。对此，罗莎琳对选民们做了详细的说明：他是一个身份多样的人——农场主、商人、财政上的保守者、节俭的人……并补充说，卡特身上有许多优良的品质，深知活着的意义。他勤俭节约、精打细算，在他当州长时，能够平衡各项预算；他反对政府机构铺张浪费，他诚实、朴实和坦率等等。

为了增加卡特的知名度、提高选票，罗莎琳还到处宣传说卡特曾经做过社区领导人，在医院领导机构、图书馆、学校管理委员会以及商会中都任过职。不仅如此，甚至连卡特在华盛顿是个外来人也成为她宣传的筹码。她对各方媒体说，正是因为卡特不是本地人——即非华盛顿人，才不会戴上有色眼镜，能够"用新的眼光和开放的思想去看待政府"。为了拉到底层人的选票，罗莎琳说卡特寻求的支持者是普通大众，他不会向富有、强大的华盛顿利益集团卑躬屈膝，更不会为他们服务。

在佛罗里达州，罗莎琳和埃德娜连续宣传了两个星期，跑遍了整个潘汉德，并深入到西海岸。当她们驱车回家时，宣传起到了预想的效果，整个报界都传开了她们的宣传内容，吉米·卡特的名字也刊登在报纸的头版位置。居然有人好奇地问罗莎琳："今天早上，我从广播里听到了你的名字；在报纸上的头版头条看到了你丈夫的名字。你丈夫真的要竞选总统吗？"这些人都表示要在竞选中助卡特一臂之力。

在整个竞选过程中，埃德娜的作用非常明显。她把罗莎琳每天去了哪儿、干了些什么都会做出简要的总结。当罗莎琳到县政府机构、市政厅或参加某种群众集会时，埃德娜都会把会见的人名以及当时的情形记在笔记本上。晚上的时候，她就和罗莎琳凑在一起把笔记仔细研读一番，总结经验，再添上各自的意见。

从佛罗里达竞选回来后，罗莎琳和埃德娜对此次出行做了总结，并获得了以下宝贵的经验：第一，县政府机构的消息最灵通。从里面的各级工作人员那里，可以得到她们想要的情报。比如，哪些人在当地极具影响力，哪些人是最出色的政治活动家。了解情况后，她们就立刻去拜访这些人。在县政府机构，还可以听到有关政治方面的各种小道消息；第二，在与新闻界联系时必须主动出击，亲自上门和他们打交道，尽力争取与报纸的头版挂钩。而绝不能打电话进行联系，那样的话，报社的接待员就会把你引荐给某些无关紧要的编辑人员；第三，出外宣传时，最好住在选民家里，这是罗莎琳在帮卡特竞选州长时就已经得出的经验。因为卡特的活动经费本来就不充足，随着他们全家以及工作人员进行竞选活动的展开，不要说支付旅馆的房费，就连宣传品、电视广告和在每个州设立的竞选办公室费用的支付都要计算着用。如果住在群众或朋友家里，不仅可以节省费用，更重要的是，这样做既有助于她们了解群众以及群众关心的问题，又

JIMMY CARTER

可以使群众有当家做主人的感觉；第四，要有闯入人们聚会地方的勇气和胆量。起初，这让罗莎琳感到很为难，因为她生性比较腼腆，可她很快就克服了这种心理障碍。一次，她和埃德娜去一个汽车旅馆吃午饭，看到停车场里有一辆车上挂着新闻标志的牌子。她问老板："发生什么事了吗？怎么会有新闻记者在这儿？"老板告诉她们，"扶轮社"正在那儿召开每周例会。她们听后马上去了开会地点，鼓足勇气，推开会场的门，探视里面。有一个人发现了她们，便示意她们进去。她们进去后，埃德娜马上对里面的人说，她的丈夫也是"扶轮社"的成员。而罗莎琳则向他们解释，说她丈夫吉米·卡特正在竞选总统，她们是来做宣传的，并把卡特的情况做了简单介绍。之后，罗莎琳为她们的贸然闯入向众人道歉。由于发生了这样的事，她们那天的行程告吹了。但她们也并不是无功而返，因为"扶轮社"的人已经知道吉米·卡特何许人了，并且还对他进行了热烈的探讨。所以罗莎琳认为这也是宣传卡特的一种方式。还有一次，她们在去潘汉德的路上，看到路边围了一大群人，感到好奇，就下车打听发生了什么事。原来，这里正在举行一周一次的"牛市"。"牛市"就是买卖牛的市场。牛市的主要经办人是巴迪·尼尔，他不但是佛罗里达州牧牛人协会的会长，而且还是一个机敏而又很有影响力的政客。关于巴迪·尼尔的情况，罗莎琳和埃德娜早已打听过了，只是无缘一会。罗莎琳觉得这次是一个不可多得的好机会，而且在场的都是农场主，与卡特农场主的背景极为相似，对宣传卡特颇为有利。她让埃德娜先与在场的人交谈，她自己则去见尼尔先生，向他说明来意。尼尔先生很乐意帮她，他让拍卖活动暂时停一下，示意众人听罗莎琳讲话。全场寂静无声，罗莎琳借此向人们介绍了吉米·卡特。现在有更多的人知道吉米·卡特了。

有了以上这些经验和教训，罗莎琳她们觉得下次到其他州宣传，把握就更大了。罗莎琳和埃德娜在家休息一周后又出发了。这次旅行的路线很长，要到依阿华州和新罕布什尔州，之后再返回衣阿华州。这次出行收效也非常好，这对罗莎琳和埃德娜也是一种安慰。

竞选实在是一件很累人的事。在此期间，由于总是忙于竞选工作，罗莎琳很难吃到一顿踏实的饱饭。因此，竞选的头几个月竟成了令她怀念的时光。那时，她经常出去走访选民，同他们进行交谈，了解他们的想法。每到一处，人们都会在家里用咖啡或茶招待她，并为她准备不错的午餐和晚餐。

在衣阿华州宣传时，罗莎琳在一户农家与几个当地人边喝咖啡边聊天，她从谈话中了解到很多有关农业的情况和农民关心的问题，听到了农民对华盛顿当局的种种不满。她将这些情况记下来，再转交给卡特，以便卡特在演讲时知道怎样做才能更贴近民意。在竞选期间，大多数民众会问及有关医疗健康、教育、监狱的改造、政府机构的整顿等方面的问题，罗莎琳回答起这些问题来是游刃有余，因为这些问题她在当州长夫人时就已经涉及了。随着人们提出问题的范围越来越宽泛，她对其他方面的问题也逐渐熟悉了。

罗莎琳和卡特都很关心农民问题。在衣阿华州的一个星期，罗莎琳了解到有关化肥价格的问题。发现从她在普兰斯货栈负责记账到去依阿华州进行竞选的这段时间里，化肥的价格几乎涨了一倍。她还了解到，福特和尼克松对苏联实行粮食禁运的做法，在农场主们看来，实际上是联邦政府控制粮食价格的一种手段。她预料到这将会是这次竞选活动中的一个重要问题，便把此事通报给卡特。因此，卡特在向选民演讲时便在这件事上大做文章，赢得了很多选民的支持。他向选民保证他决不会效仿当时的联邦政府，为了对经济施加影响而实行禁止粮食出口的政策。

罗莎琳还很关心弱势群体的生活现状。她去疗养院、养老院等老年人生活的地方，了解老人们的生活现状。她还走访了精神病治疗中心，与那里的工作人员交谈，了解了让病人恢复正常生活的各种计划。

在依阿华州，罗莎琳和埃德娜遇见了一个合作者——蒂姆·克拉夫特。他不但帮助她们宣传，同时还兼任她们的司机。整整一个星期，他们驱车穿行于依阿华州，发疯似的进行竞选活动，连喘息的时间几乎都没有。不过，在竞选途中，有时也会发生让人感到好笑的事。罗莎琳和埃德娜曾告诉蒂姆："要找广播电台，哪儿有天线，哪儿就是。"一次，罗莎琳和埃德娜要去广播电台，蒂姆便驾车向一个有天线的地方进发。他把车开离高速公路，拐到一条陡峭的小路上。这条路很短，在路的尽头是铁道线。蒂姆把车停下来，而车的前半部已经上了轨道。他们下车后，看了看

JIMMY CARTER

周围的情况,发现在带刺的铁丝网那边,穿过一片草地,的确有一架天线,只不过是孤零零的一架而已,并没有什么广播电台。看到这种情形,他们忍不住放声大笑,笑得眼泪都下来了。由于长期紧张的竞选活动,他们很久都没有放松过了,碰到这样一件趣事,借此放松之后,又踏上了竞选的征程。

7 全家总动员
JIMMY CARTER

罗莎琳为卡特竞选总统到处宣传的同时,还需要为竞选资金四处奔波。对卡特来说,竞选资金依然是竞选中不好解决却又不能不解决的问题。卡特刚参加总统提名竞选时,由于他的名字在全国鲜为人知,所以筹钱总是很困难。为了解决经费问题,罗莎琳不得不从繁忙的竞选活动中抽出身投入到筹钱的工作中。起初,这项工作的进展并不顺利,她打电话募捐时,对方的反应总是"吉米·卡特!他是谁?竞选什么总统?"这种情况有时让罗莎琳感到无奈,但却又不得不振作精神,继续奋战。而1974年出台的新联邦竞选法,对卡特的竞选活动很有利。

新的联邦竞选法中规定:任何人都不能向总统候选人捐助1 000美元以上的钱款,任何公司也都不得为其慷慨解囊;如果总统候选人能在20个州里分别筹集到5 000美元,就有资格从联邦竞选基金中得到相同数额的资金。这些条款对卡特非常有利。卡特家并不富裕,也没有什么达官显贵的朋友,他根本不可能从大公司和私人基金会中得到非常大的帮助。而这个新竞选法的出现,让卡特和其他有雄厚资金支援的候选人站在了同一起跑线上。如果卡特能够筹到竞选法中规定的钱数,那么,他以后竞选所需的资金就有着落了。

罗莎琳在亚特兰大总部待了好几个星期,为筹集资金的事绞尽脑汁。从早到晚,她一直在打电话,联系捐助者,为了说服对方出资支持卡特,经常一个电话得打好几个小时,有的人虽然答应了,却是空头支票,有的人还会对此产生误解。一天，罗莎琳联系到得克萨斯州达拉斯市一个名叫罗杰·霍乔的富商。这个人的老家在佐治亚州，与罗莎琳是老乡。虽然罗莎琳跟他不熟，但在亚特兰大，有几个朋友却是他们都认识的。因此，罗莎琳觉得有了这层关系，罗杰·霍乔可能愿意捐钱资助卡特。于是，罗莎琳给罗杰·霍乔打电话，希望他支持卡特的竞选活动，并详细告诉他有关捐款的事，说每人的捐款限额是2～50美元。罗杰了解情况后，爽快地答应了。罗莎琳非常高兴，可当她收到罗杰的捐款时，却十分沮丧，罗杰总共捐了2.50美元。类似的事情还有很多，罗莎琳和卡特及在总部的工作人员对这类事情感到无奈，不过，也并不是全无收获。因为在误解消除后，那些人又给他们捐了钱，罗杰后来又给他们寄来了250美元。到1975年8月，筹集到的钱终于达到新竞选法的规定了，卡特获得了领取联邦政府竞选基金的资格。

罗莎琳为竞选而忙碌的同时，家里的其他人也在为竞选活动而努力。卡特派二儿子契普去得克萨斯州筹钱，临行前，卡特对他说："如果筹集不到钱，你就不用回来了。"契普为帮父亲做好这件事，他先向有可能捐款的人打电话，然后亲自登门拜访。这种方法非常管用，他很快就完成了卡特布置给他的任务。卡特知道他做得很好，又派他去其他州参加竞选活动。

1975年夏末，契普和妻子卡伦及22位年轻的竞选工作人员一起去了新罕布什尔州康科德县。在那儿，他们租了一座房子，并把这里设为新罕布什尔州的竞选总部，然后分别前往该州的其他地方进行竞选宣传。他们不分昼夜地工作，把能去的地方都去了，能找的人也都找了。在新罕布什尔州，他们整整待了大半年。此后，他们还去了佛罗里达、缅因、马萨诸塞和衣阿华等州进行竞选活动。

卡特的小儿子杰弗和妻子安妮特也投入到了筹集竞选资金的活动中来。在竞选过程中，他们夫妻二人始终结伴而行。最初几个月，他们主要负责亚特兰大竞选总部接打电话的工作，整理选民登记表和帮着筹集竞选资金。之后他们转战新罕布什尔州曼彻斯特市。在新罕布什尔州举行预选前，他们在那里工作了7个多星期。虽然在那里待的时间不是很长，但他们的工作成绩却有声有色。在新罕布什尔州，他们去过13个城镇进行竞选活动。而且他们的宣传工作做得卓有成效，不但上了当地报纸的头版头条，电台也在不断地播出他们的讲话。新罕布什尔州预选后的第二天，他们立刻离开那里，马不停蹄地去下一站——佛罗里达州，又去伊利诺斯、印第安纳、宾夕法尼亚等进行活动，一直到民主党提名大会召开，才有了休息时间。

1975年6月，卡特的长子杰克从法律学院毕业。他也立刻正式加入到为卡特竞选的队伍中来。在此之前，他一直利用学习之余帮卡特竞选。他在亚特兰大总部帮忙，给选民打电话、筹集竞选资金，还去了南卡罗来纳州为卡特宣传。杰克毕业后，他就和妻子朱迪立刻分头到各地进行竞选。那时，朱迪已经有8个月的身孕了。8月份，朱迪生下了贾森，贾森是卡特和罗莎琳的第一个孙子。生完孩子，没有多久，杰克和朱迪就搬到佛罗里达州的庞帕诺，并以那里为中心点，去州内各地进行竞选活动。由于还要照顾孩子，所以他们不能一起出去，两人就轮流出动。几星期之后，罗莎琳的母亲阿莉去那里照看孩子，他们才得以一起去工作。1976年元月，民主党选举候选人会议即将召开，在会议召开的前一个星期，杰克和朱迪没有丝毫的懈怠，他们抓紧时间去依阿华州进行竞选。距新罕布什尔州的预选只有一个星期时，他们又毫不松懈地奔赴那里宣传，此后，又不知疲倦地四处奔波。他们的足迹遍布纽约州北部、宾夕法尼亚州、俄亥俄州、加利福尼亚州、华盛顿州和俄勒冈州等地。

由于这次竞选是全国性的，因而，卡特他们的日程被安排得满满的，没有时间照顾小女儿艾米，卡特的母亲莉莲主动承担起照顾小孙女的任务。卡特的弟弟比利、弟媳西比尔再次担任起照管普兰斯货栈的职责。

一家人为竞选东奔西跑，非常疲惫，但他们心里是幸福的。因为他们有一个共同的目标，帮助卡特竞选成功。而且每个人都认为：只要大家齐心协力，就没有办不到的事情。

卡特一家外出活动时，一直保持着互相联系，而且约定每个周末给卡特打一次电话，向他汇报他们的工作，以便卡特及时了解当前的真实情况，采取相应的措施。除了汇报工作，解决遇到的问题外，他们之间也互相鼓励，"互相鼓励"成了他们竞选路上最大的精神支柱。

最让罗莎琳和卡特等人欣慰和兴奋的是,在竞选的紧急关头,他们得到了"花生大队"的帮助。这是谁也没有预料和估计到的事——包括卡特的竞争对手和政治预言家们。"花生大队"的介入,对卡特的成败有着至关重要的作用。

"花生大队"是卡特第二次竞选州长时产生的一个组织,成员主要是一些佐治亚同乡。这次,他们由汉密尔顿·乔丹组织起来,再次出动帮助卡特。他们自己掏钱去各地进行竞选活动。在地方竞选总部,他们按照选民名单上的名字,一一打电话鼓动选民投卡特的票;协助当地卡特的竞选工作人员进行宣传工作;同选民广泛接触,向选民介绍卡特的有关情况;在商场里散发宣传小册子;向民主党人发表演讲。每到一处,他们都会努力争取上头条新闻,并频繁地在地方广播和电视节目中露面。"花生大队"成员的身影时常活跃在新罕布什尔、佛罗里达、威斯康星、堪萨斯、宾夕法尼亚和俄亥俄等州。

1976年元月,离新罕布什尔州举行预选的时间不远了。"花生大队"中近100名佐治亚人自费包了一架飞机赶往该州。到了新罕布什尔后,这些人立刻展开宣传活动:他们分成若干小组,按照计划行事,挨家挨户地散发宣传文件,告诉人们他们与卡特相识的经过,并向人们保证卡特是个很有才干的人,选他做总统绝对没错。他们还人手一份新罕布什尔州民主党人名单,只在该州一个星期,就与名单上所列的两万名民主党人中的一半人进行了直接交谈。如果某些人正好外出不在家,他们就在这些人的门上或信箱里留下便条。回到佐治亚州后,马上给在新罕布什尔州遇到的每一个有可能支持卡特的选举人写亲笔信。"花生大队"的加入,对新罕布什尔州的初选产生了巨大影响,它扭转了竞选运动的势头。

8 再接再厉
JIMMY CARTER

1976年2到4月,在新罕布什尔州、佛罗里达州、伊利诺斯州、北卡

JIMMY CARTER

罗来纳州等地,卡特都胜了,但并未稳操胜券。因为后面的选举仍然非常关键。

卡特在进行竞选活动时,几乎亲自参加了每一个州的竞选。而亨利·杰克逊的活动方式却与他截然不同,杰克逊把力量主要集中在了几个大州上,纽约州便是其中之一。这年4月的第一个星期举行了两次预选。一次就是纽约州的预选,另一次是威斯康星州的预选。纽约州的主要对手就是杰克逊;威斯康星州的主要竞争对手是尤德尔。

杰克逊是温和派和保守派看中的人,尤德尔则是自由派的宠儿,而卡特必须在这三个集团中争取支持的力量。

卡特这次的努力失败了,因为在纽约州,杰克逊的名字说得上是人尽皆知,其竞选结果是可想而知的。而犹太人的选票在竞选活动中具有决定意义,他们把选票几乎全投给了杰克逊一人。

卡特在纽约州失利了,那么在紧随其后的威斯康星州的预选,就必须取胜。否则,竞争力将会被大大削弱。在这个州的竞选中,最引人注目的是尤德尔,因为他不但被大多数电视台当成胜利者来宣传,而且他极为自信地对外宣称自己将是这次预选的胜利者。开始公布结果的那天晚上,卡特一方都非常紧张,罗莎琳更是极为不安。每次,罗莎琳只要感到心神不宁,极度焦虑时,就总是希望自己能尽快睡着,而且最好是一觉不醒。可是躺在旅馆的床上却怎么也睡不着,她在床上辗转反侧,左思右想,焦虑不安。她认为他们应该赢得这场预选,而且把希望全寄托在了这场预选上。

农村地区的选举结果陆续出来时,卡特给罗莎琳打了个电话,告诉罗莎琳,结果对他们是有利的。罗莎琳听到这个消息后,马上从床上蹦了起来,但又努力压制自己的这种乐观情绪,生怕这只是"昙花一现"。卡特安慰她说:"别灰心,去把这个消息告诉大家吧!"

罗莎琳不想让别人看到自己不自信的一面,于是把自己调整得神采奕奕后,下楼去向大家宣布这个好消息。可由于选举形势不佳,已经没有几个人待在竞选总部了。可是,出现转机的消息其他人很快也知道了,不到5分钟,大家又聚集到了这里。罗莎琳尽量使自己的语气趋于平静,她深吸了一口气，向欢呼雀跃的人们说"选举并没有完全结束"。他们打开电视，等待预选结果的揭晓。午夜过后，卡特出现在电视中，他使劲挥舞着一张报纸，上面用醒目的大字写着"尤德尔只是赢得了'宣布尤德尔没有取胜'的资格"。卡特在威斯康星州的预选中赢得了胜利。按照往年的例子，尤德尔在威斯康星州预选失利后，就已经不再具有竞选总统候选人的实力了，但他还要坚持干下去。不过，收效不是很大。

前面提到，在得克萨斯的预选中，卡特曾经得罪过的曼德尔，他发起了一场对卡特非常不利的"制止卡特"运动。这个运动进入高潮阶段时，爱达荷州参议员弗兰克·丘奇和加利福尼亚州州长杰里·布朗进入了马里兰州的预选。他们两人也加入了曼德尔发起的"制止卡特"的运动，加入这场运动的人除了他们两个及其支持者外，还有那些反对卡特获胜或受卡特胜利威胁的人。他们齐心协力来对付卡特，差一点就取得了成功。长期以来，虽然卡特在竞选中基本处于领先地位，但这种势头是很难继续下去的，因为很多人对竞选已经开始厌烦了。卡特的领先地位使他不可避免地成了众矢之的，所有的候选人，都把他视为眼中钉，欲除之而后快。他们时而指责卡特太开放，时而又批评卡特过于保守。尤德尔为了刺激和伤害卡特，居然说卡特是个"软弱无力"的人。种种非难与指责令卡特左右为难，却又不得不承受这些责难带来的巨大压力和痛苦。

下面我们再来介绍一下爱达荷州参议员弗兰克·丘奇和加利福尼亚州州长杰里·布朗。丘奇在内布拉斯加战胜了卡特，布朗则在马里兰击败了卡特。因为丘奇的威胁本身对卡特就不是很大，在内布拉斯加卡特获胜也是正常的；而布朗在马里兰的获胜就值得分析了：布朗当时不仅获得了白人、黑人、富人、穷人、保守派和自由派的支持，还获得该州州政府机构的有力支持。因此赢得了一次彻底的胜利。例如，在巴尔的摩，州长马文·曼德尔就曾鼓动黑人领袖支持布朗。不过，虽然布朗在马里兰大获全胜，但在其他州里，却没有多少支持者。

如果说此前的竞选是演习的话，那么真正的斗争将于4月底展开。4月27日，宾夕法尼亚州的预选活动开始了。

此前，卡特在所有的预选中，已经取得了几次胜利，人们对他评价越

JIMMY CARTER

来越高,支持者也越来越多。卡特在威斯康星州的获胜,对他在宾夕法尼亚州的选举产生了很大的影响。卡特这时候的势头基本上可以和一直尚未进入过一次预选的前副总统休伯特·汉弗莱平分秋色了。

虽然民主党的宠儿汉弗莱没有公开宣布他要参加竞选总统的活动,可他的行动却说明了他要竞选总统。在宾夕法尼亚州预选之前,汉弗莱就打着拯救和重建民主党组织的旗号为自己作宣传,因此赢得了很多普通民主党人的支持。汉弗莱在自由派、黑人和劳工方面也很受欢迎。这些支持者希望民主党大会陷入僵局,借此让汉弗莱获得提名。甚至还有人推测,汉弗莱和卡特"会不会同时获得提名"?此时,汉弗莱成了卡特在民主党内遇到的最强硬的对手了。

宾夕法尼亚州的预选,将是卡特和汉弗莱一决高下的一场战斗。因此,卡特在宾夕法尼亚面对的阻力不小,最大的障碍是"制止卡特"的联合战线,现在工会、州及地方政治头目也参加进来了。虽然这个联合战线一直支持杰克逊,却并非真心实意。他们真正的目的是要捧出汉弗莱。卡特要想打败汉弗莱,就得先击败杰克逊。

卡特十分清楚宾夕法尼亚胜利的重要性,而且他也知道自己目前的实际情况。因此,在预选的前几个星期,他竭尽全力在这个州加大宣传力度,以求获胜。卡特分析民情、顺应民意,攻击那些不受民众欢迎的政治头目,特别是费拉德尔菲亚的市长弗兰克·里佐。卡特利用电视和广播展开如火如荼的广告攻势,这使他略占上风。突然,最高法院判决宣告联邦竞选基金法有一部分违反了宪法,这个判决导致总统候选人获得资助的基金中断。面对这种情况,时任总统福特迟迟没有提出新的立法方案,大部分候选人因此受到了损害。卡特却没有受到多大影响,因为他的政治组织为他制定了筹措必要资金的详细计划。按照这个计划,卡特的竞选班子在佐治亚努力募集所需基金,使他的广告宣传活动得以顺利进行。

卡特在宾夕法尼亚的努力是相当成功的,宾夕法尼亚州共有67个县,而卡特在其中的66个县里获得了胜利。这次的胜利又一次显示出卡特的选民基础是十分广泛的,其中包括白领阶层和蓝领阶层,青年人和老年人,新教徒和罗马天主教徒。竞选的最后结果是:卡特获36%的选票,杰克逊获 26% 的选票，尤德尔获 19% 的选票，华莱士获 11% 的选票。

卡特在宾夕法尼亚获胜有这么几个原因：一、杰克逊虽然同犹太人关系不错，但在这个州，他们所代表的选票只占总票数的很小一部分。二、早先的一些预选中，卡特战胜华莱士也带给他不少好处。1972 年，亚拉巴马州州长华莱士名列第二，占有 21% 的选票，但在 1976 年，却退居第四，因为有三分之一支持华莱士的人转而支持卡特了。三、卡特在担任州长期间为黑人做了很多事情，因此在他竞选时，一些著名黑人领袖都来帮他竞选，所以，尽管工会领袖们支持杰克逊，但工会会员中的黑人和白人有一半以上投了卡特的票。在这里，卡特赢得了 40% 的黑人选票。

这次的胜利对卡特来说，具有重大意义。因为杰克逊在这次预选中失利后，已经不具备竞选总统候选人提名的实力了。

卡特又打败了一个强劲的竞争对手，这让支持他的人非常激动，信心倍增。当天晚上，卡特及其支持者在宾夕法尼亚州首府费城的一个旅馆了举行了庆祝会，记者云集，高朋满座，大家互相祝贺。

宾夕法尼亚预选过后，杰克逊宣布退出竞选。两天之后，汉弗莱也两眼含泪，宣布他不打算参加竞选了。只有尤德尔仍在坚持着，但他还得再赢一次预选，才可能与卡特势均力敌。

接着是在得克萨斯州的胜利。卡特这次击败了候选人洛伊德·本森。紧接着，在佐治亚州，卡特以高达 83% 的选票获胜。当卡特在竞选中节节胜利时，南方各地也纷纷开始支持他。

在密执安，虽然卡特有联合汽车工人工会和底特律市黑人市长科尔曼·扬的支持，但他的选票并没有预期的那样多。在联合汽车工人工会中，南部白人和黑人占有很大比例。由于卡特在这个工会中的工作做得非常好，所以这些人即使得不到工会领袖伦纳德·伍德科克的赞同，他们也会照样支持卡特的。尤德尔则在其他工会中占优势。卡特一直在黑人中很受欢迎，在这个州也不例外，卡特获得了三分之二的黑人选票。在新教徒教友中，卡特也取得了很大成功。不过，尤德尔仍是他的一个强劲的竞争对手。最后，卡特只以比尤德尔多 2% 的票数险胜。

内布拉斯加、马里兰和密执安的预选表明"制止卡特"的运动并未完

JIMMY CARTER

全结束。在接着的预选中,卡特将在不同的州跟布朗、丘奇和尤德尔展开一对一的决斗。这种方式,如果放在早期,还有可能制止住卡特。但在此时,卡特的实力已经不容小觑,他在各候选人中已处于领先地位了。但如果卡特在最后真的被打败,那么自由派那些支持汉弗莱的人会再次捧出汉弗莱。

5月份,卡特在俄勒冈、爱达荷和内华达三州失利,但在田纳西州、肯塔基州和阿肯色州却取得了决定性的胜利。

俄亥俄州,卡特在该州取得了重大胜利。在俄亥俄的黑人选民中,卡特依然很顺利。卡特还想办法使在其他预选中曾经支持过尤德尔的人转而支持他。这次预选,卡特的新支持者增加了不少,其中包括曾在1972年的俄亥俄州支持乔治·麦戈文的一半人,以及在1972年跨党投票选举尼克松的民主党人的半数。卡特这次取胜的因素主要归结于他良好的个人品性,以及对手的号召力不行。

俄亥俄州的胜利,让卡特的支持者猛增。至此,他们的代表总额已达1 260名,而获得民主党全国代表大会提名所需的代表总额是1 505名。他们离最后的胜利已经不远了。当天晚上,卡特等人在亚特兰大的饭店举行了庆祝活动,其间,昔日的竞争对手乔治·华莱士、梅厄·戴利、亨利·杰克逊等人相继来电向卡特表示祝贺,并保证自己的代表将投票支持他。这使庆祝会上的气氛更加热烈,而且让卡特攀上了选举者的顶峰。

在这之前,罗莎琳心里仍是七上八下,惴惴不安。当宣布到俄亥俄州时,罗莎琳真是捏了一把冷汗,因为这个州在整个竞选活动中,对他们来说,一直居于举足轻重的位置。最后卡特所获得的代表总额达到了所需要的1 505名。听到结果,罗莎琳急切地想要回饭店去。她希望和卡特他们一起分享这个甜美的果实。但她还要接受电视台的采访,当电视台的播音员来到她的座位前,问她对卡特有什么话要说时,她平复了一下自己激动的心情,把脑子唯一的一句话说了出来:"告诉他,我们胜利了!"

在整个竞选运动中,卡特有一点做得非常好,他没有过分地攻击其他候选人。这样一来,那些先输了的候选人都回过头来支持卡特了。在伊利诺斯预选中,卡特没有争夺戴利市长在柯克县的选民代表,他还一直同这位市长保持电话联系。他也曾多次打电话给其他候选人，如汉弗莱、尤德尔、杰克逊和华莱士等，以确定在竞选中没有与他们产生隔膜。由于卡特与各候选人的关系处理得比较好，因此，在1976年民主党全国代表大会的前一个月，卡特已非常确信他能得到民主党内的提名了。而事实也正如卡特想的那样，胜局已定。

9 冲刺前
JIMMY CARTER

到此为止，民主党内竞选总统活动的初选总算告一段落，卡特一家终于可以休息一下了。他们全家一起去佐治亚州的海岛游玩了一次。卡特在有了总统候选人提名的机会后，就有资格为自己选一个人来担任副总统之职，以协助他在大选中获胜。这时，他们一家的话题就是围绕这个问题进行的。未来的副总统候选人将会是谁，卡特家里的每个成员都各有所爱。一天，他们全家齐聚桌旁玩游戏时，有人提议大家一起投票，看谁能获得副总统的提名。结果弗兰克·丘奇获胜了。艾米感到十分失望，因为她选择的是约翰·格伦。

回到普兰斯后，卡特会见了很多有可能成为副总统候选人的人士。他把未来副总统候选人的资料逐一带到自己的书房，进一步研究。

在民主党大会未召开之前，没有人知道卡特会选择谁，就连罗莎琳也不知道。罗莎琳一直以为他还没有拿定主意。直到民主大会召开的前一天晚上，卡特才打电话告诉罗莎琳，说他要任命沃尔特·弗里茨·蒙代尔为副总统候选人。

7月中旬，在纽约召开的民主党全国代表大会把竞选运动推向了高潮。所有的民主党人都支持卡特，因为他们认为在所有的总统候选人中，只有卡特有获得提名的实力。大会期间，他们为卡特举行了酒会、晚会和各种会议。罗莎琳也参加了，还向各州的代表团发表了讲话。卡特和罗莎琳自己也举行了一些招待会。一天晚上，他们邀请5 000名选民代表参加在哈

JIMMY CARTER

得孙河88号码头举行的晚会。他们和每个来宾握手,并不时与他们交流。当时,人潮涌动,气氛热烈。电视摄像机强烈的灯光一直对着卡特和罗莎琳,罗莎琳热得直冒汗,加上她忙于和客人打招呼,顾不上喝水,以致口干舌燥。在最后的一个小时里,她竟然发不出声来,只能面带微笑地朝客人们点头致意。

自从卡特成了总统候选人后,他们家的生活全变了。一家人住进了美国饭店,而且保安人员比以前增加了不少,保卫工作也更加严密了,有时,连埃德娜·兰福德和马德琳·麦克贝恩也不能进去看他们。虽然他们可以随意出外活动,但周围总有保安人员随行。很快他们一家认识到:待在屋子里,哪里都不去最好。一次,罗莎琳带着艾米去逛公园,没想到马上就有大批的新闻记者和群众围了上来,不停地给她们拍照。见到这种阵势,她们只好赶紧返回饭店。还有一次,杰克和朱迪带着贾森去逛动物园,人们一看到他们,立刻跟了上去,把他们围得水泄不通,杰克不得不把一周岁的贾森放在圈鸭子的栏杆里面,免得被人们挤着。当时,他们都有这么一种感觉:自己就像是动物园中被观看的动物。

鉴于这么麻烦,卡特一家人尽量不出门,即便是买衣服和日常用品,也让百货公司把东西送到饭店来,再由他们挑选。一次,罗莎琳需要买衣服,于是,她的新闻秘书玛丽·霍伊特就安排一家百货公司送来几大箱衣服让她挑。衣服送到之后,她的卧室立刻热闹起来了。玛丽、马德琳·麦克贝恩,还有卡特的妹妹露丝,全都在她的卧室里挑衣服。衣物放得到处都是,艾米和贾森在屋子里跑来跑去,电话铃一直响个不停,整个屋子真是热闹极了。罗莎琳挑了几件自己喜欢的衣物,又帮卡特挑了一套衣服。那套衣服很适合卡特在发表接受提名演说时穿。其他人也找到了适合自己的衣服。

提名当晚,卡特的家人、休伯特·汉弗莱、民主党全国委员会主席罗伯特·斯特劳斯和他的妻子海伦一起去了麦迪逊广场花园大厅参加提名会议。根据惯例,在提名大会结束前,被提名者是不能来参加会议的,所以卡特待在饭店的房间里,陪着他的是贾森、艾米、莉莲。在麦迪逊广场花园大厅,汉弗莱、斯特劳斯、海伦和罗莎琳及卡特家的其他人坐在楼上的包厢里，楼下坐的有很多是罗莎琳和卡特的朋友。这些人一看到罗莎琳，就使劲地向她挥手欢呼，还不断有人去包厢向她道贺。

大会宣布，吉米·卡特获得1976年民主党内总统提名资格。

10 "小州长"击败"大总统"
JIMMY CARTER

卡特赢得民主党内的总统提名后，距大选的日子只剩3个月了。他和罗莎琳又开始投入了紧张的竞选活动中。在大选中，卡特所面临的对手是时任美国总统、共和党提名候选人杰拉尔德·福特。福特是这样当上总统的：当时，前美国副总统安格纽因涉嫌逃税和贪污辞职，福特接任其职。后来，尼克松总统因水门事件被迫辞职，福特又幸运地继任总统之位。福特总是给人一种亲切温和的印象，因而人们都很喜欢他。可是，由于福特对尼克松在总统任内的所有罪行全都不予追究，引起了人们对他的强烈不满。

卡特为了确定自己的领先地位，便紧紧抓住福特对水门事件的态度大做文章。他一再批评福特特赦尼克松的做法是不对的，同时强调如果他当选总统，他的政府将是完全公开、公正的政府。福特也不甘示弱，反击卡特政策模糊，缺乏明确的立场，说他"不够果断、偏离主题、摇摆不定、态度暧昧"。虽然卡特明确表示他当选后，将会对失业、通货膨胀、抵制越战征兵者给予赦免、奉行人权外交等问题制定出妥当的计划，但福特对他的指责还是起了作用。在起初的民意测验中，卡特的票数减少了很多。对此，罗莎琳十分担心。大家都劝她放心，说这种情况是可以理解的，福特是人们熟知的人物，卡特与他相比，是个新人，不容易被人抓把柄，因此不用过分担心。但罗莎琳仍然惶惶不安。

罗莎琳不愿意看着事态这么发展下去，决定采取和以前不同的竞选方法。这次，她不再带埃德娜一起出行，而是和她的新闻秘书玛丽·霍伊特及秘书马德琳·麦克贝恩一起出去竞选。由于时间紧迫，她们自己包了一

JIMMY CARTER

架飞机用于旅行。为了追上福特的选票，罗莎琳等人必须全力以赴。有时，她们一天要到三四个，甚至五六个州进行竞选。宣传时，她们见到了各式各样的面孔，碰上了形形色色的问题，遭遇了五花八门的观点……有时，这些问题把她们弄得晕头转向。例如，记者们会问："你们认为大多数人心里在想些什么？你为什么会单独竞选？"罗莎琳回答："大多数人对政府不信任。因为人们已经不再相信华盛顿当局发表的言论了。之所以单独竞选，是因为如果我和卡特一起，那我的能力就得不到充分发挥。因此，单独竞选既可以更好地利用我的时间，又可以施展我的才华。"

尽管罗莎琳对竞选已经习以为常了，但有时仍会感到厌烦。一次，她与那些手举"我们要工作，不要空话"标语牌的人发生了一点儿争执，就没好气地对他们说："如果你们觉得福特更好，那就投他的票好了。"

卡特很清楚，不管他的家人及他的支持者对竞选活动多么尽心尽力，最终决定大选胜负的还是他自己。在与福特的三次电视辩论中，他向选民们再三明确表示：他出任总统是称职的。因为卡特对国家面临的种种问题已经有很透彻的了解，所以他借此机会让民众知道他对国家是多么了解，对国民有多么关注。卡特希望这些能帮他挽回他在民意测验中不断下降的危局。

第一次电视辩论是关于内政的问题，这本来就是卡特最拿手的话题。辩论的结果是卡特取得胜利，但因为显得木讷柔顺，比福特领先的分数从 20 点掉到了 8 点。福特开始加快速度追赶，但是，福特的农业部长布兹却因说了种族偏见的笑话而使福特受到了牵累，分数没能赶上卡特。第二次电视辩论是关于对外政策的话题。福特在这次的辩论中犯了一个政治性错误，他竟然说出"东欧国家不认为它们受苏联的控制"这样的话。卡特趁机反驳他，并提醒选民不要忘记这一点。因而，卡特在这一轮中又取得了胜利。在第三次辩论中，他们仍然谈了一些民生民政问题，但人们对这次辩论的看法褒贬参半。尽管如此，卡特的声望在民意测验中仍呈下降趋势。而此时，最忌讳的就是在竞选中落人话柄，但这种情况恰恰发生在了卡特身上。

大选开始不久，卡特在接受美国《花花公子》杂志的记者采访时，坦率地承认他"曾经用带着欲望的眼光看过许多女人"。很快，采访的内容在杂志上刊登出来，并立刻成了热门新闻，几乎压倒了竞选中的其他问题。人们对此也是褒贬不一，有的人赞赏卡特诚实率真，有的人则质疑他在回答问题时的妥当性。

罗莎琳是受这件事影响最大的人。她听到后，并没有生卡特的气，可她每到一处，人们首先盘问的就是这件事，这让她烦透了。后来，再碰到这类问题，她就用"卡特讲得过分了，但至少人们知道他是诚实的"这句话来回答。正是人们这种不依不饶的询问，让罗莎琳很担心这次事件产生的严重后果，在竞选中反对卡特的人很可能会利用这次机会置他于死地。根据帕特·卡德尔进行的民意测验显示，这次事件使卡特的声望又下降了不少。而人们对这件事的关注居然一直保持到了大选结束之前。

当罗莎琳在路易斯安纳州的什里夫波特为卡特竞选时，一家电视台的记者竟然在电视镜头前问她有没有与人通过奸。罗莎琳听后，怒不可遏，断然回答说："我就是干过，也不会告诉你！"

1976年11月1日，最后决战的时刻终于到来了。美国《国民杂志》中的一篇文章对大选做了报道："今年年初，卡特开始准备获取提名时，他的竞选对手们都认为他是个无关紧要的候选人，对他不屑一顾。但后来的几个月里，他成了一个强势的竞选者。现在，他即将成为总统。"

11月2日是大选结果揭晓的日子，卡特全家、埃德娜和她的丈夫贝弗利，以及卡特的忠实伙伴齐聚一堂，等候选举结果。尽管他们都很紧张，可卡特和罗莎琳还要故作轻松、面带微笑。卡特的竞选班子的人员，此时每个人的表现都各有不同：汉密尔顿·乔丹，10年来一直支持着卡特。此时，他一刻不离地守在电话机旁，核对各个州的选举结果；卡特的新闻秘书乔迪·鲍威尔，在整个竞选活动中，始终跟随在卡特身边。鲍威尔显得尤为紧张，一直以抽烟和喝可乐来消除自己的忧虑；查利斯·柯博是卡特在亚特兰大的朋友，他是最早怂恿卡特竞选总统的人之一。这会儿，他正忙得不可开交；杰里·拉夫舒恩对在全国范围内树立卡特的形象做出了很大贡献。这时，他跟柯博一样忙碌；弗兰克·穆尔在卡特竞选时，主要负责东南部地区，现在也在焦急地等着结果；帕特·卡德尔能比较准确地预测民意趋势，但不能预测到最后的真正结果。在场的还有工作人员马德

JIMMY CARTER

琳·麦克贝恩、玛丽·霍伊特，以及几位来自佐治亚州的挚友，他们也在焦急地等待着。

当天晚上的气氛特别紧张。因为这一夜决定着卡特等人的一切努力是否能够收到相等的回报，他们的梦想能否实现。在亚特兰大奥姆尼饭店的大房间里，他们极度紧张地守候在两台电视前。卡特的朋友和助手出出进进，忙个不停。双方的票数非常接近，难分高下。随着全国各个选区投票宣告结束，福特和卡特的票数交替上升。这个夜晚实在是太难熬了。

凌晨3点过后，密西西比州州长才打来电话，卡特在电话旁大声说道："我们赢了，我们在密西西比州赢了！谢谢您，州长，真是太谢谢您了。这下我们领先了！"

屋里顿时欢呼起来，人们激动得热泪长流，互相拥抱。卡特把罗莎琳和他们的孩子叫到跟前，平静地对他们说："我们成功了！"

在这次竞选中，卡特比福特多了56票，夺得了总统的宝座。卡特之所以能击败对手，是因为他抓住了民众的心理。自水门事件之后，美国总统的信誉在国民的心目中已降到最低点，因而，人们非常希望将来的总统是一位真正能被称为"帝王之尊"的人。卡特勤奋而坦率的形象给人们留下了深刻的印象，在道德方面，他又反复做出不撒谎的承诺。这两点正符合人们的意愿，因而他获胜了。

在卡特的胜利已成定局时，还出现了一个小小的插曲：当时，特迪·怀特带着助手来采访卡特，希望帮卡特出一本关于竞选过程的书。特迪·怀特是美国总统竞选编年史的撰写人。他和他带领的人与卡特交谈了很久，主要谈了卡特的生活经历、竞选过程，以及如果卡特当选美国总统将会为国家做些什么等问题。采访结束后，特迪·怀特开始收拾东西，当他伸手去取放在他坐椅旁边地板上的录音机时，却发现录音机出了毛病，因为装在里面的磁带带子撒了一地。罗莎琳进去向特迪·怀特等人道别时正好看到了这一幕，于是问怀特先生"是不是没有录下采访的内容"，但怀特先生向他们打保票说"采访的内容一点儿都不会遗漏"。后来的事实证明罗莎琳的担心是正确的，怀特先生从没有写成一本有关卡特1976年竞选的书。

JIMMY CARTER
第七章
白宫新主人

卡特高举右手,庄严地宣读誓词:"我,吉米·卡特将努力履行美国总统的职务,竭尽全力维护和捍卫美国宪法……"

JIMMY CARTER

1 确定副总统
JIMMY CARTER

俗话说：一朝天子一朝臣，大选结束之后，卡特就开始搭建自己的领导班子。其实早在1976年6月初预选之后，卡特就开始思考这个问题了。他利用初选后休息的那几天，对这个问题仔细地进行了思考和分析。刚开始，爱达荷州参议员弗兰克·丘奇和华盛顿州参议员亨利·杰克逊是卡特心目中副总统的理想人选。这两个人都是卡特预选时的竞争对手。卡特对他们的政治哲学、各种主张以及在竞选中的长处和短处知道得一清二楚。他也知道他们有野心，在政治竞赛中有不畏艰难的精神。当然，卡特也需要考虑一下其他的人选，因为一旦这两人不愿意做的话，是没办法勉强的。更何况大选在即，副总统非常关键，假如选的人不合适就会对大选不利。因此，卡特和查尔斯·柯博、罗莎琳以及竞选班子的几位领导人对国会中民主党议员的所有人的资料进行了查阅。他们还向熟悉这方面情况的民主党政治家和著名人士征求意见。

在了解了副总统候选人的情况后，他们把所有的人选都列在纸上，然后一一筛选、展开讨论。不久，名单上的人只剩下20个左右了。卡特的竞选总管汉密尔顿·乔丹列出了符合副总统之职的重要条件，按照这些条件再从这20个人中挑选最合适的人选。

就在卡特为挑选副总统人选时，很多参议员前来拜访卡特，包括埃德蒙·马斯基、约翰·格伦、沃尔特·弗里茨·蒙代尔、弗兰克·丘奇、艾德莱·史蒂文森、亨利·杰克逊等等。他们表示愿意出任副总统之职。于是，卡特就以下几个问题与他们进行了深入探讨。比如：接下来几个月的竞选活动中，他们会做些什么；如果与他们在白宫共事，能否和谐；目前美国面临的一些紧急问题，他们如何看待，有什么想法；如果他们中有一个人当选，那么他会怎样扩大副总统的作用。

在所有会谈和调查都已结束后，卡特的副总统人选最后定格在了埃德蒙·马斯基和弗里茨·弗里茨·蒙代尔两人身上。这两人都是很有经验的立法者，对国事非常熟悉，在本州也很受欢迎，并为同事们所敬重。他们的这些共同特点，又让卡特一时很难做出选择。

经过反复思考，在宣布决定的前一天晚上，卡特决定选择蒙代尔为自己的副总统。其实，这个决定对于卡特来说是相当困难的。因为卡特一直认为蒙代尔的思想过于开放，这让他无法接受。但他们交谈之后，卡特改变了原来的看法。他们不但私人关系能相处得很好，而且在一系列内政外交问题上也取得了一致的看法。蒙代尔在防务和削减预算赤字等问题上态度很强硬，表达见解时总是直言不讳，开诚布公，这给卡特留下了深刻的印象。

当然，促使卡特选择蒙代尔也有政治上的考虑，对华盛顿而言，卡特根本就是一个"局外人"，因此他需要一个熟知华盛顿情况的人来协助他。可以说，蒙代尔就是卡特想找的人。蒙代尔来自明尼苏达州选区——这个州的政治地位在整个美国可谓举足轻重，由他担当竞选伙伴，能够平息党内汉弗莱派对卡特的不满情绪。

对于这次副总统的竞选，蒙代尔也是有备而来。在与卡特会谈前，他就已经做了充分准备，对卡特及其竞选情况进行了充分调查。当卡特提出具体问题时，蒙代尔的回答总能说到点子上，这让卡特十分满意。更重要的是，卡特发现蒙代尔对如何全力以赴以及如何做好副总统的工作有很好的打算。他们两个很合得来，即使在讨论一些棘手的现实问题时，他们也是有说有笑的。

蒙代尔与卡特会谈结束，回到旅馆后，马上让人在他住的旅馆房间里接了一条直通的专用电话线，以便卡特找他时，他能立即接到电话。果然，卡特给他打电话了。电话刚响，蒙代尔马上拿起了听筒。话筒中传来卡特的声音："参议员，你是否愿意做我的搭档？"蒙代尔马上同意了。

挑选副总统这件事总算尘埃落定了。卡特把这个决定只告诉了保卫部门，以便在此事公开之前，他们就能做出警卫安排。

卡特当选总统后，他选择的人都要相继正式走马上任了。但蒙代尔不愿意只挂个副总统的头衔却不办实事，这个想法与卡特完全相同。于是，

JIMMY CARTER

卡特让他参与治理国事,包括收发军机报告,被邀请出席卡特召开的一切官方会议,帮助卡特制定内政、外交和国防的战略计划等。

1976年11月,卡特当选美国总统

其实,副总统充分参与国事的必要性,早在卡特就职前,卡特就已经给出了自己独到的看法。

大选胜利后,就职前的这段时间里,卡特很想了解有关美国防务体系的情况,还想知道他作为武装力量总司令应承担哪些责任,以及在控制和可能使用原子武器方面应该做些什么。因为卡特不想在就职以后,才深入了解和熟悉这些内容。他认为,如果自己不熟悉这些责任和规则,一旦提前发生什么突发事件,那时他会手足无措。

在所有这些要学习的规章制度里,关于核武器这一项至关重要。大家都知道,美国拥有强大的核武器,而控制核武器的按钮是由总统掌控的。

但美国也担心其他国家会对他们进行核攻击，于是在艾森豪威尔总统时，就制定出了对核攻击做出反应的有效方法。因为属于美国最高机密之一，以前的几位副总统都未曾参与过这项工作的培训。卡特认为，如果作为武装力量总司令的总统一旦在核交战中丧失了控制能力，那么作为新总司令的副总统就必须承担起这项任务，否则，后果非常可怕。出于这个考虑，卡特下发文件，要求蒙代尔同他和未来的国防部长一起参加绝密学习班。

另外，卡特还开创先例，坚决要求将副总统的私人办公室安排在白宫西楼，与他的办公室相邻，而且副总统的工作班子和他的工作班子要合并在一起。卡特认为这样一来，他们的办事效率就高多了。随着他和蒙代尔共事时间越来越长，两人配合得也越来越默契了。

2 进入总统府
JIMMY CARTER

卡特于1977年元月20日宣誓就职。这一天，华盛顿全城放假。人们从四面八方赶到国会山，参加新任总统的就职典礼。首先，由当选的副总统蒙代尔宣誓就职。接着，卡特手拿一本圣经上台宣誓。他把左手放在圣经上，高举右手，庄严地宣读誓词："我，吉米·卡特将努力履行美国总统的职务，竭尽全力维护和捍卫美国宪法……"宣读完誓词后，他发表了就职演说，演说中他重点强调了"这个就职典礼是一个新开端，它标志着一种新精神，即全国团结和信任的精神"。卡特在就职中，还举起了两面旗帜：人权和裁军。关于人权，他说："我们为维护人权所做的承诺必须是绝对的。"在裁军问题上，他宣布："我们一定要保证以顽强的毅力和智慧，努力使世界的军备限制在各个国家确保其安全所需的范围内。在全球消灭一切核武器是我们的最终目标。今年，我们将向这个目标迈进一步。"

就职典礼结束后，卡特带着家人从国会山前往白宫。在到达连接国会山和白宫的宾夕法尼亚大道上时，卡特让司机停车，然后对罗莎琳说：

JIMMY CARTER

"我们下车走着去白宫吧!"当时,马路两侧挤满了看热闹的人。车内的警戒人员透过车窗,仔细地环视四周,见路边的人都很友善,才打开了车门。当卡特、罗莎琳和艾米下车时,人们以为他们的车出问题了,很为他们担心。但是,当卡特的3个儿子和儿媳也下车跟他们一起步行时,人们才明白了他们的用意:接近民众。沿途的人们激动不已,甚至有人叫道:"他们步行了!他们步行了!"有的人居然哭了。当时的天气虽然很冷,但看到人们这么热情,卡特一家感到很温暖。他们面带灿烂的笑容,迈着矫健的步伐,向人们不断招手致意。

进入白宫后,他们一家的心情都很激动。尽管就职典礼和检阅把他们搞得精疲力竭,但他们仍然兴致勃勃地参观了整个白宫。他们从二楼大厅的这一头悠然自得地走到那一头。大厅的长度正好与白宫的长度一样,两头各有一个雅致的半圆形窗户。大厅的墙上用各种艺术精品装饰着,里面还有舒适的休息区,书整齐地放在一排排书架上。在二楼的总统居住区和三楼之间有一座秘密楼梯,他们早已在书中知道了这个楼梯,但不知道它到底什么样。契普等人很快就找到了它。他们按照书上记载的位置,推开一处墙壁,楼梯口就呈现出来了。大厅的东头分别是林肯卧室和女皇卧室。当天晚上,卡特的母亲莉莲睡在了女皇卧室,而罗莎琳的母亲阿莉则睡在林肯卧室。林肯卧室的旁边是前总统尼克松最喜欢的"林肯起居室"。这是一个小巧而舒适的房间,其中一角有一座壁炉。

总统办公室也在二楼,其中一个叫"条约室"的屋子,是卡特最喜欢的房间。这个房间,里面由绿色和栗色装饰而成,给人舒适又气派的感觉。房间里的家具中,有一张胡桃木桌子。这张桌子很具历史意义,因为西班牙和美国的和平条约就是在它上面签署的。以后在这张桌子上,还会签署由卡特极力促成的另一项具有历史意义的和平条约——埃以条约。

三楼有两间供客人使用的寝室、一间弹子房、几间用于洗衣、熨衣的房间和一个日光浴室。这个浴室后来成了卡特几个孩子与他们朋友聚会的场所。在浴室外面,有一块空地,罗莎琳打算在那里放一个可以爬着玩的围栏,让她的小孙子贾森在里面既能玩,又能进行日光浴。三楼的大厅与二楼的大厅布局一样,也有很多书,只不过书的种类比二楼的多。

JIMMY CARTER

卡特与家人参观完起居室后，就急忙去了椭圆形办公室。由于对白宫地形不熟，他不知道怎样才能到达办公室。急中生智，他用很随便的语气对跟在身边的保卫人员说："我去椭圆形办公室看看。"保卫人员在前领路，他就跟在后面走。

到了办公室，保卫人员自行离开了，还替卡特轻轻掩上了门。卡特独自一人待在里面，他看到了新铺的黄色椭圆形地毯。大选之后，他与罗莎琳一起拜访了福特夫妇。当时，福特总统对他们说为椭圆形办公室预定了一块地毯——就是他现在看到的这块，可惜的是福特总统现在已经用不上了。卡特走向办公桌，发现这张桌子不是约翰·肯尼迪在此拍照的那张桌子。他很尊敬肯尼迪，立刻决定换回他记忆中的那张桌子，并将此事通知给了工作人员。

卡特坐在办公桌前，翻了翻桌上的几张纸，原来他的工作已经被安排好了：是几次会见预约，第一个要接见的人是一个越南战争老战士马克斯·克莱兰。此人将在卡特的领导班子中出任退伍军人管理局局长。看到这些文件，卡特不自觉地开始进入工作状态，仿佛已经在这里工作了一段时间。他坐在办公桌前，开始看文件。这也是他一贯的行事风格，只要工作，就一定很专心。

当罗莎琳等人走进椭圆形办公室时，全都静了下来。他们呆站在门口，看着坐在办公桌后面的卡特。过了好一会儿，他们才反应过来，他们的确是到了总统办公室，而卡特现在的确已经是总统了。

晚上，卡特一家举办了一场庆祝新总统宣誓就职的舞会。当晚，看着一张张熟悉的面孔，卡特和罗莎琳非常激动。他们和与会人员打成一片，使舞会的气氛非常热烈。

庆祝完后，卡特开始履行自己的职责，为自己原来的承诺和计划而努力了。卡特想极力使白宫保持本来面貌，但对总统的生活和理政方式做了些改变。卡特出任总统后，坚持以往的简单、朴素的生活方式，他要完全摒弃尼克松留下的铺张习气。他下令把总统游艇卖掉，并取消了华盛顿官员的一些特权。他还规定，白宫的重要幕僚自己开车上班，而不是由司机开车接送。

JIMMY CARTER

在社会问题方面，卡特坚持自己一贯的亲民政策，他要求巡视全国各地不同的城镇、访问当地居民、解答民众所提出的现实问题，并建立了一套与民众直接联系的制度。卡特的一系列决策顺应了民众的要求，使民众对这位新上任的总统刮目相看。罗莎琳和孩子们，也把在普兰斯的农村生活方式带进了白宫，让白宫充满了祥和、自由的气息。卡特还要求同华盛顿市民一起在浸礼会教堂做礼拜。

3 与福特夫妇会面
JIMMY CARTER

对于白宫，罗莎琳和卡特此前来过一趟。那是 1976 年 12 月初的事。卡特已经在大选中胜出了，于是福特夫妇邀请卡特和罗莎琳去白宫会面。根据事先安排，卡特将在椭圆形办公室拜访福特总统，罗莎琳则和福特夫人一起参观总统家属居住区。可是那天，当卡特和罗莎琳准备好去白宫时，突然接到白宫电话，说福特夫人身体欠佳，约会必须取消。本来兴致高昂的罗莎琳听到不能去白宫的消息，顿时变得很沮丧。当时，罗莎琳认为卡特宣誓就职前，她没有时间再去华盛顿了，打算借此机会向福特夫人打听一些有关白宫和管理白宫的计划泡汤了。不料电话又响了，罗莎琳拿起电话，发现是白宫打来的，对方告诉她："福特夫人今天下午可能会好些，如果您方便的话就请过来一趟。"罗莎琳心里总算有了些安慰。不料没过多久，白宫又打来电话："福特夫人感觉仍然不好，约会只能再次取消！"此时，卡特已经如约赶去白宫见福特总统了。不久后，电话又响了，原来是卡特打给罗莎琳的。卡特在电话里对她说："白宫的人不希望外界知道福特夫人生病的事。因此，请你马上到这儿来，福特夫人将同你见面。如果你不来的话，新闻界将会乘机小题大做。"

于是，罗莎琳急忙赶到白宫。由于福特夫人身体欠佳，她们交谈的时间很短，但气氛很融洽。福特夫人是在楼上的"椭圆形黄屋"接见罗莎琳的，这是一个非常正规的起居室，曾有人称它为"美国最漂亮的房间"。

它原来是前总统哈里·杜鲁门的私人办公室，里面装饰得非常漂亮，摆有各种艺术珍品和货真价实的联邦家具，但就是缺少一些软性的东西。罗莎琳和福特夫人在谈到这个房间的时候，福特夫人告诉罗莎琳，她把它叫"腿房"。因为整个房间里的所有椅子和桌子腿加起来，总共有127条之多。福特夫人还告诉罗莎琳，假如她继续在白宫生活的话，她打算把这个房间重新布置一下，使它变得更舒适些，可她的愿望不能实现了。

那次，罗莎琳问了一些有关白宫方面的问题，例如，工作人员的日常安排、举行招待会时要怎样计划等。由于福特夫人身体抱恙，这些便由长期担任白宫总招待的雷克斯·斯考顿代为回答。虽然罗莎琳没能参观白宫的其他房间，但她却了解了白宫的大概布局：中间那栋大房子是主楼；椭圆形办公室和总统工作人员办公室所在的地方叫白宫西翼；还有东翼，它在主楼的东面，是第一夫人的工作人员、安全保卫人员和军事参谋人员的办公室以及来访人员的接待室。罗莎琳还了解到，白宫里面的工作人员与州长府邸的工作人员不同，他们都是由经验丰富的专业人员组成。

有了对白宫的初步了解，罗莎琳心里有了底。对此后入住白宫，房间和人员的安排也大致有了意向。

4 派家人出访
JIMMY CARTER

卡特一家不管做什么事，向来都是非常团结的，进入白宫后也不例外。契普除了在民主党全国委员会工作外，还为卡特当跑腿、传递信息。卡特当上总统没多久，美国就发生了暴风雪，于是卡特派契普去受灾很严重的纽约州，代表他向那里的人们表示深切慰问。

国务院和总统办公室的一项重要职责，是组织代表团去参加外国领导人的葬礼。参加葬礼的代表团通常由几位国会议员和一些名人组成。每次碰到参加外国领导人葬礼的事，卡特的领导班子总是挑选能对所要去的那个国家及其国民具有意义的人组成代表团前去。而且卡特还尽可能选派其

JIMMY CARTER

家庭成员去参加葬礼，以表示对对方的重视。

卡特上任不久，印度总统阿里·艾哈迈德·法赫鲁丁逝世了。卡特认为，如果让他的母亲莉莲去参加这位总统的葬礼，将会表明美国对他的崇高敬意。因为莉莲曾以"美国和平队成员"的身份在印度工作过，而且她在那里很受当地人的欢迎。于是，卡特打电话给莉莲，请她代表自己前往印度。

他问莉莲："妈妈，您现在在干什么呢？"

莉莲说："没干什么，正在屋里找事做。"

卡特说："妈妈，您想去印度吗？"

她说："我很想有一天能去。你问这个干什么？"

卡特说："我想请您去一趟印度？"

"完全可以。"莉莲爽快地答应了，"什么时候动身？"

卡特说："今天下午。"莉莲毫不犹豫地说："好，我马上去准备。"

莉莲迅速做好准备，从普兰斯乘飞机前往华盛顿。按照印度参加葬礼的礼仪要求，妇女必须不施粉黛，不带珠宝，身穿黑衣，才能参加葬礼。可莉莲没有黑色的衣服，于是，卡特派人把几套黑色衣服送去机场。莉莲选了一套，便同吊唁代表团一起飞往印度。

莉莲在葬礼之后，还去了孟买附近的维克洛克，她曾在这个村庄工作过两年。这个村子的人听说她来了，纷纷出门迎接。美国国务院对莉莲的这次出行给予了很高评价，说她为促进美印关系做出了重大贡献，而她的这种贡献比1960年以来任何人在这方面所做的贡献都大。

后来，非洲肯尼亚总统乔莫·肯雅塔逝世，卡特安排杰弗和安妮特代表美国参加乔莫的葬礼。这使非洲人十分感动。在非洲，一家之子是极受人尊重的。卡特派儿子去参加肯尼亚总统的葬礼，等于向非洲人表明，美国人跟他们一样，对总统的逝世同样伤心。

在生活上和政治上，罗莎琳一直是卡特的亲密伙伴。在整个竞选期间，她对内政、外交问题的熟悉程度，毫不逊色于卡特周围的任何一个人，她还承担了和卡特相同的基本职责。她帮助卡特制定战略计划，筹集资金，组织义务工作人员，随时准备回答民众提出的问题等等。在关于政治策略和各种具体问题的探讨中，卡特和智囊团都会中肯地向她征求意见。她当州长夫人时，曾作为官方女主人招待过来州长官邸的众多来宾。接触到的工作与白宫颇为相似。她还是致力于精神健康、帮助老年人和组织公共设施改进计划等工作的有革新精神的领导人。

当了第一夫人后，罗莎琳继续进行上述这几方面的工作，并在许多接待来宾的场合担任卡特的代表，参与一些外事活动。她还和卡特讨论一系列重大问题，除了少数高度机密和敏感的安全事务外，她对所有的事态发展几乎都很清楚。

5 启用旧臣
JIMMY CARTER

卡特去华盛顿前曾许下诺言，他要起用在他任州长和总统候选人期间为他服务过的一些有才干的人。但是究竟怎样使用这些工作人员，卡特没有轻易做出决定。就职典礼一过，卡特立即开始兑现他许下的诺言：重新调整和安排政府官员。

在所有的工作人员中，卡特与乔迪·鲍威尔最亲近，而且鲍威尔还是他佐治亚任州长时的新闻秘书。鲍威尔在埃默里大学读研究生时，曾同其他一些大学生志愿工作者一起拜访过卡特。那时，卡特正在竞选州长。由于鲍威尔比跟他同去的学生年龄大，而且似乎也比那些学生对政治懂得多，因此，卡特对他的印象特别深刻。州长竞选进入白热化时，卡特为了保持良好的精神状态参加竞选，便想在去各个竞选站的路途中得到休息。可是，他得先找个司机为自己开车，他想到了鲍威尔。当他就此事征求鲍威尔的意见时，鲍威尔一口答应了。

于是，在后来的州长竞选中，鲍威尔一直免费当卡特的司机。几个月后，卡特的政治影响力开始增长，也就需要花很多时间与报界谈话。于是，鲍威尔又成了卡特的代言人，就一般问题向记者申述卡特的看法。卡特当选州长后，想找一个新闻秘书，却未找到完全满意的人。后来，他问鲍威尔是否愿接受这个工作,鲍威尔表示很乐意为他效劳。

在卡特竞选总统期间,鲍威尔自始至终在他身边,为他出谋划策。当时,汉密尔顿·乔丹在亚特兰大竞选总部负责总的竞选活动,但鲍威尔却要和卡特去全国到处奔走。为了提高卡特的知名度,扩大他的影响,鲍威尔帮卡特修改演说稿,帮卡特拟出各种问题的答案。每天晚上,卡特上床以后,鲍威尔还在安排第二天的行程。每次,鲍威尔参加完当地朋友举行的讨论会后,都要把情况和建议及时反映给总部。另外,他还常常花好几个小时与当地记者会面,提供相关材料,努力促使记者写出对卡特有利的报道。

卡特在赢了几次预选并被认为是重要候选人之后,和他一起进行宣传活动的工作人员数量大增,但鲍威尔仍是和他最亲近的人。卡特当选总统后,自然仍让他继续担任新闻秘书。

在卡特担任总统的4年中,鲍威尔很少被排除在他召集的讨论会之外,即使是在讨论最敏感的问题时也不例外。后来,记者了解到了这一情况,对于鲍威尔的讲话也就更加相信了。虽然卡特与鲍威尔亲密无间,但也并不是说他们之间就没有发生不愉快。鲍威尔在工作时也会犯错,比如,有时上班迟到、错过约会、拖延不决或者忘记执行卡特的命令。这些都令卡特很生气,并因此常向他发火。虽然如此,却无损人们对鲍威尔工作的肯定,他被誉为有史以来白宫最佳新闻秘书之一。

卡特身边另外一位得力干将就是汉密尔顿·乔丹。他曾帮助卡特参加1970年佐治亚州州长竞选工作。卡特当上州长后,汉密尔顿·乔丹担任了主任秘书之职。按照佐治亚州的传统:州长外出时,主任秘书实际上就是代理州长。乔丹在做主任秘书时,很好地完成了每一项任务,赢得了卡特的信任。

乔丹是个出色的政治分析家,在卡特参加总统竞选时,他负责设计和管理这一活动。在卡特处于极其困难的境地时,乔丹对他不离不弃,仍每天长时间地为他工作。卡特当选总统后,乔丹不仅是他的得力助手,主管人事安排,协调工作班子的活动,而且还会在日常事务中代表卡特同内阁官员打交道。后来,卡特在处理巴拿马运河条约谈判和营救在伊朗的美国人质问题时，乔丹担任了卡特的特使。由于乔丹杰出的领导才能和稳重谨慎的态度，他一直被白宫所有工作人员视为班首，并赢得了他们的尊重和爱戴，后出任总统办公室主任一职。

管理学专家弗兰克·穆尔，是卡特选中的又一位身边人。在还没就职前，卡特就看出国会联络小组组长将是领导班子中不可缺少的人员之一。他决定聘请知识丰富的人到国会山工作，以便随时了解尚在审议中的众多立法文件，而这个决定也能够体现出他实现竞选中许诺的诚意。卡特挑选了穆尔担任此职。

穆尔从1966年起就与卡特一起共事。当时，卡特正出任佐治亚州州议员之职，曾请穆尔担任8个县的执行主任。穆尔在任上显示了他领导和选贤的才能，有效地处理了那8个县和22个城镇的互相竞争的问题，还化解了那里官员之间的猜忌。

乔丹到华盛顿去为民主党全国委员会工作时，穆尔就代替他的职务，在亚特兰大任执行秘书。1976年，穆尔协助卡特组织了在南方许多州的竞选运动。他还受卡特之托，抽空去华盛顿结识一些国会议员和全国性报纸的负责人。那时，卡特还不是总统提名候选人，因此，穆尔既没人力，也无财力，只能赤手空拳打天下。卡特在预选中取得成功，名声大振时，华盛顿就有很多人想和卡特进行个人接触。于是，穆尔就成了专门负责这项工作的人。

穆尔去华盛顿的次数并不多，工作量却极大。随着卡特的声望越来越高，打电话询问卡特情况的人也越来越多。面对此种情况，穆尔压力倍增。虽然他竭尽全力地工作，却不可能答复所有的来访电话，以及应对潮涌而来的要求。因此，他不得不承受那些无法接触到卡特转而对他的指责。可他从未抱怨过，也没有借此向别人发脾气。在后期的竞选活动中，他终于搭起一个卓越的工作班子，以努力工作来补救这一早期的缺陷。

还有一位贴身人员就是杰克·沃森律师。在卡特任州长时，他任佐治亚州人力资源委员会主任，主要负责福利、卫生、老年公民服务等。沃森做事向来细心且很有条理、专业水平很强、口才又好，对于复杂而又不得人心的事，他可以把来龙去脉向民众解释得清清楚楚。1976年秋天，卡特

JIMMY CARTER

请沃森协调他从候选人到总统的过渡时期的活动。卡特当选后，又选沃森担任内阁秘书，兼任政府部门间的事务助理。沃森的主要职责是督促政府各部门领导和谐协作。他还负责安排内阁会议，做会议记录，以及保证新法律在通过后能够迅速而正确地执行。乔丹在1980年6月离开白宫，去组织卡特争取连任的运动时，沃森继任了他的职务。

1970年，卡特在竞选州长时，有一小批支持他的志愿工作者每周都会去亚特兰大的一个法律事务所里会面，讨论佐治亚州远景规划，然后将构思好的研究材料或建议送给卡特，他们送的那些资料，对卡特竞选期间帮助很大，但卡特却不熟悉他们。即使是他们的领袖斯图尔特·艾森施塔特也是如此。

当时的艾森施塔特虽然很年轻，却曾为约翰逊总统、汉弗莱副总统和民主党全国委员会工作过，因此，对分析问题和起草立法建议很有经验。在卡特竞选总统期间，他一直协助卡特进行竞选。三次总统候选人辩论会的材料就是他帮卡特准备的，他还负责起草向公众阐明卡特观点的演讲稿。卡特搬进白宫后，负责起草立法建议的职责自然就落在他身上了，了解国会审议中的重要议案的进展情况也由他负责。

卡特和他原来的工作班子，虽然已共事多年，但其中大多数人对华盛顿的政治习惯缺乏经验。副总统蒙代尔对他们的这一缺陷正好有弥补作用，但他们仍同华盛顿的上层不大合拍。为此，卡特又挑选了几个有丰富联邦工作经验的人参与进来，这样才弥补他的班子经验不足的缺点。

在以后的几年里，卡特挑选的这些人中，有很大一部分都能与他同甘共苦，而且在面临重大事件时，他们也能够尽职尽责。

6 重要的内阁成员
JIMMY CARTER

卡特的个人班子建立起来后，还必须选出内阁成员及其他相关的工作人员。挑选的过程从1976年的夏末开始，那时，卡特面临两大任务，即必须为大选和担任总统做准备。作为民主党提名的候选人，很多人给了卡特宝贵的建议。虽然这些人对政党竞争并不很感兴趣，却很乐意给卡特献计献策。卡特总是邀请他们来普兰斯的家里，进行深入探讨。每次会谈前，卡特都要读一些与探讨问题相关的材料，以便充分利用时间进行有效的讨论。

卡特当选后，关于任命内阁人选的建议从四面八方飞来，建议最多的还是他们设在华盛顿的过渡办公室，共提了上百个人选。竞选期间，很多人就某些问题向卡特提供咨询意见，而卡特就利用这个机会对这些人进行口试。这些人都比较能干，也表示愿意干。可是由于人太多，名额有限，卡特还需要与他的个人班子商量，才能定下最后的内阁人选。

在选拔上，乔丹、蒙代尔、柯博和罗莎琳作出的贡献最大。乔丹把全部时间都花在了削减主要职位的候选人名单上。卡特也亲自打过几十个电话，向一些有政府工作经验的人征询意见。

这些人向卡特提出了中肯的建议，卡特和乔丹等人便把他们对有可能被提名者的评语仔细地记录下来，相互核对。卡特在挑选人时，有一条准则，就是看这个人是否大度。衡量尺度就是看那些自己想获得某职位的人对其他竞选该职位人的评价。气量大的就会在卡特的名单中名次上升。几个星期之后，每个职位的人选终于压缩到6个以下了。

卡特决定提早完成遴选，以便在华盛顿的头几天可以组成内阁，并能够及时让他们处理政务。1976年12月初，卡特去了亚特兰大，向时任州长的乔治·巴斯比借用了州长官邸的一间办公室和几个房间。在熟悉的环境里，卡特同他预定委以内阁职位的人进行了最后会谈。

这些会谈一直是保密的，但是记者和电视台还是知道了，他们堵在州长官邸门口，试图知道与卡特见面的每一个人的姓名。卡特最终确定了重要位置的人选，国务卿由赛勒斯·万斯担任；国防部长是哈德罗·布朗；兹比格涅夫·布热津斯基担任国家安全事务顾问；詹姆斯·施莱辛格，将成为第一位能源部长；安德鲁·扬担任驻联合国大使……

起先，赛勒斯·万斯在肯尼迪总统手下担任过陆军部长。约翰逊总统上台后，他又在其手下担任国防部副部长。因此，他对军事和外交事务都

JIMMY CARTER

非常熟悉，而且他在巨大的压力下能保持冷静的头脑。在卡特向众人征询国务卿之职的合适人选时，几乎所有的人都向他推荐万斯。卡特也认为万斯很适合这个位置，就这样，万斯成了国务卿。

在1976年竞选运动中，万斯起先支持的是萨金特·史蒂文森。后来，卡特的候选人地位成了定局后，在挑选任职人员时，卡特想到了万斯，并开始与他见面。他们共同讨论了外交事务。在会谈时，万斯对美国与希腊和土耳其之间的紧张关系发表了自己的看法，他认为美国完全有可能缓和与这些国家的关系。在与中东关系上，他也认为可以实现和平解决。他的这些想法也正是卡特急于探索的，卡特更加欣赏他了。

在所有的内阁成员中，万斯和他的夫人盖伊与卡特和罗莎琳私交甚好。他们经常一起钓鱼、滑雪、打网球，也常常一起讨论一些国家大事。但他们也有不愉快的时候，例如，在中东问题以及以后发生的人质事件时，他们的意见就有了分歧。

国防部长是领导班子中最重要的职位之一。在经过长期筛选之后，卡特把最后的人选定在哈罗德·布朗和查尔斯·邓肯之间，这两个人都很杰出，布朗是物理学家、加利福尼亚技术研究所所长；邓肯是可口可乐公司的前任董事长。最后，卡特实在难以做出抉择，就想把他们都请来。他给布朗打电话，说想请布朗任部长，条件是邓肯任副部长。还说，如果布朗不同意这种安排，他就请邓肯任部长。布朗答应了卡特的提议，并很快去得克萨斯见了邓肯一面。两人谈得非常投机，同时都接受了卡特的安排。后来，在华盛顿新闻界的多次民意测验中，布朗被列为卡特内阁里最好的成员之一。

在卡特挑选领导班子的组成人员时，布热津斯基是最有争议的一个人。在确定班子成员时，许多人向卡特极力推荐布热津斯基，但也有人提醒他，说布热津斯基是个态度傲慢、很有野心的人，尤其是在有争议的问题上，布热津斯基丝毫不会让步。

卡特第一次见到布热津斯基是在1973年。那时，他们都参加了关于外交问题的讨论会。此后，他们也互有联系。

布热津斯基最擅长分析问题，他的建议总是创新而具有挑战性，且大部分都为卡特所接纳。布热津斯基祖籍波兰，曾专门研究苏联和东欧。在外交上，他与卡特有相同点，即都对中国、中东和非洲很感兴趣。卡特是个好学之人，他努力向布热津斯基学习，并充分利用布热津斯基提供的知识解决问题。布热津斯基的职业是大学教授和作家，因而他能够把复杂的思想向别人表达清楚，使听的人完全明白。后来，布热津斯基和卡特相交甚深。

在卡特竞选总统期间，布热津斯基自愿来帮忙。对于外交事务，布热津斯基发表了自己的看法，并记录成文字，供卡特参考。卡特和福特总统在做第二次电视辩论节目的时候，主题内容是关于防务和外交。辩论之前，布热津斯基专程前往旧金山，向卡特介绍这些情况，充分体现了他对卡特的忠心。

当卡特做出最后决定，打算请布热津斯基做国家安全事务顾问时，仍有人提醒卡特说：布热津斯基可能对国务卿不够尊重。卡特知道这种看法是不对的，因为他在向布热津斯基征询"谁是国务卿之职的最佳人选"时，布热津斯基推荐了万斯。卡特认真听取了人们关于布热津斯基的一切评语，综合了其中牵涉到的各种因素，最终还是决定请布热津斯基和他在白宫共事。

在椭圆形办公室里，按照规定，卡特每天接见的第一个人就是国家安全事务顾问布热津斯基。他会按时送来情报系统编制的"总统每日简讯"。在发生危机时，他总是站在卡特一边，帮卡特分担压力，解决问题。

布热津斯基和他的专家班子很勤奋，制定政策时总是毫无顾忌，因为他们不用为新政策在执行后遇到的问题承担责任。他们的特长是深入分析战略概念，提出更多的新点子，再把这些新点子提供给卡特。布热津斯基不仅是个优秀的思想家，还是个善于选拔贤才的人。不过在表达方式和程度上，他有时会过于情绪化，遇到困难时会大发雷霆、顺利时则会兴高采烈。

在国际问题上，布热津斯基总是随时准备好解释美国的立场，如分析一个基本战略的相互关系，或就时事作出评论。但他发表意见的机会很少，因为这些事并不是他的主要职责，他只是在总统或国务卿发表完看法

JIMMY CARTER

后加以补充说明。

卡特对他这届政府的创始成员非常满意,他们在合作过程中工作颇为顺利,心情颇为愉快。卡特的内阁也是美国近代史上最稳定的内阁之一。

JIMMY CARTER
第八章
外交政策

"人权外交"使卡特给自己戴上了一个"世界道德警察"的头衔,有人称它是"卡特主义"。"裁军"政策,归还巴拿马运河,派遣夫人罗莎琳到拉美国家访问,实现中美建交等一系列举动使卡特享有了温和派总统的称誉。

JIMMY CARTER

第八章 外交政策

1 "人权"和"裁军"
JIMMY CARTER

卡特竞选总统的过程中，莫斯科的领导人一直密切关注着事态的发展。对于1976年美国总统参选人，莫斯科的领导人持不同的态度：美国共和党候选人罗纳德·里根是一个对苏持强硬态度的人，所以要还以敌视态度；另一位共和党候选人、即现任总统杰拉尔德·福特的政策对莫斯科利害不大，所以采取了不冷不热的态度；而对于民主党候选人吉米·卡特，莫斯科非常感兴趣，于是指派驻美外交官从各方面收集卡特的材料，并表示在大选之年邀请卡特到苏联访问。莫斯科何源如此呢？

原来，在竞选言论中，卡特提及"削弱军事预算……每年要削减50到70亿美元的军费开支"，如果卡特的这一诺言付诸实施，在军事上，苏联就压倒了美国，这是莫斯科最希望的。此外，卡特还表示：从他开始，美国对世界上所有问题都加以干预的时代将会结束；在提到南斯拉夫问题时，卡特表示，即使苏联武装侵入南斯拉夫，美国也不应该派兵与之直接对抗……后来，卡特当选美国第39任总统后，又提出愿意与苏联一起"禁止杀伤性武器"的一系列建议，提出"坚决地、积极地同苏联继续努力进行'限制战略武器'会谈"。这一系列演说和政策，莫斯科领导人当然高兴了。

可是没过多久，莫斯科对卡特的态度发生了180度大转弯。他们指名道姓地说"詹姆斯·卡特"一无是处。他们不愿意使用"吉米·卡特"，是因为这样称呼卡特显得太亲热，他们不想对卡特太亲热。莫斯科的态度为什么会发生这么大的转变呢？

事情是这样的：卡特在竞选期间的一些言论不止让莫斯科产生错觉，就连许多美国人也都被新总统的言行弄迷糊了。

对当时的福特总统来说，卡特就是自己最大的对手，因为他被卡特赶下台了。为了给大肆宣称要大幅度削减军费的卡特总统将上一军，福特总统在下台前向国会提交了一个高额的财政年度军费预算，总共1 123亿美元。面对如此大的军费预算，卡特总统显得有些力不从心，却又不能完全违背自己的竞选诺言，不得已象征性地减了4亿美元，定为1 119亿美元。

不仅如此，出于各方面利益均衡的考虑，卡特总统还做了一些超出许多人意料的事情。对西欧的防务方面加强了：追加6 000万美元，提高北大西洋公约组织的军用机场费用；增加5 000万美元供西欧美国军火库存之用；准备另外一笔开支，以备战争爆发时，随时从美国增援空运部队和重型武器。

这一系列反常的措施明显宣告：美国准备在欧洲阵地，与苏联在军事上直接对抗。莫斯科方面当然很不高兴了。

对莫斯科来说，卡特总统的手段还没有使完呢！在大谈改善美苏关系的同时，卡特却拒绝出口给苏联赛伯76型电子计算机。莫斯科领导人开始发火了，在美苏贸易和经济理事会会议时，苏联对外贸易部部长失礼地嚷道："没有你们的贸易，我们也能发展得很好！"卡特总统对于莫斯科各方面的攻击或指责，总是摆出一副和解、克制的姿态，不做任何反驳。

正在莫斯科对新总统的政策"摸不着头脑"的时候，卡特总统又打出了他的另一张牌——人权问题。这是政治和意识形态的无形武器，打了莫斯科领导者一个措手不及。在苏联国内，也有一股与莫斯科政府"不同政见"的力量，主要以著名核物理学家、诺贝尔奖获得者安德鲁·萨哈罗夫为代表。美国国务院发表声明，坚决反对莫斯科政府压制、恫吓萨哈罗夫，并公开赞扬萨哈罗夫是"为人权而奋斗的战士"。之后，卡特总统召开记者招待会，声明美国国会的做法是正确的。看到有美国政府支持，这位苏联"不同政见"者还给卡特总统写来一封求救信。卡特总统用自己的名义给萨哈罗夫回了一封信，信中说："你放心，美国政府会进行各方面斡旋，以谋求思想获释……"之后，卡特总统还在白宫宴请了被苏联驱逐出境的另一位"不同政见"者——弗拉基米尔·布科夫斯基。

第二次世界大战以来，美国政府的一些领导人总是以"世界警察"自居。现在，这位美国新总统又给自己戴了一个"世界道德警察"的头衔，有人称它是"卡特主义"。还有人说，美国这位新总统打出"人权"牌，

JIMMY CARTER

还有一个目的：给他自己戴上"正义、道德"的帽子，改善自己在美国普通老百姓心中的形象。

与此同时，莫斯科方面做出了积极的回应，称卡特总统假借"人权"招牌，干涉苏联内政。面对莫斯科方面的回击，美国国会有人开始担心，怕总统的"人权"问题会破坏美苏关系，不利于继续与苏联谈"关于限制战略武器"的问题。卡特总统回答说："请记住'人权'问题与两国关系无关，更与'关于限制战略武器'问题是两码事……"他继续公开声明，他从来没有批评过苏联第一书记勃列日涅夫，只是积极和坚决地就各国政府应该很好地尊重人权的这一原则做个保证……他还说他对苏联人民从来没有仇恨……

此后，美苏之间又进行了多次谈话，也制定了多项条约。但是这些都没有阻止两个超级大国之间的唇枪舌剑、军备竞赛以及国际间的游说活动。

1979年，美国总统卡特与苏联领导人勃列日涅夫在维也纳签署第二阶段限制战略武器条约

在美苏两国就"裁军"和"人权"问题争论不休之际，1977年5月上旬，卡特总统却开始了他上任后的第一次出国访问。他在英国参加了著名的"伦敦会议"。伦敦会议讨论了以下几个大问题：与北大西洋公约组织15国政府首脑讨论军事问题，与英、法等7国政府首脑讨论经济问题，与英、法、原西德讨论西方阵线问题……这几个问题中，7国首脑会议尤为

关键，讨论解决了"如何促进经济回升，如何避免贸易战的危险性，怎样防止'核扩散'"等问题。最后，会议决定：一、通货膨胀不但不能解决失业问题，反而是引起失业增加的主要原因之一；二、与会各国都不再采取贸易保护主义；三、成立一个专家委员会，研究解决"如何既能加快核电力发展，又能避免核武器扩散"问题。

整个伦敦会议期间，卡特总统都表现得谦虚谨慎，总是表现出"需要多学习"，愿意多学习的从善如流作风。英国工党政府首相卡拉汉赞赏卡特总统使"西方世界呼吸了一次新鲜空气"。接着，卡特还访问了英格兰东北部、莱茵河畔的纽卡斯尔，瞻仰了华盛顿祖先的旧宅。整个行程，卡特总统一直满面笑容，与不同的人接吻、握手。1977年5月10日，卡特总统乘"空军一号"回到了美国首都。在卡特总统高高兴兴完成他的欧洲之旅后，莫斯科的勃列日涅夫坐不住了。他也于一个月后，相继访问了法国和原西德。

2 第一夫人出访
JIMMY CARTER

罗莎琳在卡特任州长期间已经成了一名出色的政界人物。对卡特而言，生活上，罗莎琳是一个好妻子；工作中，则是一位好搭档。卡特当选总统后，他在确定自己的决策圈时，把罗莎琳也包括进去了。

卡特在竞选总统期间，曾一再表示美国与其他国家的关系疏远了，说"如果我当选总统，将会竭尽全力与他们重修旧好"。在他当选美国总统后不久，罗莎琳接受了一项特殊使命：出使拉美七国。

那天晚上，卡特一回到家，就问罗莎琳："你是否愿意替我出使拉丁美洲国家？"当时，卡特正在忙有关内政和外交上的事，其中包括能源规划、巴拿马运河条约以及中东和平问题等，根本抽不出时间去拉美访问。而副总统蒙代尔也很忙，他要从各方面辅佐卡特。但是处理美国与拉美国家之间的关系又迫在眉睫，而拉美国家存在着一些美国不能回避的现实问

JIMMY CARTER

题。对于美国和拉美国家之间的问题,卡特和他的安全事务顾问经过商讨,最后决定以美国政府的名义对拉美地区进行一次正式访问。而这次访问最好由总统的亲信出面。这样既表示美国对拉美国家的尊重和重视,同时也显示出美国政府的诚意。

其实,卡特和罗莎琳很早就对拉丁美洲产生了浓厚的兴趣,也曾在中美洲和南美洲旅行过。卡特入主白宫不到一个月,又专门举办了一次有关外交事务的会议,与会人员主要是他的高级工作人员以及他们的夫人,目的是使他们了解将会面临的各种基本外交政策问题。罗莎琳也参加了这次会议。会议由国家安全事务顾问兹比格涅夫·布热津斯基主持,他在会上对世界政治形势做了一个全面的评估,并论述了卡特政府在外交中要做的事,例如:签订巴拿马运河条约,发展与拉美国家更为亲密的关系,努力实现中东和平等等。这次会议,不但令罗莎琳耳目一新,而且使她对外交事务发生了兴趣。

因此,当卡特问罗莎琳是否愿意出使拉丁美洲时,罗莎琳很快就答应了。可又很担心自己办不好这件事,因为她不熟悉与拉美国家领导人有关的许多错综复杂的问题,而且这次的访问非比寻常,一旦处理不好,后果不堪设想。卡特看出了罗莎琳心里的忧虑,鼓励她说出使外国没那么难,他会帮她准备好有关材料,并请专业人员为她解说有关美国和拉美国家之间的情况,只要她理解了这些内容,拉美之行就没问题。还说如果她去了,会使拉丁美洲国家知道美国政府的心意,有利于促进它们与美国的关系。在卡特的鼓励下,罗莎琳满怀信心地进行临行前的准备。

访问时间安排在1977年6月的前两周。离出访只剩两个月了,罗莎琳马上着手准备。由于她对外交工作不熟,对拉美的情况也知之甚少,因此必须抓紧时间补习这方面的功课。每天,她得花很长时间听取全国各地的学者以及与拉美问题相关的各部门的官员向她做情况介绍;要了解她即将访问的每一个国家同美国过去的关系以及当前所面对的问题;还要了解卡特就外交问题发表的一系列讲话。罗莎琳还利用空余时间阅读有关拉丁美洲的一切材料,甚至连小说和诗歌都包含在内。

对于罗莎琳以政府发言人的身份出使拉美这件事,除了她和卡特之外，几乎所有的人都感到紧张不安。国务院的官员们担心罗莎琳在访问期间会信口开河，轻许诺言；一些国会议员也反对罗莎琳出使拉美。甚至还有人当着罗莎琳的面指出她不适合拉美之行的原因。一次，罗莎琳正在听取情况介绍，众议员丹特·法塞尔突然闯了进来，直言不讳地对罗莎琳说："夫人，您不用把时间浪费在这儿，我来告诉您拉丁美洲人的情况，他们崇尚男子，轻视女人。"事实上，驻拉美国家的一些外交官对此事也十分担心，他们对罗莎琳说：在她即将访问的一些国家里，妇女的地位是很低的，根本没有什么权利可言，"她们只是家里的一种摆设，在其他地方全无用处"。一位欧洲外交官还发表了这样的看法："尽管罗莎琳身为美国总统夫人，但拉美的政界领导人是不会把她当回事的。"

但是罗莎琳并不理会这些批评，她照样全力以赴地听取情况介绍，学习语言。她要让指责她拉美之行是浪费时间的那些人知道：他们的看法是错误的。她还要让那些看不起她的人和新闻记者对她刮目相看。更重要的是，要使拉美国家的领导人不能再小瞧妇女。

罗莎琳准备访问的国家，已由卡特总统和国务院等领导机构选好了。它们分别是：牙买加、哥斯达黎加、厄瓜多尔、秘鲁、巴西、哥伦比亚和委内瑞拉。其中对巴西的访问是最重要的。一方面是因为巴西是拉丁美洲最大的国家，因而应该先与它搞好关系；另一方面在卡特政府眼里，巴西一直向发展核能的方向前进，这与卡特提出的限制核武器的政策大相径庭。另外，因卡特政府在人权问题上不断批评巴西，而使美巴两国关系变得非常紧张。

随同罗莎琳出访的有鲍勃·帕斯特和特里·托德曼等人。鲍勃·帕斯特是负责拉丁美洲事务的国家安全顾问。他研究拉美问题已有多年，且能言善辩。特里·托德曼是负责拉美事务的助理国务卿，他曾任驻哥斯达黎加大使，对拉丁美洲的情况了如指掌。在访问期间，每当罗莎琳会见外国元首时，他们两个总是随侍在侧。在整个访问行程中，他们都是罗莎琳的得力帮手。

出访前，罗莎琳就卡特政府的外交政策，做了一个扼要的总结。访问期间，每当她要与某个外国领导人会面时，就先把这份总结迅速地浏览一遍。

JIMMY CARTER

这样一来，既可以明白卡特对该地区的立场和态度，又可以让和她会见的领导人明白，她对情况很熟悉，使对方相信和她进行谈话是有成效的。

5月30日，以罗莎琳为首的代表团出发了！

拉美之行的第一站是牙买加。美国代表团到达时，刚好是雨天，但他们的心情并没有因天气变得糟糕，因为牙买加总理迈克尔·曼利和他夫人热情地迎接了他们。曼利夫人原来是广播电台的一位名人，卡特任州长时，她曾去亚特兰大访问过罗莎琳和卡特还互相赠送过礼品。当时，曼利夫人送给罗莎琳的是一幅画，那幅画一直挂在罗莎琳的家中。罗莎琳对曼利总理有着一种强烈的好奇心，因为国务院在给她介绍曼利的情况时，把他说成是一位"具有一切魅力"的领导人，说他辩才无双、和蔼可亲、处事干练。当时，罗莎琳还不太理解，见了曼利本人后，才知道他果然名不虚传：曼利身材高挑，头发微微卷曲，略微斑白，真是英俊潇洒，极富魅力！

牙买加的问题在加勒比地区那些新兴的发展中国家中很有代表性。因此，罗莎琳的这次访问，不只是对其表示友好，还表明了美国对这个国家乃至整个加勒比地区都很感兴趣。罗莎琳的这次来访也让曼利总理特别高兴。当时，牙买加正处于政治和经济危机中，其经济实际上已处于崩溃边缘。曼利总理在与罗莎琳会谈时说，对发展中国家打击最大的是能源问题。由于在能源方面要耗费巨资，因此，这些发展中国家简直无力支撑自己的经济，牙买加就是一个典型的例子。它是一个岛国，国内拥有的能源资源远远达不到供应需求，所需能源有97%必须从外国购买。他还说，严重的失业也是牙买加面临的巨大问题。据官方统计，失业率为25%，但私下有人说已达40%。牙买加已经快到山穷水尽的地步了，急需大量经济援助，数额多达2亿美元。曼利总理希望罗莎琳能把这一情况转达给卡特总统，请卡特总统谅解他的艰难处境，给予经济支援。

由于古巴是共产党领导的社会主义国家，与美国的关系搞得很僵。而曼利与古巴领导人菲德尔·卡斯特罗关系非常好，所以当他向美国求援时，美国没有立即答应他的请求。在罗莎琳访问牙买加时，美国政府为了改善与牙买加的关系，也正在讨论要不要给牙买加提供经济援助的问题。不过，他们提供的金额与曼利总理要求的数目相差太远。

会谈时，罗莎琳和曼利花了很长时间来讨论曼利的"民主社会主义"政策，及他与卡斯特罗之间的亲密关系。这时，罗莎琳才发现他的口才确实厉害。他竭力为古巴辩护，说现在的古巴已经不是当初的古巴了。古巴与牙买加的关系是绝对建立在原则基础上的，而且古巴还曾无偿援助牙买加修筑堤坝、建造学校、开办渔场、提供医疗保健等等。会谈中，罗莎琳和曼利还就古巴介入安哥拉之事进行了激烈的辩论。曼利说：由于南非先干涉安哥拉，古巴才介入这件事。因此，他代表牙买加政府赞同古巴的做法。罗莎琳马上反驳说，在南非军队抵达安哥拉之前，古巴军队早就乘船前往那里了。当他们谈论到苏联在此事中的立场时，曼利说苏联人也反对古巴介入安哥拉。罗莎琳却说，如果没有苏联在后面支持，古巴是不可能对安哥拉发起军事进攻的。曼利很希望美国和古巴实现关系正常化。罗莎琳告诉他，美国是很愿意同古巴恢复正常关系的，但条件是，在美国看来古巴不再向非洲派驻军队，不再在加勒比地区闹事，也不再在人权问题上违反最基本的准则。罗莎琳告诉曼利，美国打算在古巴设立一个外交利益管理处，这个管理处将设在瑞士驻古巴使馆内。古巴也可以在华盛顿设立一个同样的机构，不过要由捷克斯洛伐克驻美国大使馆代管。这一做法是美国修复与古巴破裂的外交关系的重要一步。曼利听到罗莎琳这么说，很受鼓舞。曼利在会谈中还发表了自己对一些问题的看法，例如，有关贸易和发展中国家需要建立新秩序等问题。罗莎琳认真听取了他的这些观点。曼利还说在福特总统执政期间，牙买加受到美国国务卿亨利·基辛格的冷遇和误解，他没有从美国获得过任何他所需要的援助，他甚至一度怀疑美国中央情报局在暗中策划推翻他的政府。这些情况促使他与古巴建立较为密切的关系。而现在，罗莎琳的来访消除了他的疑虑。

罗莎琳把与曼利会谈期间的讨论内容全都做了记录。后来，在与其他领导人会谈时，她也是这样做的。每一次做完会议记录，她都会在记录后面加上一些准备与对方会谈时再讨论的要点。她还把这些"会谈要点"写在一张卡片上，随身带着。这样，在参加正式宴会或驱车前往招待会时，就可以随时拿出来看看，以确保自己不会遗漏某一点。

在访问期间，罗莎琳的记录十分详尽，包括会谈中发生的事、说过的

JIMMY CARTER

话，全都记录在案。每次会见一个领导人后，她都要把笔记整理出来，再用密电发给卡特总统和国务院，以便华盛顿的专家们研究其中包含的信息。在此期间，罗莎琳和代表团的其他成员一再受到美国情报局的警告，说在他们的房间、甚至连美国大使馆都安装了窃听器。她相信这些警告是真的，因为契普曾告诉过她，他亲身经历的事。有一次，契普去国外访问，在旅馆的房间里，他无意中说："我的烟抽完了。"不料，几分钟后就听到敲门声。开门一看，是个陌生的青年男子。这个人对他说："契普先生，我给您送烟来了。"因而，罗莎琳和随行人员之间不敢讲任何涉及政治实质性内容的话，实在不得已时，她就给随行人员写便条。

在牙买加举行会谈时，马德琳·麦克贝恩和玛丽·霍伊特都没有参加。有一天上午，罗莎琳趁休息的时间，与她们一起去上厕所，但是关于会谈的事，她却什么也不能对她们讲。于是，她把谈话内容简单地写在纸上："他的经济正在崩溃"，"他想让美国给钱"。她与她们一边若无其事地闲话家常，一边把纸条递给她们，让她们传阅。

美国前几届共和党政府执政时期，美国和牙买加两国关系是比较冷淡的，这次罗莎琳前来访问牙买加，标志着美国对牙买加重新产生了兴趣。罗莎琳希望在和曼利举行的 7 小时实质性的会谈中，能帮助美国政府了解曼利的情况，她做到了。罗莎琳与曼利谈了有关正式签署《美洲人权宣言》的事，曼利犹豫了一阵，最终还是答应了。在罗莎琳即将离开牙买加时，曼利还保证在将要召开的"加勒比共同体会议"上为该公约的批准进行疏通活动。而美国政府也批准了给牙买加提供一笔极为可观的支援经费的提案，并派代表与牙买加的金融机构进行了联系。因此，罗莎琳的牙买加之行还是很成功的。

3 继续拉美之行
JIMMY CARTER

在罗莎琳代表团离开牙买加时，美国驻牙买加大使馆的一位官员给白宫发了一封电报说："对普通的牙买加民众来说，总统夫人的这次来访是一次酷似女王的访问。因此，是一件皆大欢喜、令人满意的事情。"这样的评价令罗莎琳感到十分高兴。她怀着愉快的心情率团前往哥斯达黎加继续访问。

在哥斯达黎加，罗莎琳等人受到的待遇，与在牙买加时不相上下：数千名群众在公路两旁欢迎她们。长期以来，哥斯达黎加与美国的关系一直很好。由于它没有军队，所以政府把大笔资金用于社会发展。全国受过文化教育的人数高达96%。罗莎琳在此访问期间，拜访了一所弱智和聋哑儿童学校。她了解到，在这里的所有孩子都能够上学，包括身体和精神上有缺陷的儿童。在哥斯达黎加，人们对艺术有着很浓的兴趣。哥斯达黎加政府邀请罗莎琳一行去听演奏会，表演节目的是该国国家青年交响乐团的演员。他们演奏的乐曲十分优美动听，罗莎琳诚心邀请他们去白宫做客。第二年，他们真的应邀去了白宫，并在露天音乐会上表演了节目。

哥斯达黎加总统丹尼尔·奥杜维尔是个富有魅力的人，英语讲得也很棒。他不仅在本国是位深得人心的民主领袖，即使在整个拉美，甚至欧洲的许多国家，也极负盛名。拉美的许多国家都是男子至上，女人的地位很低，几乎不参与政事，哥斯达黎加就是这类国家一个典型的例子。奥杜维尔总统根本没有同女人谈过政事，因此，他不知道该怎样对待罗莎琳。在与罗莎琳第一次会谈时，他把他的夫人也一起带来了。他认为罗莎琳可能与他的夫人更谈得来。每次无论罗莎琳问他什么问题，他都不予回答，但如果是美国代表团中的男士发问，他总是积极发表自己的意见。罗莎琳决定要引起奥杜维尔的注意，让他发表自己的意见。经过努力，奥杜维尔终于开始回答罗莎琳提出的问题了。

哥斯达黎加是向美国供应香蕉、咖啡和牛肉最多的拉丁美洲国家，而且这个国家也是以此为经济支柱的。可是，由于美国限制进口，哥斯达黎加的经济逐渐陷入了困境。奥杜维尔与罗莎琳谈到贸易问题时，表示不愿意在这个问题上给罗莎琳添太多麻烦，但罗莎琳鼓励他多谈谈自己的看法。奥杜维尔说，哥斯达黎加是一个小国，只要美国的进口略有增加，他们的情况就会有所好转。他还和罗莎琳讨论了开辟拉美产品新市场的必要性。

会谈结束时，罗莎琳问奥杜维尔："您希望我给卡特总统带回什么信息？"奥杜维尔回答说："请您告诉总统，我国政府会坚决支持他在人权问题上的立场，支持非军事化及有关必须全面削减军费开支的主张。"他也要罗莎琳转告卡特总统，如果咖啡价格大幅度下跌，他们的政府可能将不得不购买武器，以预防可能发生的"社会动乱"。后来，哥斯达黎加的咖啡变得昂贵起来，那里的人民生活水平也提高了很多。

在罗莎琳访问哥斯达黎加期间，卡特签署了《美洲人权宣言》，为的是强调他对人权问题所做出的保证。这个宣言是美洲国家就尊重和保障人权达成的一项协议。但是只有哥斯达黎加和哥伦比亚两国签署。因此敦促其他国家的领导人尽快签署和批准这项宣言，就成了罗莎琳此行的一项任务。这是一个不好处理的问题，但罗莎琳还是取得了部分成功。她在牙买加时，就促使曼利总理签署了这一宣言。卡特对这个问题一直都很关注，到他任期结束时，已经有13个国家批准了这项公约，并使其正式生效。

在哥斯达黎加的访问结束后，他们的下一站是厄瓜多尔。厄瓜多尔是一个由军人统治的国家。因此，欢迎他们的队伍由学生和士兵组成，这让他们觉得这个欢迎仪式既热烈又冷淡。美国与厄瓜多尔在关于石油禁运问题上有争议，从而导致了两国关系的恶化。1973年，石油输出国组织对美国实行石油禁运活动，那时，厄瓜多尔正好加入了这个组织。美国政府对石油输出国组织的国家进行了还击，在没有查证实情的情况下，即取消参与这个组织的所有国家所享有的贸易优惠待遇。其实，厄瓜多尔和委内瑞拉当时虽然都参加了这个组织，却没有参与对美国的石油禁运。因此，厄瓜多尔政府对于美国取消其贸易优惠待遇感到愤怒。从此，厄瓜多尔不欢迎美国任何一位国家领导人前来访问。在罗莎琳来访前不久，卡特政府阻止了厄瓜多尔政府向以色列购买尖端飞机的事，这令厄瓜多尔对美国更为不满。

这次，罗莎琳前来访问，带来了缓解两国关系的机会。美国有与厄瓜多尔修好的想法，厄瓜多尔政府也想趁机把他们的意见表达出来，让罗莎琳带回美国。第一次会谈的气氛是严肃的。他们谈了有关石油禁运的事。

在谈到有关购买尖端飞机的事时，厄瓜多尔的海军上将阿尔弗雷多·波维达说，秘鲁向苏联购买了坦克和战斗机，再加上厄瓜多尔在紧靠秘鲁的地方发现了油田，他们担心秘鲁会对厄瓜多尔发动进攻，因此他们需要美国的帮助。罗莎琳答应把他们的想法转达给卡特总统。疙瘩解开后，在以后的会谈中，双方相处得越来越融洽。罗莎琳结束访问时，波维达上将已经答应签署《美洲人权宣言》了。这也是罗莎琳此次访问的一大收获。

秘鲁同厄瓜多尔一样，也是一个由军人执政的国家，政府领导人是陆军上将弗朗西斯科·莫拉莱斯·贝穆德斯。罗莎琳与他见面时，两人都很愉快。罗莎琳把卡特的政策向贝穆德斯讲述后，话题一转，就提到了秘鲁扩充军备的问题。听到这个问题，贝穆德斯开始坐立不安起来，当罗莎琳把厄瓜多尔人的担心向他讲明后，他立刻一反常态，走到办公桌前，把他准备好的材料拿了出来。贝穆德斯对罗莎琳说，他起先并没有把握跟罗莎琳谈论这个问题，既然罗莎琳把这个问题挑明了，他觉得有必要对此进行一番深谈。秘鲁与厄瓜多尔有着同样的问题，即担心邻国入侵。它与五个国家相邻，而这些国家在过去一直都是它的敌对国。因此，贝穆德斯的目标就是建立一个强大的能够自保的国家。关于扩充军备的事，他向罗莎琳做了解释，说秘鲁政府只是向苏联买了一些必备物资而已，外面的传闻不足为信。罗莎琳向他提议，他们应该表明自己的意图，"是为了防御而不是进攻"。贝穆德斯表示他已经这么做了。在后来的会谈中，他们一直相处得非常愉快。在离开秘鲁时，罗莎琳已经与贝穆德斯建立了一种真正的友谊。

卡特总统在就职演说时，就已经表明了他在核武器问题上的立场：在全球消灭一切核武器。他希望中美洲和南美洲成为"无核区"。1967年，在墨西哥城有人提出了一项条约，该条约对核武器问题做了明确规定，禁止在拉丁美洲和加勒比地区部署核武器。如果这项条约获得批准，上述目的就能达到。卡特总统在罗莎琳出访拉美之前，当着墨西哥外长的面签署了这一条约，然后他又嘱咐罗莎琳，让她在访问期间，鼓励她所会见的每一位领导人，努力使该条约生效。

巴西和美国的关系向来很好，可是卡特总统上台后，他们的关系却处

JIMMY CARTER

于了紧张状况。一方面是卡特总统签署了反对核武器的条约后不久，巴西从原西德购买了一家核再加工工厂，这家工厂具有生产原子核武器加工设备。卡特就此问题，不但与原西德政府进行了交涉，还向巴西政府施加压力，以迫使其放弃购买核再加工工厂的交易。另一方面美国认为巴西政府有剥夺公民人权、虐待政治犯的问题。

罗莎琳知道美国和巴西之间矛盾的缘由，因此，她此次巴西之行的主要任务就是解释卡特在人权、防止核扩散等问题上的主张及立场，希望以此缓和美巴两国的紧张关系。尽管如此，罗莎琳一行刚抵达巴西，巴西总统埃内斯托·盖泽尔还是很热情地接待了他们。在会谈中，罗莎琳认为盖泽尔在人权问题上比较开明，但在关于购买核再加工工厂的事情上却是强硬的。巴西是个新兴的工业国家，国内各种资源丰富，唯独石油匮乏。每年巴西光进口石油，就得花上数十亿美元。巴西政府认为要彻底解决这个问题的办法，就是购买一家核再加工工厂。基于这个原因，巴西反对一切阻止它购买核工厂的提议和行动。可是，核加工厂的加工设备会把使用过的核燃料变成核爆炸物，这恰恰是美国政府反对的。因此，两国在这个问题上产生了很大分歧。尽管罗莎琳费尽口舌向盖泽尔解释，即使不用购买核加工厂，仍然能获得核电。可盖泽尔认为这跟购买核加工厂是两码事，坚持要签这个购买合同。不过，后来由于财力问题，盖泽尔取消了购买这个工厂的计划。罗莎琳在巴西的成绩虽然不大，却得出这样一个结论：两国确实有分歧，但如果努力寻求解决的方法，还是有望恢复正常关系的。

在哥伦比亚，罗莎琳和哥伦比亚总统阿方索·洛佩斯·米切尔森会谈的内容，主要是有关毒品方面的。哥伦比亚是美国市场可卡因的主要供应者，罗莎琳希望米切尔森总统能够与美国政府配合，共同抵制毒品。最后，双方在制止两国边境走私的问题上达成了合作协议。

罗莎琳拉美之行的最后一站是委内瑞拉。罗莎琳临行前得到的指示是：在与外国领导人会谈时，不要为以前的政策失误辩解，而要倾听其对当前问题的看法。同时，也不要随便许诺。在处理问题时，要注意自己的言行举止，不要给别人留下美国试图对一个国家指手画脚的印象。在这次访问中，改变美国家长式作风的名声是首要任务。罗莎琳在这件事上一直做得相当好，但在委内瑞拉仍出现了一次小失误。罗莎琳失言说："我重视我们之间的'特殊关系'。"事后她才发现，"特殊关系"在外交辞令中正好是家长式统治的代称。委内瑞拉政府在人权问题和禁止核扩散方面都很支持卡特，因此，罗莎琳和委内瑞拉总统卡洛斯·安德烈斯·佩雷斯相谈甚欢。不过，这两个问题并不是他们会谈的重点，重点是有关美国取消了该国的贸易最惠国待遇。委内瑞拉和厄瓜多尔一样，虽然属于石油输出国组织，却没有参与1973年对美国的石油禁运。佩雷斯请罗莎琳转告卡特，希望恢复对委内瑞拉贸易最惠国待遇，罗莎琳答应了他的要求。

离开委内瑞拉后，罗莎琳的拉美之行就此结束。当罗莎琳离开拉丁美洲，飞洋过海，向美国行进时，收到卡特发来的一封电报："美利坚合众国总统敬请您光临今晚8：30在阿斯彭举行的晚宴。"当然，她很高兴地接受了这个邀请。

4 巴拿马运河问题
JIMMY CARTER

巴拿马运河是连接大西洋和太平洋的交通要道，宽10英里，对美国而言，具有战略性地位和经济价值。1903年，美国经过精心策划，煽动巴拿马人反叛。接着，美国海军遂介入巴拿马，使巴拿马从当时称为"辛格兰纳达"的哥伦比亚联邦中分裂出来。1903年11月3日，巴拿马宣布独立。半个月后，美国把一项不平等条约强加在了巴拿马人民的头上。

这项条约规定：美国享有永久的独自管控巴拿马运河区的权利，运河区包括巴拿马中部北起加勒比海滨、南达太平洋海岸总面积为553平方英里的领土。不得已，巴拿马以租赁的形式把这个地区让给了美国。这个区域把巴拿马拦腰切成了两半。美国有权在位于这个区域两端的巴拿马城和科隆市维持秩序，有权在这个区域内驻扎军队，"或建立要塞"。这项条约后来被称为"1903年条约"。自此，美国取得了建造和使用巴拿马运河的权利。

JIMMY CARTER

巴拿马运河是数以万名黑人，以及意大利、中国、希腊等国工人的死亡为代价于1881年开凿的。美国总统任命一名总督对巴拿马运河区实行统治，并派重兵把守，甚至连巴拿马共和国首都巴拿马城附近的巴尔博亚，都设有美国海军的特种舰队。运河区内不但设立了美国政府的各个部门，还规定区域内不准悬挂巴拿马共和国国旗，只准飘美国的星条旗。巴拿马运河的开通，给美国发展带来了很大益处。以后，美国西部和南部经济的开发，都跟这条运河有关。运河的开通还为美国海军对外扩张，提供了更便利的条件。

但是，巴拿马人民对自己国家被分裂，国土被侵占、政治遭凌辱、军事受控制、经济被掠夺的现状难以容忍。1903年的条约签订以后，他们多次向美国抗议，要求收回主权。巴拿马政府也多次与美国政府交涉，使美国做了很大让步，但这些让步都是在不触动1903年条约基本条款的基础上作出的。

为了和缓两国关系，两国还在1963年12月达成一项协议，在运河区的学校门前，不管是巴拿马国旗还是美国国旗，都禁止悬挂。这使两国关系暂时有所缓和。

但就在1964年元月，这项协议遭到了严重的破坏。元月9日，有几个美国学生在运河区的一所学校里升起了美国国旗，引起了巴拿马学生的强烈抗议。由此引发了一场反美斗争风暴。

起先，只是巴拿马学生在巴拿马城和运河区举行游行示威，后来卷入的巴拿马人越来越多，他们在运河区升起了巴拿马国旗。这引起了美国军队的血腥镇压，他们竟然动用坦克和机枪，对付手无寸铁的巴拿马人民。经过3天的流血冲突，20多个巴拿马爱国人士为了民族独立和国家主权，献出了宝贵的生命，数百名巴拿马人受了伤。消息传开，巴拿马举国愤怒，人民全体罢工，进行示威游行。美国在巴拿马城的大使馆及新闻处被袭击、焚烧，在运河区的银行被捣毁。巴拿马全国人民纷纷要求收回运河区主权，严惩运河区美军总司令，撤走美国在运河区内的所有军队。在这次斗争中壮烈牺牲的烈士灵前，巴拿马人民表示了斗争到底的决心。巴拿马政府也采取了行动，立即与美国政府断绝外交关系，强烈谴责美国的侵

JIMMY CARTER

第八章 外交政策

略行径。但是美国政府官员却一直为自己辩解，说那样做只是为了保护他们的合法权利和美国国民的安全。这更让巴拿马人民愤怒，他们与美国进行了更激烈的斗争。巴拿马举国人民的怒吼，赢得了整个拉丁美洲和全世界人民的同情和声援。在这种情况下，美国政府不得不低头，于1964年4月同意与巴拿马政府谈判，重新签订一个条约来代替"1903年条约"。

美国政府与巴拿马政府就是从这时开始，就巴拿马运河问题进行谈判的。在谈判中，美国政府在一些具体问题上做了让步，但一接触到关键条款，就不愿意妥协。1967年6月，美国总统约翰逊与巴拿马有关领导人就3项条款达成协议。但美国国会却坚决反对这些条约，条约只好被搁置起来。

1970年，美国总统尼克松再次开始谈判，以求缓和冲突，但未有显著进展。直到1974年2月，美国政府和巴拿马政府的谈判才有了进展，它们共同发表了一项关于指导巴拿马运河谈判原则的联合声明。可是美国国内的反对声极为猛烈，因为在这项声明里，美国永久控制巴拿马运河的条款被取消了。福特总统也为之努力过，但最后还是以失败告终。因此，这个谈判从约翰逊政府到尼克松政府，再到福特政府，虽历时十余年，却始终没能达成一致协议。

巴拿马曾经是美国的盟友，但长期以来，由于巴拿马运河问题不能解决，让巴拿马人非常不满，不可避免地伤了两国的和气，也危及美国与拉丁国家以及第三世界国家的关系。卡特担任总统后，希望就运河问题与巴拿马再次商谈。在卡特参加总统竞选时，他就不断被问及有关巴拿马运河的问题。在他详细了解了美国与巴拿马的历史背景之后，决定一旦他当选为总统，就会继续同巴拿马人谈判，因为根据原条约，巴拿马保有法定主权。他还将巴拿马运河的事归于人权问题。

大选过后，卡特同他的外交顾问们进行了磋商。得出的结论是，如果他们要认真同巴拿马谈判，就必须面对这样的现实：谈判必须立即展开，因为巴拿马人对美国政府长期的拖延政策已经难以忍耐；巴拿马人要求，在最终的协议里，必须包含逐步停止美国对运河的绝对控制以及承认巴拿马的主权；巴拿马在外交上，已经获得拉丁美洲、亚洲、非洲等第三世界

JIMMY CARTER

国家的广泛支持。

最终，卡特在巴拿马运河问题上决定妥协，因为怎样处理这个问题，将显示出美国是如何对待自己的伙伴和支持者，更何况它又是一个弱小的国家。巴拿马运河问题将是人权外交的试金石。但卡特也担心，一旦和谈失败，巴拿马人很可能会采取游击战，破坏运河的水闸、水坝和发电厂。他的军事顾问也告诉他，一旦巴拿马采取这种行动，美国就需要向运河沿线派出10万大军。事实上，美国驻扎在运河区的军队，还不到1万。还有一些美军高级将领认为，就是派10万大军，也难以对付游击队，仍保不住巴拿马运河。

美国高级将领的担心不无道理。原来，大西洋和太平洋河床都低于巴拿马运河的水面，船只要通过运河就要有相应的水位。于是美国政府在运河两端建造了三座大水闸，这样便于调节水位。但是每过一艘船，就要耗费大量的水。于是，美国政府在运河中部和北部的两个湖边，分别建筑了大水坝，用于蓄水。为了提升、下降水闸和水坝的闸门，他们又在运河北边的科隆市修建了大型发电厂。如果巴拿马人被惹急了，他们只要派出很少的人，就足以破坏水闸、水坝和电厂，使运河瘫痪，这样的话，船只将很难通过，更别说派海军了。另外，运河区的地形是：山势层峦叠嶂，沼泽遍地横生，丛林郁郁葱葱，便于游击队出没。可对美国正规军来说，那简直就是地狱。

于是，卡特总统派遣律师兼外交家利诺维兹及国务院资深官员邦克，率领美国代表团前往巴拿马谈判。起初几个月，虽然双方都以极大的诚意来谈判，但是为了维护各自的利益，都不愿妥协。当时，美国代表团力图保护本国的利益，毫不相让；而巴拿马人在谈判桌上跟他们一样强硬。因为巴拿马人民热切地希望能够收回巴拿马对运河区的主权。

卡特就任总统的前两周，巴拿马外交部长阿基利诺·博伊德访问了华盛顿，会见了即将上任的国务卿万斯，并研究了悬而未决的巴拿马运河问题。1977年2月14日，美国与巴拿马的谈判代表在巴拿马进行了会谈，但没有取得多少进展。虽然巴拿马人认为美国政府提出的一些条件是对他们主权的侵犯，但卡特总统却坚决不在这些重要问题上让步。他认为美国必须享有优先通过运河的权利保证，还必须享有将来无论什么时候，都有出兵保护运河免遭外来威胁的权利。

3月13日，美国谈判代表同巴拿马代表在华盛顿又展开了一次会谈。美国谈判代表提出了两项条约的建议：第一项，宣称巴拿马运河将归还巴拿马政府，但是在2000年之前，由两国共同管理，到2000年时，巴拿马政府将完全控管巴拿马运河。第二项，保证运河永久中立和美国保有派遣军队回巴拿马运河区的永久性权利。经过多次争论，5月18日，巴拿马代表同意了中立这一条款，但也向美国提出条件：美国的保护权只能施用于对付外来威胁，对于来自内部的危险，则由巴拿马来应付，美国不得干涉。美国国防部长哈罗德·布朗和参谋长联席会议主席乔治·布朗都赞成在草拟协议中采用这个条件。

到5月底时，双方达成了协议。卡特和他的领导班子都很高兴。他们开始向国会议员们详细地介绍有关协议的情况。为了使这两项新条约得到批准，他们也开始加紧为辩论进行准备，他们把主要精力集中在参议院——因为通过一项条约，参议院必须有67名参议员支持。谁知5月30日，巴拿马政府突然又给美国加了一个条件：一次支付10亿多美元，并在2000年以前，每年要支付3亿美元。虽然美国政府答应了增加巴拿马的收入，但除了那些运河本身获得的收入之外，他们不会同意向巴拿马支付任何其他款项。而且他们的立场是不可动摇的，但巴拿马人不同意美国政府这一说法。

在这个问题上，美国和巴拿马两国谈判代表又讨论了几个星期，没有丝毫的进展，谈判陷入了僵局。7月29日，卡特总统会见了美国和巴拿马的谈判代表，他们一致认为，只有卡特与巴拿马领导人托里霍斯将军直接谈判，才能解决这个有争议的问题。

卡特亲自给托里霍斯将军写了一封信，请巴拿马谈判代表代为转交。在信中，卡特说，美国提出的是最后建议，而这个建议是"慷慨而公平合理的"。在与其他拉美领导人磋商后，8月5日，托里霍斯将军宣布，巴拿马政府接受美国的这一建议。

这对美国来说，是一个好消息，但防卫问题仍未解决。8月10日，美

JIMMY CARTER

国谈判代表利诺维茨的任职期就要满了,他此后将不再担任这个职务。因为利诺维茨参加谈判小组,对双方主动采取行动、努力达成协议有很大帮助。所以,当巴拿马谈判代表得知利诺维茨即将离任的消息时,在协议的很多细节上都做了让步。终于,在利诺维茨任职的最后一天,谈判宣告成功。卡特很满意协议中的规定,宽慰地松了一口气。

此后,他们开始起草两项条约文本。其中的一项条约规定,美国政府将把运河区领土的大部分归还给巴拿马政府,由两国一起经营和养护。他们将以伙伴的关系,在 2000 年之前,一起对运河进行营运控制。而美国有权在其现有的运河区驻军保卫运河。在 2000 年,美国才会撤出全部军队。但是还有一项单独的"中立"条约,其内容是美国军队保有重返运河的永久性权利,以便使运河免于外来威胁。条约最后加了一条:在紧急时期,美国军舰有迅速通行的权力。

这个结果是邦克和利诺维茨的一个显著政绩。十几年来,美国和巴拿马一直未能缔结一项双方都满意的协议。这次在他们两人的努力下,两国终于达成了对双方都有利的协议。

接下来的问题就是双方要在各自的国家使这两项新条约得到批准。巴拿马政府的做法是,把它直接交给人民,让人民决定。结果是大多数人表示赞成。

而在美国,事情就没有这么顺利了。按照美国宪法的规定,凡政府与外国缔结的条约,必须经国会、参议院三分之二票数通过才能生效。所以要使这两项条约都获得批准,卡特在国会和参议院必须各得总票数的三分之二。

在卡特之前,美国的历任总统在巴拿马运河问题上,都有过与卡特类似的做法,也都因为国内强烈的反对声而作罢。卡特深知一旦国会通过这两项新条约将是他人生中的一项重大成就。1976 年,美国大选时,巴拿马问题曾是大家争论的焦点,当时,罗纳德·里根州长就是借这个问题来攻击福特政府的,他说:"说到巴拿马运河问题,运河是我们出钱建造的,就应该是我们的。我们还应该告诉巴拿马政府,我们要保护它。"他的这一论调,在当时赢得了不少的掌声。还要解释一下,关于把巴拿马运河归还给巴拿马人的问题，虽然美国总统和巴拿马政府达成过协议，而其中牵涉到把土地、建筑物和设备归还给巴拿马等诸多问题，则由众议院管理。因此，美国政府必须向众议院提交立法案。众议院批准后，协议才能生效。但每一次，众议院都因持反对意见的人占多数而不能通过。

关于巴拿马运河问题，美国人民也是意见各异。1977年进行的一项民意调查显示，有78%的美国人不愿意"放弃"运河，只有8%的民众认为可以接受"放弃"。这项民意调查的时间，刚好是新条约即将送往国会讨论的时间。

在参议院审议新条约之前，反对新条约的人就已经开始行动了。他们说新条约是卖国的，错误的。理由是：一、巴拿马运河是美国自己出资修建的，那它就是美国的，不能给巴拿马；二、他们认为巴拿马人没有能力管理这条运河，"巴拿马人接管这条运河之时，也就是这条运河灭亡之日"。他们还根据宪法向法院提出起诉，声称由于要移交财产，因而该条约必须经由众、参两院批准。他们还在报刊上登广告，利用广播和电视台大肆宣传自己的观点。为了达到不使新条约通过的目的，这些人给议员施加压力，使其中一些倾向于赞成新条约的人不敢投赞成票。他们还发起一个给议员写信的运动。顿时，反对通过新条约的信，像雪片一样从全国各地涌进了华盛顿的国会山，堆在一些议员的办公桌上。信的大致内容是：你要是还想继续当议员，就得听我的，对新条约投反对票，否则，下次议员的位置就没你的份。

卡特总统为了给国会，特别是参议员施加影响，与反对派相抗衡，采取了如下措施：首先，他邀请除古巴以外的所有拉丁美洲国家的领导人出席新条约的签字仪式，向反对派示威。他想以此向反对派证明，如果新条约不能通过，会影响到美国与拉美近30个国家的关系，这样的后果有多严重，是不言而喻的。同时，这项措施也使那些倾向于赞成新条约的议员立场更加坚定。其次，大造舆论优势。卡特总统派国务卿万斯、国防部长布朗等政府高级官员，向全国各地的人民宣传新条约。白宫则向全国所有的新闻机构发出了为新条约做辩护的"事实说明书"。卡特总统还亲自与重要的新闻记者和报刊主编会谈，就新条约做了说明。最后，抓紧做共和党

JIMMY CARTER

议员的工作。对于民主党议员，卡特总统做工作比较方便。但想说服共和党议员，就很困难了。他拜访了前任总统杰拉尔德·福特，前任国务卿亨利·基辛格和现任参议院共和党领袖霍华德·贝克。

福特还想竞选下一届总统。基辛格也希望在下一次的大选中共和党能够取得胜利，那时，他自己就有重新出山的机会。但如果福特和基辛格协助卡特总统宣传新条约，使之在国会通过，这将有利于提高卡特总统在全国的声望，而不利于福特和基辛格实现自己在官场上的抱负。可他们又没法推辞，因为与巴拿马达成新条约是他们在任时，没有完成的事。现在，卡特总统办成了，请他们出面帮忙宣传一下，如果拒绝，实在说不过去。贝克也想竞选下一届总统，但他还是支持卡特总统签署新条约的。在此之前，参议院民主党领袖对贝克说："如果我们两人之中，有一个人投反对票，这两个新条约就不能通过。如果我们都投赞成票，新条约就一定能够通过。"贝克知道这句话的分量有多重。假如自己投反对票，而条约还是通过了，这对自己竞选下一届的总统不利。权衡再三，最后，福特，基辛格和贝克都同意帮卡特总统的忙。

除此之外，卡特自己也做了很大努力。1977年9月，他与100位参议员交流。除了几位反对得比较厉害的人以外，他私下里分别同他们见了面。但只有30位议员当场表示会投赞成票。在参议院对这两个条约进行研讨期间，卡特总统仍然坚持不懈对一些议员做争取工作，他打了无数个电话，举行了多次会议，竭力向议员说明这两个条约对美国的重要性。即使在签约前的最后几天，卡特还在集中力量做十几位还没拿定主意议员的工作，最后又获得了37位议员的支持。1978年3月，参议院终于批准了第一个条约。一个月后，第二个条约也获得了通过。

巴拿马条约的通过，使很多美国人对卡特总统心生不满。卡特总统认为这可能会影响他竞选连任。不过，他并没有因此后悔，而是认为与巴拿马签署条约是他一生中最值得骄傲的成果，也是他任内承诺的人权外交的具体表现。

5 与中国建交
JIMMY CARTER

卡特在和巴拿马及其他拉丁美洲国家改善外交关系的同时，也寻求与中国建立新关系。1949年，中华人民共和国成立，蒋介石国民党政府逃至台湾地区，美国仍继续为其提供经济和军事援助。1950年，美国在朝鲜半岛发动了大规模的侵略战争，并把战火燃烧到鸭绿江边，朝鲜和中国都面临巨大的战争威胁。为了保卫和平，抗击侵略，中国人民志愿军毅然跨过鸭绿江，抗美援朝，保家卫国。同年，美国总统杜鲁门命令美国第7舰队进入台湾海峡，企图以武力阻止中国大陆统一台湾地区。1954年，美国艾森豪威尔政府又与中国台湾当局签订了《共同防御条约》。就这样，美国与新中国的关系一步步恶化，以致最终导致两国关系交恶。

中华人民共和国成立后，随着生产力的日益发展，国力也随之逐渐强盛起来。对国际事务的影响力也日渐增强。这让很多国家认识到，在外交上忽视中国的做法是不明智的。

1969年，理查德·尼克松出任总统。他为中美关系的缓和做出了不少努力。他发表了多次讲话，说中国是个不可忽视的大国，它的经济力量以及由此带来的其他方面的成就，对世界其他国家的影响是不容小觑的，美国应该与中国建立外交关系。他还说：“我要为美国解决中国问题，做出比肯尼迪总统更大的成绩。”1970年12月，毛泽东主席与美国友人埃德加·斯诺进行了谈话。1971年4月，中国政府邀请美国乒乓球队访华，周恩来总理亲自接见了他们。同年7月，美国国家安全事务顾问亨利·基辛格访问北京。1972年2月，尼克松总统访问中国，与周恩来总理在上海发表了《中美联合公报》，这个公报又称《上海公报》，美国承认只有一个中国。

尼克松总统访华及公报的发表，不只是中美两国，也是全世界的重大事件，受到中美两国人民和世界人民的欢迎。1973年，中美两国各自还在对方的首都设立了联络处，这使两国正式建交又向前迈出了一大步。两国

JIMMY CARTER

政府开始有了接触，两国人民也逐渐有了往来。

关于两国关系正常化的问题，双方继续进行讨论。中国政府明确地表明了自己的立场：一，美国要断绝与中国台湾当局的外交关系；二，美国应废除与台湾当局在1954年签订的《共同防御条约》；三，美国要撤走其在台湾地区的全部武装力量和军事设施。但后来由于美国发生了水门事件，尼克松的总统地位摇摇欲坠，而且美国国会中支持台湾地区的大有人在，关于中国的这三项原则，美国政府当时没能做出决定。尼克松总统下台后，继任的福特总统，由于各种原因也没有实现中美关系的突破。于是，中美建交的历史重任就落在了卡特政府的肩上。

卡特总统上任后，便把美国与中国关系正常化列为任内最优先考虑的工作之一。卡特年轻时就到过中国，那时，他是作为美国海军军官第一次到中国，在青岛附近的海域执行任务。

1977年2月1日，卡特会见了中国驻美联络处主任黄镇，会谈持续了一个半小时。当时在场的还有卡特最得力的助手：副总统蒙代尔、国务卿万斯、国家安全事务顾问布热津斯基。他们的谈话涉及各个方面，但主要内容还是美国和中国准备走向关系正常化。

在谈话结束的当天，白宫就此事发表了一份新闻公报，说卡特总统向黄镇主任申明："对于与中国的关系，我们将以《上海公报》为指导，我国的目标是使两国关系正常化。我认为，美国和中国在很多地方都有共同利益，为了我们双方的利益，我希望我们的合作能够得到加强。"

3月，卡特总统去联合国总部发表演讲，在谈到对华政策时，他说："我们要为进一步发展美国与中国的关系继续努力。因为我们双方在维持亚洲局势稳定方面有着共同的利益，而且我们将本着《上海公报》的精神行事。"5月，卡特总统任命刚退休的联合汽车工人工会主席伦纳德·伍德科克为驻北京联络处主任。伍德科克在美国社会上是个很有身份的人。他沉默寡言，办事却很有魄力。8月，美国国务卿万斯访问了中国。双方仍就中、美关系的问题进行商讨。会谈期间的气氛很融洽，但由于美国提出了与中国关系正常化的同时，又要与台湾地区保持适当联系的建议，双方因此没有达成任何协议。

JIMMY CARTER

但卡特总统仍坚持与中国建交，他与他的幕僚们继续为这件事而努力着。与此同时，伍德科克也在中国取得了一些进展。1978年2月，他回国述职，向卡特总统报告了他在中国的情形，并把自己将要同一位美国护士沙伦·图伊结婚的事告诉了卡特总统。卡特总统为他感到高兴，并写了一封祝贺信，让他交给沙伦。卡特总统还向伍德科克表示，希望他在与中国政府会谈时能够取得同样的成功。4月，伍德科克在北京同沙伦举行了婚礼，他在婚礼仪式上半开玩笑地说，希望这个仪式是美国同中国关系走向正常化的一个小进步。

7月，两国政府代表开始谈判。双方把积累多年的问题都拿出来讨论，包括贸易、要求偿还资金及领事方面的问题。这些问题谈完后，双方开始谨慎地就最后也是最有争议的台湾地区问题展开讨论。由于双方事前都做了不少准备工作，因而在这个最难解决的问题上，最终达成了协议。两国政府代表约定在同一时间，即华盛顿时间12月15日晚上9时，北京时间12月16日上午10时同时公布联合公报。会谈结束后，邓小平副总理表示会在1979年元月底访问美国。这次成功的会谈标志着双方政府在政治上的对立从此结束了。

关于与中国政府谈判的事，除了相关的人知道外，卡特对其他人都实行保密措施。谈判成功后，他决定照协议上说的做。1978年12月15日晚上9时，卡特向全美国人民宣布了这个消息。他本来还担心美国人民和国会会对此表示强烈反对，谁知各方面反应都很好，而且美国民众还表现得很兴奋。尼克松对此也感到非常高兴。

1979年元月底到2月初，邓小平副总理应邀正式访问美国。这是中华人民共和国成立以来，政府领导人第一次正式访问美国，也是中美两国关系的重大进步。邓小平副总理到达白宫的当天，卡特总统为他举行了隆重的欢迎仪式，并在白宫设宴，为邓小平副总理接风洗尘。当晚，卡特总统在美国首都最豪华的表演艺术场举行文艺晚会，招待邓副总理。

访问期间，中美双方签订了几项协定，有技术方面的、也有文化方面的。同时还发表了联合公报，公报说，双方决心为维护国际和平、安全和民族独立而努力。

第八章 外交政策

JIMMY CARTER

邓小平副总理的这次访问很成功,他不仅访问了佐治亚州的亚特兰大、得克萨斯州的休斯敦,还访问了华盛顿州的西雅图。卡特对这次会谈做了这样的评价:他很坦诚,访问也很有价值,建立了扩展双方关系的基础。

对于与中国建交这件事,卡特在他的回忆录《保持信念》中写道:"在我就任总统期间,中国问题是我们外交政策工作中,获得比预期想象要满意的少数工作之一。"1979年3月1日,美国政府和中国政府把在对方首都设立的联络处正式改为大使馆。

JIMMY CARTER
第九章
中东问题

到卡特总统上台，第三次中东战争中被以色列占领的区域仍没有物归原主，埃及和叙利亚都没有同以色列缔结和约，更没有外交往来。

美国前几任总统都曾为此努力过，最终都失败了。卡特上台后，开始着手实施"中东和平计划"，他呼吁给予巴勒斯坦人自决权，并建议以色列撤回到1967年的边界。

1979年3月26日，萨达特总统和贝京总理及卡特齐集白宫南草坪，签订了具有历史意义的《戴维营协定》。同年，萨达特总统和贝京总理共同获得了诺贝尔和平奖。对于他们获得的殊荣，卡特总统是功不可没的。

JIMMY CARTER

第九章 中东问题

1 埃及和以色列
JIMMY CARTER

在公元前 20 世纪，巴勒斯坦阿拉伯人的祖先，就开始在地中海东岸的巴勒斯坦定居。现在，这一地区被称为中东，又称近东。公元 12 世纪后，埃及希伯莱部落迁居到巴勒斯坦，并在那里建立了希伯莱王国。以后分裂为南北两个国家，北部的叫以色列王国，南部的叫犹太王国。后来，中东地区由于战乱，犹太王国灭亡了，犹太人外逃，散居于世界各地。而中东地区就由邻近几个大国轮番占领。

第二次世界大战前，中东地区主要是英、法两国的势力范围。1917 年，英国外交大臣贝尔福提出了"在巴勒斯坦为犹太人建立一个民族之家"的建议，简称《贝尔福宣言》。这一宣言是英国政府支持世界"犹太复国主义者"的最早政策性文件，很快得到了所有协约国政府的认同，美国也是其中的重要支持者。从此，"犹太复国主义者"便有了依据，下定决心要在巴勒斯坦建立犹太国，与此同时，"犹太复国主义者"和阿拉伯人之间的冲突也开始了。

战后，美国势力取代了英、法，把这个地区变成了自己的势力范围，此后的每届美国政府都非常重视中东问题。尔后，苏联也跻身中东。为了争夺中东地区，两个超级大国展开了拉锯战。

当时，美国总统杜鲁门就提出："中东是对美国极其重要的地区。"为了压制阿拉伯民族的解放运动，美国在中东地区培植代理人。此外，还利用《贝尔福宣言》的提议，提出对巴勒斯坦实行阿拉伯人和犹太人分治的建议。

1974 年 11 月，第二届联合国大会在美国的操控下，通过了杜鲁门早已提出的分治决议，规定在那里建立一个"阿拉伯国"和"犹太国"。决议中，这两个国家的划分区域是极不平等的："犹太国"得到的是沿地中海的肥沃地带，而给占人口三分之二的巴勒斯坦人的"阿拉伯国"留下的是不毛之地。阿拉伯人的清真寺以及犹太人的基督教圣地所在地耶路撒冷市，则由两个国家共同管理。

此后，美国每届总统上台，"中东问题"都是他们重点解决的问题之一。

艾森豪威尔时期的国务卿约翰·杜斯勒说："中东地区的战略地位极其重要，它是欧洲、亚洲、非洲之间的桥梁……它是三大宗教基督教、伊斯兰教、犹太教的发源地，而这三教又恰恰能对世界产生巨大影响。"

肯尼迪上台后也强调了"中东地区的重要战略地位"。

尼克松进驻白宫后也提醒说："中东地区是个火药桶，一点即燃，需要谨慎从事。"

福特总统也一再强调，就像古人争水，中东的石油也一样。

要谈清楚中东问题，还需要讲几次中东战争。1948 年 5 月，犹太资产阶级宣布成立"以色列国"。"以色列国"成立的第二天，就发动了第一次中东战争。它与埃及、叙利亚、黎巴嫩等阿拉伯国家开战，这场战争持续到了 1949 年。在此期间，"以色列国"占领了大片阿拉伯土地，很多巴勒斯坦阿拉伯人被赶出了家园。这次中东战争，约旦占领了约旦河西岸 4 800 平方公里的土地，埃及则控制了加沙地带，因此，联合国分治决议中的"阿拉伯国"根本不曾出现过。

1956 年，英、法两国为了使自己重新掌控中东地区，发动了第二次中东战争。他们在以色列的配合下，侵略埃及。这一次战争，不但受到阿拉伯人民的顽强抵抗，而且也遭到了世界人民的谴责。美国趁机又排挤英、法。在强大的压力和激烈的谴责声中，英国、法国和以色列被迫撤军。英国首相艾登也因此下台。

以色列发动的第三次中东战争发生在 1967 年，这也是最重要的一次战争。这次以色列侵占了整个巴勒斯坦地区，包括埃及的西奈半岛、叙利亚的戈兰高地、约旦河西岸、加沙地带和耶路撒冷市的阿拉伯人聚居地。埃及总统纳赛尔下令，封闭苏伊士运河。

第二次世界大战后，美国与苏联为了争夺中东地区，便开始拉拢这个地区的各个国家。由于阿拉伯国家和以色列一直战火连天，因而，它们也希望获得这两个超级大国的支持。为了对付以色列，埃及总统纳赛尔于

JIMMY CARTER

1955年向西方国家寻求支援，进展不顺利。苏联领导人赫鲁晓夫趁机对其提供援助。这使艾森豪威尔政府颇为不满，收回了援助埃及建造阿斯旺大坝的承诺。赫鲁晓夫利用这个机会，向埃及做出修建大坝的承诺。埃及对苏联的援助自然是感激涕零。

为了进一步控制埃及，在第三次中东战争前，苏联一方面向埃及提供假情报，说以色列不会来袭；另一方面却向美国透露"埃及没有为战争做军事准备"的消息。结果，以色列突然袭击埃及，打了埃及一个措手不及。埃及在这次战争中丧失了加沙地带和大批武器装备。美国由于支持以色列，在阿拉伯国家逐渐丧失人心，埃及、叙利亚、伊拉克等国家，与美国断绝了外交关系。

埃及政府为了收复失地，不得不再次向苏联购买武器。苏联趁机向埃及提出了条件，要求在埃及北部、地中海沿岸的亚历山大建立苏联舰队指挥中心。当时，美国第六舰队也在此地。埃及总统纳赛尔由于有求于人，再者，他也不希望地中海成为美国的地盘，无奈答应了苏联的条件。没想到苏联得寸进尺，不但要求在这一地区建立海军船坞，还要求把这个地区交给苏联管理，并在这一地区升起苏联国旗。纳赛尔总统对此非常气愤，决定立刻停止购买军火。苏联自知理亏，便放弃了升国旗的要求。

1970年1月，纳赛尔总统又秘密前往莫斯科，希望苏联卖给埃及导弹，但是苏联领导人勃列日涅夫却不愿意，认为这样做可能会导致苏联和美国的关系更加恶化。纳赛尔总统表示，如果苏联不愿意帮忙，他只有倒向美国一方。这时，勃列日涅夫才答应了他的请求。

本来，埃及向苏联购买导弹的事是秘密进行的，但苏联在向埃及运送导弹时，却对外大肆宣扬，唯恐天下人不知。这令纳赛尔总统很生气，同时他也明白了，这是美国和苏联这两个超级国家在玩把戏。

同年9月，纳赛尔因病去世，他的继任者安瓦尔·萨达特上台。萨达特与苏联多次发生争执。这些争执大都跟军事有关。由于埃及在经济和军事上依赖于苏联，所以苏联对埃及提出了诸多限制和要求，而且每次埃及向苏联购买武器，苏联在运送时总是一拖再拖，不按时交货。这些事情令萨达特感到不满。

JIMMY CARTER

1972年7月的一天晚上，苏联驻埃及大使递交苏联政府给萨达特的一封信，信中指责了"埃及反动右翼势力"。因为在此之前，埃及首都开罗的一家报社曾指出，美国和苏联这两个超级大国想在中东保持"不战不和"的状态。埃及政府的某些官员也公开发表过类似的言论。这引起了勃列日涅夫的很大疑虑。萨达特看过信后，对苏联总是拖延交送武器再一次表示不满，并提出了几项维护国家主权、反对苏联控制的条款。他的这一举动引起了其他国家的关注，勃列日涅夫迫于国际舆论的压力，只好做出了相应的让步。

1973年10月，萨达特联合叙利亚政府对以色列宣战，目的是夺回失地。

这场战争一共持续了15天：前5天的战局对埃及和叙利亚有利；中间的5天双方势均力敌；最后5天的战局对埃及和叙利亚十分被动。

这是阿拉伯国家同以色列之间发生的第四次战争，也是阿拉伯国家主动发起的反抗侵略的战争。虽然这次战争没有取得全面胜利，但也给予了以色列沉重的打击。打破了以色列"不可战胜"的神话，使以梅厄总理为首的以色列政府下了台；还打破了苏联和美国这两个超级大国想在中东地区维持"不战不和"局面的幻想。

美国过去一直站在以色列一边，与阿拉伯国家对立。当埃及军队被以色列军队围困，缺乏粮草时，美国出于自身的利益出面调停，埃及军队才得以脱身。与此同时，苏联却对埃及不闻不问。这让萨达特对苏联大失所望。两年之后，由于苏联拒交埃及购买的武器，并暗中对埃及搞颠覆活动，萨达特总统下令停止苏联海军军舰使用亚历山大等埃及港口的一切设施，并责令停泊在这些港口的苏联海军军舰撤离。

1973年11月，埃及与美国恢复了外交关系。此后，美国对埃及进行了多次援助，两国关系得到逐渐缓解。

到卡特总统上台，第三次中东战争中被以色列占领的区域仍没有物归原主，埃及和叙利亚都没有同以色列缔结和约，更没有外交往来。

JIMMY CARTER

2 与埃及政府的会谈
JIMMY CARTER

　　卡特上台后,继续为促进中东和平而努力,这是他在宣誓就职之前就有的想法。卡特的许多外交顾问都警告他,企图促成中东和平的做法是根本行不通的。因为以色列和阿拉伯国家之间的仇恨已经根深蒂固,想让他们和解,无疑是天方夜谭。美国前几任总统都曾为此努力过,最终都失败了。如果卡特的努力也以失败告终,这将给他的声誉带来极大的损害。但是,卡特有自己的看法,他认为目前的形势已经有所改变,某些因素将有利于促进中东和平。例如,战争费用太高,令很多阿拉伯国家吃不消,特别是埃及,经济状况本来就不好,加上连年战争,情况更糟糕。它的领导人萨达特也应该知道把钱花在社会福利或改善经济上。所以以色列和阿拉伯国家进行谈判的时机已经成熟,如果结束中东战争,不仅有利于埃及和阿拉伯国家的发展,对于世界和平也很有利。

　　卡特也很清楚,美国政府曾一再向以色列保证其生存权,同时又必须与阿拉伯国家保持友好的关系,以免再次因石油问题而受困。在卡特为中东和平努力时,以色列的领导阶层也有意与阿拉伯国家的领导人进行谈判。因为双方心里都很清楚,和谈双方都可获益。当时,美国曾因阿拉伯国家施行石油禁运而备受困扰,任何人都明白美国不能长时间承受与以色列维持关系而陷入石油短缺的困境。

　　卡特很多时候都是拿"人权"做文章,因此,他认为巴勒斯坦人有决定自己前途的权利。不过,他也承认,应把巴勒斯坦的建国问题和以色列对自身安全的忧虑一并考虑。以色列建国以来,就不断与周围的阿拉伯国家发生摩擦和战争。以色列担心巴勒斯坦国会受到巴勒斯坦解放组织的控制,对自己不利。因为1960年,巴勒斯坦解放组织和其他阿拉伯盟国开始致力于组建"巴勒斯坦国",并不断对以色列展开攻击。当时阿拉伯国家都不承认以色列的生存权,并一直坚持1948年曾发表过的坚决"对以色列宣战"的立场。卡特上台后,开始着手实施"中东和平计划",他呼吁给予巴勒斯坦人自决权,并建议以色列撤回到1967年的边界。

卡特第一次提议的"中东和平谈判"以失败而结束。1977年3月,以色列总理拉宾访问白宫。卡特原以为拉宾是个精明勇敢的人,而且认为他会真心诚意地同自己探讨中东和平的问题。但在会谈时,拉宾让卡特感觉很不舒服。会谈期间,拉宾总理总是以缄默的态度回击卡特,甚至使卡特产生了"究竟还要不要为此付出努力"的想法。但卡特最后还是坚持下来了,因为他知道以色列人已经厌倦了战争,希望得到和平,阿拉伯人也是如此。而与拉宾总理的会谈也使他明白,在促进中东和平的过程中遇到的困难,远比他预想的要多得多。

拉宾总理的缄默态度让卡特很失望,但为了实现中东和平的目的,促使双方的态度主动一些,便召开记者会宣布:他有意在近期会见阿拉伯国家的领导人。不久,国务卿万斯接见了一个犹太人代表团,向他们解释美国政府在此事上的立场。没过多久,阿拉伯国家驻华盛顿的大使们要求举行同样的会谈。随后,埃及总统萨达特要求美国把对中东问题的辩论推后,等他访问美国时再讨论。这标志着对话将要开始了。

1977年4月,埃及总统萨达特访问美国,卡特和他进行了第一次会谈。

为了准备这次会谈,卡特做了精心准备。他不仅研究了萨达特总统的为人处世,还研究了埃及这个国家的历史以及人文特点。卡特还翻阅了美国与北非、西奈地区之间的有关记录,和美国近年对埃及的经济援助情况,了解了萨达特总统与其他邻国以及以色列之间的关系。由此认为:改善埃及未来命运的潜在可能性是存在的,如果会谈成功,那么就可能为这个屡遭战祸的国家带来和平。

卡特在《保持自信》中回忆了与萨达特总统交谈时的一些细节,书中写道:"萨达特刚到华盛顿时,心中仍然存有顾虑,也可以说表现得很不自在。因为当我们开始谈话时,他还一个劲地直冒汗。当萨达特总统发现我用探究的目光看着他时,他连忙为自己的举动解释,说是因为在巴黎患了感冒,身体还没好,到美国后又一直高烧不断。"

在交谈中,卡特仔细地观察了萨达特总统。他原以为萨达特总统的肤

JIMMY CARTER

色不会太黑，但是见面后，才发现萨达特总统的肤色比他想象的黑多了。最让卡特难忘的是萨达特总统前额上的一块老茧。因为这块老茧在额头正中，很明显，这是他长久以来以额地的虔诚礼拜所致。卡特还注意到，萨达特总统并不怎么抽烟，却总是随身带着烟斗。当他要烟时，若是他的随行人员手脚稍慢一点，他会马上发脾气。

不久，卡特发现：萨达特总统其实是个坦率可亲的人，很有领袖气魄，对于要做出的政治决定坚决而果敢。萨达特总统还特别豪放，对那种前怕狼后怕虎的人没有耐心。之后，卡特得出这样一个结论：如果他和萨达特总统联手，将会加快实现中东和平的进程。

卡特在和萨达特总统的会谈中，看到了中东地区实现和平的希望。萨达特总统向卡特表示："如果在我们共同寻求和平的进程中遇到了阻碍，我会一直支持你。"

在西奈半岛建立中立区或非军事区，以此让以色列军队自动撤出所占领的埃及领土的问题上，萨达特总统表示可以做些让步；对于结束阿拉伯国家对以色列实行贸易抵制的问题，萨达特总统表示这是完全有可能做到的；在巴勒斯坦问题上，萨达特总统认为，随着时间的推移，巴勒斯坦解放组织领导人阿拉法特的态度一定会慢慢缓和下来。他还答应如有必要，他会向其他阿拉伯国家施加影响。卡特试探着问，如果解决这些问题（包括开放边界、外交上承认以色列的生存权），埃及有什么条件。萨达特对此没有表态。

那天晚上，吃完晚饭后，卡特邀请萨达特总统继续会谈。其实卡特是有意的，他想进一步试探萨达特总统的其他想法。

卡特问，如果以色列从埃及被占领的领土上撤走，萨达特总统对此有什么考虑。萨达特总统回答说："与1967年时的边界相比，若是小有变动，或许可能同意。"卡特认为萨达特总统能这么说，已经很不容易了，因为在此之前，任何阿拉伯领导人从未做过这样的表示。

接着，他们又谈了最为敏感的宗教问题："耶路撒冷该由谁管理"。卡特表示，耶路撒冷城不能再像1948到1967年那样被分成两半了。萨达特总统对他的这个建议表示赞同，但坚持耶路撒冷城中的阿拉伯圣地所在的那部分，必须由阿拉伯人掌控，各种信仰的朝觐者，不必向以色列政府征询，即可自由地去他们想朝圣的地方。

萨达特总统还表示："为了解决巴勒斯坦问题，如果埃、以愿意举行会谈，我不会反对。"萨达特和卡特都很清楚，这一点同其他谈判的先决条件一样难办，因为其他的阿拉伯国家是不会同意这样做的。

在谈到阿拉伯抵制以色列的问题上，萨达特十分谨慎，只说："实现了和平，那么抵制问题随之就会停止。"因为拉宾总理曾私下对国务卿万斯提过，以色列愿意真心诚意地解决分歧，并提出以色列和邻国之间开放边界进行贸易往来。萨达特总统最后也承认："如果进展不错，过几年贸易往来也许会实现。"

已经很晚了，但卡特还想知道萨达特总统希望的埃以谈判是什么样的结果。也知道这是个非常棘手的问题，对方可能不会给他任何承诺或建议，但他还是决定碰碰运气。于是他问萨达特总统："你是想通过外交承认呢？还是互派大使？如果阿拉伯国家不承认以色列是一个同其他国家一样，具有同样外交地位的国家，那么即使达成了其他协议，以色列也不会甘心的。"萨达特总统缓缓地摇了摇头，不甚乐观地回答："在我有生之年，实现这一点恐怕有困难！"会谈结束时，卡特开玩笑地问萨达特总统："您是否认为你们的后人要比你们更愿意实现和平呢？"萨达特总统笑了。

在整个会谈过程中，气氛一直很轻松，两人的情绪也都很好。不管是在一般问题上，还是在敏感问题上，他们总是无拘无束地进行讨论。

埃及由于战火不断，使得国家经济举步维艰。况且以色列、利比亚，以及埃塞俄比亚对它也是虎视眈眈。因此，埃及需要休养生息，养精蓄锐。这一点萨达特总统比谁都清楚。埃及的这些问题，卡特心里也很明白，因此他要求萨达特总统在开放边界和外交问题上表明立场，并一再提醒萨达特总统，他们两个的任期都不一定长，在这类问题上不要让别人抢了功劳。萨达特总统则提醒卡特，要他注意美国人民对他和国会的强大政治压力。卡特尽力使之相信，为了谋求中东和平解决，他甘冒任何必要的政治风险。

最后，萨达特总统说："如果事情发展顺利的话，也许可以在达成协议时加上这么一句：'5年后，阿拉伯国家会在外交上承认以色列'。"萨达特总统的这一提议，完全超出了卡特原先的预料。他一直以为萨达特总统在这个问题上，不会这么快就表态。萨达特总统去休息后，卡特对罗莎琳说出了自己感受："这是我就任总统以来，最满意的一天。"

第二天，在与萨达特总统的会谈中，他们讨论的都是萨达特总统关心的事，包括美国可能给埃及军事、经济上的援助等。在谈到卖武器给埃及的问题时，萨达特总统说："我们需要武器，像高科技的战斗机，但最好现在不购买，这对今年解决中东问题有好处。"

会谈结束后，卡特又恢复了解决中东问题的信心，他要继续为此奋战。而对于萨达特总统这个人，卡特表示，他是一位值得尊重的国家领袖。

3 以色列换了总理
JIMMY CARTER

就在萨达特总统返回埃及几小时后，以色列总理拉宾宣布退出下届总理竞选，因为有人就他在纽约银行的账目大做文章。拉宾的这一决定使以色列的内政发生了很大变化。但是，卡特对此事却一无所知。当时，他正忙着接见阿拉伯国家的其他领导人。在与这些领导人会晤后，卡特发现，好多阿拉伯国家的领导人私下里都支持实现中东和平的提议，但没有一个领导人愿意公开表明支持这种提法。

几星期之后，梅纳赫姆·贝京当选以色列总理。当时，许多人只知道贝京是个右派激进分子的头目，对他的其他情况则完全不了解。因此，他的上台，让以色列公民、美国犹太社会和卡特十分震惊，谁也不知道事态将会如何发展。

萨达特总统也很关注以色列政府这个完全出乎意料的换届，他必须及时采取措施来适应贝京的当选。很快，萨达特总统会见了对贝京有所了解的罗马尼亚总统尼古拉·齐奥塞斯库，向他提出了两个问题："以色列的新领导人是否诚实？他是否坚强？"齐奥塞斯库给出了肯定的答案。萨达特总统觉得贝京能有这样的品行就够了。

贝京是由以色列自由联盟（又称利库德集团）支持上台的。利库德集团是以色列的第二大政党，而以色列的第一大政党是工党，代表着犹太大资产阶级的利益。贝京刚上台，就立刻宣称约旦河西岸是以色列已经解放的领土，坚决反对在那里建立任何巴勒斯坦国。他还表示，如果要同阿拉伯国家谈判，双方必须是面对面的。他的意思很明确，他们不需要美国做中间人。

卡特得知这个消息后，认为根据以色列以往的强硬态度，若是两国直接会面，情况可能会更糟糕。他决定先邀请贝京会谈，贝京竟然答应了卡特的邀请。但是这次会谈没有取得多大成果。

虽然卡特热心于促进中东和平，但以色列却不愿做出一点让步，会谈陷入了僵持状态。萨达特总统为此和卡特通话表示："我愿意去以色列与贝京直接谈判。贝京不是说愿意与阿拉伯国家面对面的谈判吗？好，我就照他的意思办。"萨达特总统把自己的这一想法公布于众，贝京向他正式发出了邀请。萨达特总统的决定使其他阿拉伯国家感到震惊，因为近30年来，从未有任何阿拉伯国家的领导人到以色列进行过正式访问。对此众说纷纭。有一部分阿拉伯国家支持萨达特总统的做法，如苏丹总统公开表示支持。可反对的声音更大，叙利亚表示："如果萨达特总统出访以色列，叙利亚就与埃及绝交"。尽管阻力重重，压力巨大，萨达特总统还是坚持访问以色列。

1977年11月19日，萨达特总统抵达以色列，与此同时，叙利亚宣布与埃及断交，并把这一天定为国难日。萨达特总统在以色列国会上发表了演说，声明：他到以色列来是为了实现持久的而不是暂时的和平，希望以色列能归还侵占的阿拉伯国家的领土。

虽然萨达特总统想努力促进中东和平，但贝京却不冷不热。在公开场合，贝京总理对萨达特总统表现得很有礼貌，可会谈时，就表现得相当冷漠。不过，双方会谈还是取得了一些成果：双方都愿意在谈判桌上解决问题，而不是以武力解决；双方还就保持持久和平的具体办法进行了探讨。萨达特总统还提出在开罗举行"日内瓦和会预备会议"的建议，贝京总理

JIMMY CARTER

同意了。会谈结果公开后,萨达特总统即乘飞机返回开罗。

12月14日,"日内瓦和会预备会议"在开罗如期开幕。参加会议的只有埃及、以色列和美国三个国家的领导人。虽然萨达特总统向叙利亚和巴勒斯坦解放组织发出了邀请,但这两者都拒绝参加。

12月下旬,贝京总理应邀回访埃及。双方在和平谈判的程序问题上达成了协议,但在实质性的问题上,情况依然如故。

1978年元月初,卡特在出国访问时,临时去了趟埃及的阿斯旺,同萨达特总统就中东问题进行商讨。在阿斯旺,卡特发表了美国对于中东问题的三点建议:美国与促进中东和平有关的各方会保持正常的外交关系;以色列必须撤出它在1967年占领的阿拉伯国土;必须承认巴勒斯坦人民的合法权益。萨达特总统表示可以接受这三点建议。但贝京总理却不愿意接受。

元月17日,双方政治委员会在耶路撒冷召开了临时会议。贝京总理在发表演讲时,言辞之间透着对埃及代表团的挑衅之意,他说:"我们没有得到你们的承认,不也照样生存了3700年吗?"第二天,埃及即招回外交部长,停止了与以色列的谈判。埃、以谈判濒临破裂的境地。

继续为中东和平而努力
JIMMY CARTER

1978年2月,卡特邀请萨达特总统去戴维营访问。萨达特总统高兴地接受了邀请,并带上了他的夫人姬汉。

戴维营位于马里兰州北部卡托克廷山区的一座小山顶上,在美国首都华盛顿西北75英里处。此地风景如画,幽静而安全。一般情况下,它是美国总统的休养所;战争时期,它就成了美国总统的指挥所;在总统个人发生政治危机时,它又是总统的庇护所;它还是美国总统会见外国首脑时避开外界干扰的最佳去处。

萨达特总统是卡特在戴维营会见的第一位外国元首。萨达特总统此次前来,对美国有如下几点要求:一、由于埃及方面提出的有关解决中东问题的方案，以色列拒绝接受，所以希望由美国提出一个这方面的解决方案，供埃及和以色列探讨。二、为了本国领土和主权，埃及要求以色列军队撤出西奈半岛，希望美国政府对以色列施加影响。三、以色列的态度之所以强硬，是因为美国给它提供了大量的军事装备，埃及希望美国无限期推迟向以色列提供战斗机，而向埃及提供必要的军事装备。

会谈时，卡特表示，美国认为以色列在它占领的土地上建立新的定居点是非法的，是不利于促进中东和平的，因而不支持以色列这么做。但远在以色列的贝京总理立刻做了回应：他不接受卡特的这个说法。

贝京总理身后有一批有势力的美国犹太人为他撑腰，因而，卡特一时无法实现向埃及提供军用飞机、延迟对以色列供应武器的承诺。

这次会谈的结果并没有萨达特总统想象的那么圆满。

萨达特总统回国后一个月，贝京夫妇应卡特之邀，到达华盛顿。贝京总理到达华盛顿的当天，双方在白宫谈了两个小时。晚上，卡特和夫人罗莎琳邀请贝京夫妇共进晚餐。席间他们继续交谈，可是收效甚微。

第二天，双方在白宫进行了最后一次会谈。卡特把以色列同美国的分歧一一列举出来，希望同贝京总理共识，而贝京表现冷漠。最后，双方话不投机发生了激烈的争论。这次谈判又以失败而告终。

贝京总理离开美国后，就接到一个不好的消息：卡特向国会提议，对埃及、沙特阿拉伯和以色列都提供军用飞机。国会中有些支持以色列的议员也不便公开反对，因为这些人清楚地知道，如果反对这个方案，也就是反对美国向以色列提供军用飞机。

1978年5月，美国国会批准了卡特政府的提议，向埃及出售军用飞机，并决定年底交货。

萨达特总统向美国提出的购买战斗机的要求实现了。这件事对贝京总理的打击可不小。以色列之所以能够神气十足，靠的就是美国武器。现在，埃及也有了美国武器，贝京总理一向强硬的态度逐渐有所转变了。

1978年7月，萨达特总统的一个做法，又使贝京总理备受打击。当时，萨达特总统把在埃及出席"双方军事委员会"会议的以色列军事代表团驱逐出境。并且声明，如果以色列不同意从它占领的阿拉伯国家的领土

JIMMY CARTER

上撤走,他就不再与以色列进行任何谈判。

和谈似乎没有了希望。面对这种情形,卡特没有气馁,他对事态的发展做了深入细致的分析,准备下一步的行动计划。7月的一天下午,卡特与罗莎琳在戴维营的林间散步时,突然对罗莎琳说:"如果我能把萨达特和贝京都请到这里,我们面对面会谈,一起解决他们之间的一些分歧,也许他们之间会取得更多的谅解,这样事情可能会好办一些。"罗莎琳很赞同他的想法,并鼓励他为实现这个想法而努力。

整个周末,卡特一直在思考这件事,并向一些身边的人征询意见。最后,他决定就此进行一番尝试。

因为埃及和以色列这两个国家一直都处于对立状态,多年来,他们双方公开发表的对立声明太多了,而且大多时候,双方采取的都是僵硬的立场。如果没有第三者站出来充当和事老,这两国的领导人是不可能改变思想和立场的。于是,卡特决定充当这个和事佬。

一般情况下,国家领导人举行首脑会议,大都是在各种分歧消除之后举行的。但是卡特却反其道而行之,打算让敌对的双方先进行会晤,然后再就分歧问题达成一致协议。

拿定主意后,卡特立即召集副总统蒙代尔、国务卿万斯、国防部长布朗、总统国家安全事务顾问布热津斯基、总统新闻秘书鲍威尔以及总统助手乔丹举行了一次特别会议。当他把自己的想法谈出来以后,他们全都对此持怀疑态度。他们认为卡特不可能获得成功,但不失为一个没有办法的办法。

8月,卡特又同他的政治顾问们讨论了这个提议。这些顾问包括查利·柯普、华盛顿杰出的领导人克拉克·克利福德和索尔·利诺维茨,以及美国头号实业家之一的欧文·夏皮罗等。当时,大部分人竭力劝卡特放弃这种尝试。他们说:"你尽可能不要直接插手中东谈判,离它越远越好,这完全是一件吃力不讨好的事……而且'中东和谈'成功的可能性微乎其微,而你需要的是成功。如果失败了,对你的政治前途大有影响。况且他们两者之间距离太远了,你应该放手。"他们还强调了最后一点:数百年来,阿拉伯人和犹太人一直都势不两立。现在,他们又怎么可能和解呢?

虽然卡特耐心地听取了他们的意见，但他是个固执的人，仍然要按照自己的想法去做。有人评论说，在这件事上，卡特"固执到了前所未有的程度"。

随后，卡特派万斯国务卿前往以色列和埃及，分别邀请两国领导人前来戴维营和谈，并邀请了他们的夫人一起来。万斯告诉他们，会谈时间是从9月5日开始，希望二位能准时参加。萨达特和贝京都接受了邀请。这次，卡特邀请他们的夫人一起前来是有用意的，他对罗莎琳说："由于双方宿怨已深，谈判时，双方难免情绪激动，进而唇枪舌剑。可是如果你和那两位夫人也都在场，不但可以冲淡紧张的气氛，还会使大家相处得更融洽一些。"以前，萨达特夫妇和贝京夫妇分别访问过美国。在会谈中，卡特和罗莎琳发现，只要他们的夫人在场，他们的态度就会温和很多，特别是贝京。罗莎琳记得最清楚的是贝京夫妇来美国访问期间，一天晚上，卡特和罗莎琳邀请贝京夫妇在白宫餐厅用便餐，贝京表现得非常坦率、随和，令人觉得亲切。可是饭后，当他与卡特一起去办公室会谈时，他的态度判若两人，又恢复成他原来一本正经的样子。接触到有争议的问题时，贝京总是犹犹豫豫，一点都不想改变他那强硬的立场。因此，卡特觉得贝京夫人阿利莎出席会对谈判很有帮助。

5　漫长的13天
JIMMY CARTER

1978年9月5日，谈判的日子终于来到了。在此之前，美国和埃及两国首脑都表现得平静悠闲。卡特在休养地钓鱼，不过，他的心里并不像表面那么平静。萨达特总统在苏伊士运河中游泳。只有贝京总理显得很紧张，坐在办公桌前，为对付这场即将到来的战斗忙碌着。

这一天，卡特和罗莎琳先抵达戴维营，他们要为萨达特和贝京安排下榻之处。下午的时候，卡特向罗莎琳概述了他的会谈要点。他计划在同贝京首次会晤时，让罗莎琳和贝京夫人阿莉莎也参加，目的是让会谈的气氛

JIMMY CARTER

显得既轻松又自然。

萨达特总统是一个人来的,他把夫人姬汉留在了巴黎,陪着生病的小孙子。他先到达华盛顿安德鲁斯空军基地,而后转乘直升机到达戴维营。

飞机抵达戴维营后,萨达特总统走下飞机张开双臂与卡特紧紧拥抱。然后,又礼节性地在罗莎琳脸上吻了一下。他向卡特夫妇解释了他的夫人没和他一起来的原因。姬汉没来,使罗莎琳非常失望。卡特安排萨达特总统在"山茱萸小屋"住下。

两个小时后,贝京总理也到了。贝京总理不是从耶路撒冷直接来的,而是从纽约来的,他在纽约已经待两天了。他在那里同美国犹太组织领导人进行了紧张的磋商,为的是对付卡特,并对这次会谈破裂后的相关事宜做了安排。贝京总理下飞机后,先是紧紧拥抱了卡特,然后吻了吻罗莎琳的手。他告诉卡特夫妇,由于贝京夫人在路上耽搁了,所以第二天才能到。这让罗莎琳有些沮丧,因为这样一来,她就没有参加三国领导人第一次会晤的机会了。贝京总理在卡特的陪同下,来到他的住处"伯奇小屋"。

虽然萨达特总统和贝京总理的住所相距不远,但那天的剩余时间,他们彼此都未有谋面。

由于萨达特总统需要休息,卡特便征求贝京总理的意见,问他是否愿意等到第二天早上再探讨问题,但是贝京总理希望当天晚上就开始工作。于是,在"阿斯彭小屋"的书房里,卡特同贝京总理进行了单独会谈。他们两个都没有让助手参加,卡特一边和贝京总理谈话,一边做记录。会谈进行了两个多小时,贝京总理还是重复他原来的主张,不肯撤出西奈—加沙地带的以色列军队。这令卡特很失望。但是会谈还是有所收获的,两人达成了一项协议,即贝京、卡特和萨达特联名发表祈祷词,预祝这次会谈能够成功。

9月6日清晨,卡特和夫人罗莎琳去打网球,萨达特总统和贝京总理各自去树林散步。没想到,冤家路窄,他们居然碰到了一起。两人握了握手,彼此说了句"看来身体很健康"。这时,贝京总理在国内的政敌、以色列国防部长埃泽尔·魏茨曼也正好从这里经过,他跟萨达特总统是好朋友，便上前问候萨达特总统。这让贝京总理心里很不是滋味。

早上 10 点，卡特和萨达特总统单独进行会谈。这次会谈让卡特的心情很沉重。萨达特总统交给他一份书面方案。这份方案的内容是有关处理西奈—加沙地带问题的计划书。方案内容十分具体，包括：要求以色列把他们的所有军队撤回到 1967 年以前的边界线，并对被他们占领使用的土地给予赔偿，还要为他们从埃及油井中汲取的石油付款；允许巴勒斯坦人建立他们自己的国家；放弃对东耶路撒冷的控制等。卡特看完计划书后，萨达特总统表示日后他可以接受修改意见。卡特告诉他，贝京总理是不会同意他的这份计划书的。但萨达特总统坚持要卡特向贝京总理提及。之后，两人就祈祷词的事情达成了一致的意见。

当天下午，美、埃、以三国政府首脑举行了第一次会谈。这次会谈仍是在"阿斯彭小屋"的书房中举行的，同上次一样，也是没有助手参加。他们先谈了祈祷词的事，三方签署后，祈祷词就从戴维营发出了。这是由美、埃、以三国政府首脑签订的第一个文件。虽然祈祷词发出了，但三国领导的宗教信仰却不同：萨达特总统信仰的是伊斯兰教，安息日是礼拜五；贝京总理是犹太教徒，安息日是礼拜六；卡特是基督教徒，安息日是礼拜天。因此，他们不能同时同地祈祷。贝京总理要求卡特和萨达特总统尊重安息日的规定。他们决定每人各自举行自己的宗教仪式。这期间各方分别考虑问题，研究方案。贝京总理对这个决定感到很高兴。

接着，他们开始探讨萨达特总统提出的有关中东问题的计划书。先由萨达特总统宣读他的计划书。在宣读计划书的过程中，气氛逐渐紧张起来。贝京总理在听的过程中，表现出极不耐烦的样子。听完计划书后，卡特请贝京总理发表意见。可贝京总理拒绝了，说是要和助手商量一下。于是，他们只好休会。

会后，卡特热情地邀请他们一起去散步，萨达特总统说他已经运动过了，要先回去休息。贝京总理倒是答应了卡特的邀请。会谈还没结束时，贝京的夫人阿利莎赶到了。贝京总理决定找阿莉莎和卡特夫妇一起去散步。

半小时后，他们一起去林中散步。贝京总理说，对萨达特总统的计划书感到震惊,并表示萨达特提出这个计划书简直令人难以接受。还对这个计划书产生了疑问:他到底是为解决中东和平问题而提,还是为了给会谈取得进展设置障碍?卡特极力让贝京总理相信,他的前一种估计是正确的。

9月7日清晨,卡特在冬青山庄非正式地会见了贝京总理及以色列外交部长摩西·达扬、国防部长魏茨曼。他们开始谈论萨达特总统提出的那个方案,贝京总理情绪比前一天更激动,他说"这个方案不是谈判的良好基础"。卡特尽力平息他的怒气,同时为了不使萨达特总统的努力白费,他建议贝京总理暂时先不要谈萨达特总统的这个方案,另选一些比较现实的问题来谈。但是贝京总理紧抓着这个方案不放。这次会谈也是不欢而散。

10点30分,是卡特、贝京总理和萨达特总统一起会谈的时间。由于贝京总理很喜欢"阿斯彭小屋"的那间书房,所以卡特决定以后会谈都在那里进行。他们三人到了书房后,开始了为时三小时的会谈。这次会谈,卡特决定不参与贝京总理和萨达特总统的讨论,而让他们直接交谈,自己只做纪录就行了。贝京总理对萨达特总统提出的方案逐条进行反驳、攻击、侮辱。萨达特总统实在忍无可忍,语言激烈予以回敬。就这样,你一言,我一语,最后发展到大吵的地步。卡特只得宣布休会。

吃午饭的时候,汉密尔顿等人急忙来找卡特,迫不及待地问他会谈情况。卡特回答说:"这次会谈真是糟糕透了。他们两个都很不客气,当面吵起来了。"

下午5点钟,他们又进行了会谈。这次会谈持续了两个多小时。在会谈中,两人又发生了争执,萨达特总统不断故意用语言刺激贝京总理,贝京总理又对萨达特总统提出方案中的每一个问题进行挖苦嘲弄。

会谈之前,卡特曾对解决中东问题抱有很大希望,而此时,他却不知道前景将会如何。这次会谈之后,双方造成了僵持的局面,不知何时能恢复。

为了缓和萨达特和贝京之间剑拔弩张的气氛,卡特和罗莎琳及几名助手绞尽脑汁,费尽心思。

晚饭后，卡特邀请埃及和以色列双方的所有人员观看美国海军陆战队的"战鼓与军号"表演。表演结束后，卡特还为他们举办了招待会。在招待会上，萨达特总统的心情仍然不好。他默默不语，心情沮丧。罗莎琳看到萨达特总统这个样子，就去安慰他。萨达特总统愤愤不平地对罗莎琳说："我做了这么多让步，可那个家伙（贝京）却无动于衷。"罗莎琳竭力劝慰他，称赞他为和谈做出的努力，大家有目共睹，大家也很赞赏他表现出来的耐心和勇气。可萨达特总统的心情太沮丧了，对罗莎琳的话充耳不闻。他说："我一直很想为我国求得和平，可是现在，我的努力一点儿用都没有。"

整个晚上，萨达特总统和贝京总理谁也没理谁。

招待会结束后，卡特请求萨达特总统允许他和埃及代表团会谈一次。萨达特总统同意了。会谈从当天晚上的 10 点 30 分开始，进行了两个小时。卡特、蒙代尔、布朗、万斯和布热津斯基为一方，埃及总统萨达特、副总理图哈米·卡迈尔和部长布特罗斯·加利为一方。这次会谈，萨达特总统的态度不再像白天那样强硬了，他还请求美国从中发挥强有力的作用。看来埃、以双方和谈的情况有了好转的迹象。

在戴维营里，卡特储存着很多具有吸引力的美国电影光碟。晚间时常为萨达特总统和贝京总理以及双方的工作人员放映，让他们在这种轻松的氛围中度过。其实只要不谈中东有争议的问题，他们还是能够和睦相处的。

9 月 8 日星期五的早上，卡特的谈判小组和以色列的代表就中东问题谈了两个小时。

之前，萨达特总统的助手对布热津斯基说，他们认为贝京总理根本不会撤走西奈半岛上的军队，因而，他们正在考虑离开戴维营。布热津斯基立刻把这一情况通报给卡特。卡特决定下午和贝京总理会晤。

卡特与贝京总理会晤中，主要谈了关于以色列撤走西奈半岛军队的事情。但这次会谈仍然收效甚微。

与贝京总理结束会谈后，卡特又与萨达特总统会晤。会谈时，萨达特总统建议，由美国提出一个解决中东问题的方案，因为以色列自己不提，而埃及提出的，以色列又极力反对。卡特同意了他的建议。随后，卡特同几个助手一起分析了埃、以双方的分歧点，就此列出双方有争议的问题和所持的观点，并在后面加上美国的主张。

9月8日晚上是犹太教安息日的前夜，贝京夫妇邀请卡特夫妇共进安息日晚餐。卡特夫妇和贝京夫妇及以色列代表团的成员一起喝酒、唱歌。晚餐的气氛欢乐而友好。

9月9日是犹太教的安息日，贝京总理没有参加任何会议，以色列代表团的其他成员也没有工作。早上，萨达特总统散步结束后，就独自待在屋里思考埃、以双方的和谈问题。卡特和他的助手们则花了很长时间为起草美国方面的和平计划而工作着。他们从晨曦初露一直忙到夜幕降临。午夜之后，终于制定出了一个和平计划。虽然他们都已累得筋疲力尽了，但心情却很好。卡特对他们说："现在我们需要做的是必须让埃、以双方接受这个方案，并签署它。"

9月10日，是戴维营首脑会议的第6天。早上，卡特做完礼拜后，决定带萨达特总统和贝京总理去葛底斯堡参观。葛底斯堡在戴维营以北约17英里处。南北战争期间，葛底斯堡发生了一次美国历史上具有重大意义的战斗。北方资产阶级军队和南方奴隶主军队在葛底斯堡打过一次大仗。虽然北方军队伤亡惨重，但是最终取得了胜利，从而扭转了战局，使北方资产阶级在最后的决战中获胜。

经过几天紧张的争论，大家都已身心俱劳，精疲力竭了，刚好可以借此机会放松放松。因此，卡特建议出游时，彼此之间不谈政治问题，也不对新闻界谈这些问题。萨达特总统和贝京总理都表示同意。

前往葛底斯堡途中，谁也没有提起和谈的问题。萨达特总统对美国的南北战争颇感兴趣，对葛底斯堡的历史也很了解，一路上他都在谈当年发生在那里的战斗。贝京总理是阿伯拉罕·林肯的崇拜者，林肯在葛底斯堡所发表的演讲，他能倒背如流。这一天，大家过得都很愉快。

傍晚时分，会谈又开始了。这是由美、以双方举行的。美方代表团的成员有卡特、蒙代尔、万斯和布热津斯基，以方的代表是贝京、达扬、魏茨曼和以色列司法部长、贝京所信赖的顾问巴拉克。卡特把起草的方案交给以色列代表团后，以色列代表团的每一个成员都默不作声，专心致志地阅读起这个方案。因为方案不是埃及提出的，所以贝京总理的抵触情绪没有那么强烈，但他还是对方案的许多要点提出了疑义。会议一直开到深夜，卡特还不打算休会，非常耐心地为美方方案辩护。

在此期间，埃及代表团中，除了萨达特总统外，其他人员都很紧张。他们担心美、以在会谈中结成联盟，一起对付埃及。为了缓解自己的紧张心情，有些人去放映室看电影，但仍是心神不定。萨达特总统很信任卡特，一直安心地做自己的事。

美、以双方对美方提出这个方案展开了激烈的讨论，但是毫无进展。最后，贝京总理要求暂时休会，他们需要认真地研究这个方案，4个小时后再继续开会。休会期间，卡特把会谈的情况通报了萨达特总统，并要求把原来预定的要跟埃及代表团会谈的时间推迟到第二天。萨达特总统同意了。

晚上9时30分，卡特等人继续和贝京及其代表团成员会谈。会谈中，争议最大的是关于以色列军队撤出占领的阿拉伯国家的领土和巴勒斯坦人自治问题，他们在这两个问题上花费了不少时间，却没有什么新突破。会谈一直持续到凌晨3点多。由于贝京总理的态度很强硬，会谈进展缓慢，收效甚微。会谈结束时，卡特要求以方在上午10点30分之前对美方提出的方案做出答复。

9月11日早上，以色列的工作人员骑着自行车，气喘吁吁地准时把自己的答复交到了卡特手中。他们对美方提出的这个方案做了一些细小的改动，卡特对这些改动没有提出异议。之后，卡特单独会见了萨达特总统，向他提交了美方的方案和以方的答复。萨达特总统看完后，也要求对美方的方案做一些微小的改动，并允诺在当天晚上提交埃方的答复。

下午，卡特又会见了以色列代表团的达扬、魏茨曼和巴拉克。与他们的会谈使卡特受到了鼓舞。因为在一些敏感问题上，达扬等人开诚布公地谈到了他们的立场（以前他们是不愿意公开表示的）。达扬还向卡特提供了一个好消息：贝京虽然没有彻底拒绝美国的方案，但会提出几种不同的意见。

JIMMY CARTER

9月12日,卡特就埃以协议的条款进行了仔细推敲,发现了使埃以双方有可能达成协议的两项条款:一是关于解决整个中东争端的建议;二是关于处理埃、以双方关系的建议。

卡特花了近3个小时,写出了解决埃、以双方在西奈半岛上的争议的要点,包括以色列的撤军日期、设置在两国之间的安全地带及其宽度等。

写好草稿后,卡特去了萨达特总统的住所。他们一起研究了埃方答复给美方的计划,并提出关于解决中东争议的那个方案。之后,卡特拿出自己的那份草稿,让萨达特总统看。萨达特总统本着和解的精神,在上面略作改动后,表明了可以接受的态度。

接着,卡特又会见了贝京总理。对于埃方方案中有关以色列从西奈—加沙地带撤军的要求,贝京总理仍然拒绝。不过,这次会谈的气氛似乎缓和了许多。

经过卡特持续不断的调和,埃以双方终于就两条建议达成共识。一是关于解决整个中东争议的建议;二是关于解决埃、以双方领土争议的建议。

9月13日,卡特没有会晤埃、以双方的政府首脑,而是把双方代表团中负责起草文件的人员召集到了一起,计划起草最后文件。以色列方面参加起草工作的是深得贝京总理信任的阿哈朗·巴拉克,埃及方面参加起草工作的是能代表阿拉伯人立场的奥沙玛·巴兹。万斯也参加了起草工作。

这一天,双方起草人员对方案中的每一项条款反复商讨,字斟句酌。对有分歧的提议和条款,经过各方仔细地研究商讨后,做了缜密、微妙的修改,从而达到各方都满意的程度。例如,把"耶路撒冷应该是一个不可分割的城市",改为"它将是不可分割的"。巴兹说,这样写,阿拉伯人就不会反对了;巴拉克说,这种措辞以色列人也可能会接受。不过,有关以色列人撤出占领的阿拉伯领地的问题仍无法解决。因为巴拉克拒绝谈论这个问题,说只有贝京总理才有资格谈这个问题。巴兹则在萨达特总统的支持下,拒绝"对开放边界和与以色列的外交"做出承诺。

与此同时,布热津斯基和美国代表团的其他成员与埃、以两国代表团的高级官员进行会谈,以逐步巩固已经提出的建议,同时提供解决分歧的办法。

　　这次会议开了接近11个小时。当天晚上，卡特会见贝京总理，通报了白天商讨的情况。在谈到有关"以色列人撤出阿拉伯国家的领土"的问题时，贝京总理的态度仍很顽固，他反对萨达特总统修改过的美方关于处理西奈半岛争端的方案。卡特只好起身告辞。

　　9月14日早上，卡特与达扬和魏茨曼商讨了西奈问题。他们对此还是想不出好的解决办法，卡特提议把这个问题留待以后解决，至少是3个月以后再做决定。可是，当卡特把新方案提交给萨达特总统时，萨达特总统对此表示反对。

　　事后，萨达特总统对提出的新方案越想越生气，他认为美国站到了以色列一方。于是，下令埃及代表团收拾行李，准备第二天回国。

　　9月15日，卡特意识到谈判又陷入了僵局。于是，他宣布把星期天，即9月17日，定为这次和谈的最后期限。到时仍达不成协议，即宣布退出。他还准备把这些天所做的工作以书面报告形式提交国会。

　　之后，卡特和布朗继续讨论这件事，书房的门突然"砰"的一声推开了。只见万斯脸色苍白，气喘吁吁："总统先生，萨达特总统要走了。他让我给他们叫一架直升机。埃及代表团的所有人把行李都已经收拾好了。"卡特听到此事，吃了一惊，如果萨达特总统回国，就意味着他们长久以来的努力就此失败了。他马上派万斯先留住萨达特总统，并转告萨达特总统一会儿就去见他。

　　在去见萨达特总统前，卡特换上了正式的服装。当他见到萨达特总统时，萨达特总统正跟万斯等人在门口话别。卡特向其他人点点头，然后请萨达特总统进屋谈话。进屋后，卡特向萨达特总统说明走后的严重后果：他的这一做法，不仅违背了他当初许下的会努力使这次首脑会议取得成功的诺言，而且人们还可能会把这次和谈破裂的原因推到他身上；而且，这还可能损害美、埃之间的关系。卡特还告诉萨达特总统只要他再留一两天，到时候，如果情况还是毫无改变，那他就可以像现在这样做。

　　萨达特总统考虑了很久，然后看着卡特说："那好吧，我就再多留一两天。"他还表示将尽力做到他可能做到的一切，促使这次会谈成功。

JIMMY CARTER

卡特问萨达特总统自己能为他做些什么。萨达特总统说:"我希望您和夫人能来埃及访问。"卡特说:"我们一定会去的。"卡特又问是否需要他为埃及人民做些事。萨达特总统稍微犹豫了一下说:"我们需要一些小麦和谷物。"卡特说:"虽然这件事情取决于国会,但我可以向国会提出这一要求。"事后,卡特果然这样做了,而国会也批准了这个要求。

9月16日,卡特和贝京总理谈论了西奈问题,贝京总理做出了一些妥协,他说这事自己不能完全做主,但同意两周后会在以色列的议会上提出这个问题。贝京总理之所以改变态度,是有外因和内因共同促成的。

外因是卡特已经限定了和谈的最后日期。如果9月17日谈不出结果,极有可能会对以色列与美国的关系不利。这是贝京总理不愿意看到的。

内因是迫于以色列国内的局势。贝京总理所在的利库德集团,虽然目前在以色列议会议员席位中占据第一位,但是它的反对党,即工党和争取民主变革运动派两者的席位,足以和利库德集团相抗衡。在西奈问题上,工党不像贝京那样态度僵硬。而争取民主变革运动派则明确反对把西奈半岛归入以色列。成千上万的以色列民众在首都特拉维亚举行游行示威,强烈抗议贝京总理在西奈问题上的顽固立场。

这些消息传到戴维营,贝京总理开始心神不宁了。他考虑到,西奈问题如果仍然不讲变通,以色列国内将会出现动荡的局面。权衡利弊之后,只好在西奈问题上做了一些妥协。

9月17日是戴维营会议的最后一天。卡特首先会见了萨达特总统。他们一起研究了关于方案定稿上的一些问题,萨达特总统在几处做了一些改动。

而后卡特把修改后的方案拿给贝京总理看。在耶路撒冷问题上,贝京总理仍然拒绝妥协。

卡特只得再次研究解决有关耶路撒冷问题的方法。这时,他的秘书苏珊·克拉夫给他送来贝京、萨达特,还有其他工作人员的合影。苏珊说,萨达特总统在照片上已经签名了。贝京总理请卡特在上面签名,准备拿回去给他的孙儿们留作纪念。苏珊知道卡特和以色列人在会谈时遇到了麻烦,就建议去查询一下贝京总理孙儿们的名字,再分别为他们签名。贝京总理很喜欢他的孙儿们，这样可能会有所帮助。卡特照她说的做了。果然，贝京总理在耶路撒冷问题上态度发生了变化，随之接受了新方案。

最后一道障碍也解除了，卡特长长地舒了一口气。

萨达特总统和贝京总理终于达成了一份和平条约大纲的协议。接下来的几个月，萨达特总统和贝京总理就协议中的措辞进行了探讨。由于埃、以双方的分歧问题，萨达特总统和贝京总理分别又去华盛顿与卡特商谈相关问题。为了促使他们尽快签订有关中东和平问题的协议，卡特甚至还亲自去了中东地区，与他们直接会谈。

1979年3月26日，萨达特总统和贝京总理及卡特齐集白宫南草坪，签订了具有历史意义的《戴维营协定》。同年，萨达特总统和贝京总理共同获得了诺贝尔和平奖。对于他们获得的殊荣，卡特总统是功不可没的。

自《戴维营协定》签订后，虽然以色列和埃及在巴勒斯坦自治问题上进展缓慢，但是直到1981年10月——即萨达特总统遭到暗杀之前，埃、以两国一直相安无事。由此看来，《戴维营协定》仍然是很有分量的外交协议。

JIMMY CARTER

第九章 中东问题

JIMMY CARTER
第十章
伊朗人质事件

  伊朗一直是美国在海湾地区的重要盟国,却在1979年1月扣押了美国驻伊朗使馆的几十名外交人员。卡特政府从此陷入漫长的"营救人质"行动,这也给卡特争取下届连任蒙上了一层阴影。直到1981年离开白宫的那一刻,卡特都丝毫没有放松营救人质。经过他和周围人的努力,伊朗最终释放了美国人质。

  卡特后来回忆说:当他得知人质已经安全乘飞机启程回国的消息后,心里比他4年前出席自己的就职大典还高兴。

JIMMY CARTER

1 伊朗王国
JIMMY CARTER

1979年是吉米·卡特在任期间麻烦最大、也最多的一年。这一年发生的事让卡特焦头烂额。先是埃及、以色列缔结和平条约的问题，卡特总统正为此事绞尽脑汁。谁知更为烦心的事还在后头呢！

这一年伊始，伊朗国王穆罕默德·礼萨·巴列维即将离开孔雀宝座，告别伊朗首都德黑兰，流亡国外。以前，伊朗曾经发生过多次国王被流放国外的事，巴列维之前也曾被流放过一次，后来，在美国的帮助下，他重新登上了孔雀宝座。但是这次流放却非同以往，巴列维国王这次离开德黑兰，就再也没有回来。

国王被流放了，事情远没有结束，伊朗国内强大的反美浪潮一浪高过一浪，最终在11月4日，一批德黑兰学生占领了美国驻伊朗使馆，扣押了几十名美国外交官。这就是令卡特总统为之努力一年多，直至退出白宫才得以解决的"人质事件"。

之前，伊朗一直是美国在海湾地区的盟国，是美国的得力支持者。为什么会发生劫持美国人质的事件呢？一切还要从伊朗的社会构成，以及伊朗在海湾地区的重要战略地位谈起。

伊朗，古称波斯，是里海以南和波斯湾以北著名的文明古国，以盛产石油著称，全国上下信奉伊斯兰教。公元前6世纪，居鲁士大帝组建了统一的波斯帝国。从那时起，尽管伊朗多次改朝换代，国王制却延续了下来。1907年和1915年，英国和俄国两次瓜分伊朗。北部为沙俄的势力范围，南部是英国的势力范围。在此期间，英国的英伊石油公司在1909年还取得了在伊朗开采石油的特权。

1921年2月，穆罕默德·礼萨·巴列维的父亲，伊朗王室近卫军师长礼萨·汗·巴列维，在英国的支持下，发动军事政变，率部进入德黑兰，自任首相。1925年，他又迫使国王艾哈迈德·米尔扎退位，取而代之。伊朗自此开始了巴列维王朝，直到伊朗伊斯兰共和国成立。

礼萨·汗·巴列维建立巴列维王朝后，他就一直希望摆脱英国的控制。第二次世界大战初期，老巴列维奉行"以德制英"政策，同希特勒统治下的德国来往密切。1941年，德国惨败，反法西斯盟军进驻伊朗，礼萨·汗·巴列维被迫退位，并被流放到了南非。1944年，他死在了流放地。

那么谁来继承王位呢？英国看中了礼萨·汗·巴列维的儿子穆罕默德·礼萨·巴列维，决定把他扶上王位。穆罕默德·礼萨·巴列维还有一个同胞妹妹——伊朗著名外交家阿什拉芙·巴列维公主。

老巴列维是个粗人，没有受过什么文化教育，他决定把儿女培养成十足的文化人。在童年时期，穆罕默德·礼萨·巴列维就被父亲送到瑞士接受西方教育，后来，老巴列维又把儿子接回伊朗，送进德黑兰一所军事学院受训，让他成为一名优秀的飞行员。穆罕默德·礼萨·巴列维具有西方文化意识，文武兼修，是个难得的军事人才。

青年时期的穆罕默德·礼萨·巴列维对政务不感兴趣，但是身为王储，不得不听命于父亲的安排。他父王为他找了一个门当户对的王妃——埃及公主，法鲁克国王的妹妹福齐亚。1939年，20岁的他与17岁的福齐亚公主结婚。1941年9月16日，在英国的扶持下，他登上了孔雀宝座，福齐亚成了伊朗王后。本来是一段绝佳的政治姻缘，谁知福齐亚王后的肚子不是很争气，只生了一个女儿，就再没动静了。王室无后，非同小可。于是，国王决定废除福齐亚王后，另立新人。福齐亚王后不得已回到埃及，嫁给了法鲁克王朝的一名空军军官。之后，一直居住在亚历山大城。所以，巴列维国王对埃及一直抱有一种亲切感，就源于他的第一次婚姻。也因为这次婚姻，他在第二次被流放无处栖身之际，埃及收留了他。

巴列维国王的第二个王后是索拉娅王后。虽然索拉娅王后德才兼备，但是仍没有为王族提供一个王位继承人。她也不得不离开王宫，后来在欧洲当了一名电影演员。巴列维国王现在的王后——法拉赫·迪巴，原来是一名学建筑的女学生。她为巴列维生了两个儿子、两个女儿，从而巩固了自己的地位。

JIMMY CARTER

巴列维国王执政期间，英国和伊朗就伊朗石油权问题进行了激烈的斗争。在伊朗决定收回石油开采权的时候，一个反英人士起到了重要作用。他就是穆罕默德·摩萨台。摩萨台曾留学欧洲，受到过民族主义思想的强烈影响，后来在伊朗组建了民族阵线，维护伊朗的利益。1944年，他向国王议会提出一项法案，禁止进一步把石油开采权交给英国人。法案被通过。1950年，伊朗政府和英伊石油公司就开采伊朗石油特许权签订了一个新合同，提高了伊朗应得款项的份额。穆罕默德·摩萨台等否决了这个合同，并主张实行石油工业国有化。1951年5月，这个法案正式成为法律。

英国也做出了相应的对策：英伊石油公司关闭了它设在伊朗西南部、靠近波斯湾北岸的胡齐斯坦省阿巴丹市的炼油厂；派出舰队沿着伊朗南部海岸线巡游。对于英国的强大压力，伊朗首相侯赛因·阿拉由于不敢轻易执行石油工业国有化的法律，被迫下台。穆罕默德·摩萨台受命组阁，并于1951年4月29日下令没收英伊石油公司的财产，还于同年10月把这家公司的英国人员驱逐出境。

之后，两国又进行了针锋相对的较量，互不相让。因此，伊朗石油工业停滞不前，国民经济陷入了困境。摩萨台因为自己的一些政策得不到议会和巴列维国王的支持，毅然辞职。于是，巴列维国王另外任命了一位首相。但是摩萨台毕竟是在争取民族独立、维护国家主权，因而受到了伊朗广大人民群众的拥护。人民对于更换首相强烈不满，德黑兰市连续发生了几次流血冲突。

1952年8月，国王重新起用摩萨台，任命他为首相兼国防大臣，并同意摩萨台全权进行政治、经济、社会等方面的改革，以安定局势。但是议会拒绝授权摩萨台。首相想解散议会，可这谈何容易？于是，他决定在全国举行一次公民投票，解决是否解散议会的问题。全国投赞成票的公民占99.9%以上。8月12日，首相宣布解散议会。这样一来，巴列维觉得首相篡夺了自己的权力，下令将摩萨台撤职。但摩萨台拒绝服从命令，在一部分军队的支持下继续留任，并对国王采取了若干限制措施。巴列维国王见势不妙，乘飞机逃到伊拉克首都巴格达，后又暂住意大利首都罗马，开始了他的第一次流亡生活。

JIMMY CARTER

第十章 伊朗人质事件

伊朗发生的一切，美国政府看在眼里，喜在心头。因为早在罗斯福总统时，美国政府就认为伊朗是一块肥肉，对美国发展大有益处，千方百计接近伊朗。但伊朗属于英国的势力范围。现在机会来了。于是，美国政府命曾任伊朗国王宪兵队顾问的诺曼·施瓦茨科夫将军，以一个普通游客的身份到伊朗四处活动，同时派遣中央情报局局长艾伦·威尔什·杜勒斯赴欧洲进行部署。

恰逢此时，伊朗内部发生了政变。支持巴列维国王的一支部队与支持摩萨台首相的军队发生冲突，以国王军队取胜告终。美国中央情报局派遣官员把巴列维国王护送回德黑兰王宫，巩固了自己在伊朗的地位。胜者为王败者寇，随着巴列维国王的回国，摩萨台首相被捕入狱，许多支持他的人遭到了同样的命运。

巴列维国王从内心深处感激美国的这次援助，美国顺理成章地取代了英国，成为伊朗的"盟友"。但是伊朗人从此把这一笔账记在了美国头上。只要是伊朗国内反对巴列维国王的运动，必定带着反美的性质。

2 伊朗"伊斯兰革命"
JIMMY CARTER

回国后，巴列维国王对此次流放心有余悸，他觉得自己的孔雀宝座并不稳当，随时都有摔下来的危险。因为短短几年内，他亲眼目睹了周围几个王国都因革命而被推翻的经过：1952年，埃及法鲁克王朝被推翻，埃及共和国宣告成立；1958年，邻国伊拉克费萨尔国王被推翻，成立了伊拉克共和国；1962年，北也门的巴德尔王朝被推翻，阿拉伯也门共和国宣告成立……他认识到如果自己不改革，那么将会被别人改革。

除了想保住王位，他内心深处还有更高的理想和抱负——把伊朗改造为"亚洲西部的日本"。他还想仿照欧洲共同体的模式，建立一个"海湾地区共同体"，成为"波斯湾的警察"。

与此同时，美国政府还不时地提醒巴列维，要对付革命，就需要改良，主要是让工人和农民从实际中尝到甜头。

基于这些因素，加上吸取其他国外改革失败的教训，巴列维国王主要实行了两方面的改革：一是社会改革，为发展经济提供一些条件；另一个是加强国王对军政大权的直接控制。根据巴列维国王的解释，伊朗的革命有两种：白色革命和赤色革命。前者是和平的不流血的自我革命，也叫"国王与人民革命"；后者是暴力的流血的共产革命。他要选择不流血的"自我革命"。

在社会改革方面，他首先着手土地改革。他身先士卒卖掉了属于自己的几百个村庄；接着，又颁布了限制地主土地所有权的法令，但是遭到地主们的强烈反对。

1962年，为了使改革不至夭折，他又提出了"白色革命"的六点纲领：实行土地改革，限制地主的土地。超额的土地，由政府出面转卖给农民；森林归国家所有；有能力的企业职工可以购买所在企业至少20%的股票；抽调一批现役军人下乡，帮助扫除文盲；提高妇女的地位，妇女可以参加选举，有接受教育的权利，并可自由取掉面纱。

石油是伊朗的主要国民经济支柱，需要慎重对待。巴列维保留了摩萨台执政时期成立的伊朗国家石油公司。但是关于石油开采权、经营权等问题，经过一年的协调，由美、英、法、荷等成立一个国际石油财团，代伊朗国家石油公司执行经营、开采、提炼、销售等业务，所得利润由伊朗国家石油公司与国际石油财团五五分红。这个国际石油财团最大的股东就是美国的洛克菲勒家族石油公司，占40%的股份。洛克菲勒对此心怀感念，于是在巴列维国王再次被流放，无处安身时，念在老朋友的份上，出面帮忙，给卡特总统施压，要求他接纳国王在美国居住。

"白色革命"发起后，大量外国资本开始纷纷进入伊朗，主要是美国资本。为了缓和与苏联的关系，伊朗也吸收了一些苏联的资本。十余年间，伊朗境内出现了水坝、工厂、矿山、学校、医院等。整个国民生产总值有了明显提高，文化教育事业也得到了发展。

但是也出现了一些问题。伊朗是一个高原国家，大部分地方干旱缺水。部分农户虽然买到了土地，但没有水浇灌。因为"土地改革法"没有解决水的所有权和使用权问题，那些大型的水利灌溉系统仍然掌握在大地主手中。没有水，就种不了地，许多农户不得不卖掉土地，离乡背井，流入城市谋生。伊朗政府不得不从国外大批进口粮食和食品，无形中增加了财政开支。

但总的来说，"白色革命"使农民、工人、妇女确实得到了一些实惠。尤其是妇女能够取掉面纱，可以上学、出门种地、参军，这在伊朗王国的历史上，是破天荒的事情。

在抓军政大权方面，巴列维国王更是不遗余力。美国这时也投其所好，尽心尽力地为伊朗提供军事装备和教练人员。当然，这些帮助是需要用大量的美元来换取的。为了弄到更多的钱，巴列维于1973年单方面撕毁了与国际石油财团签订的合同，收回了石油生产权、行政管理权、设备所有权、炼油厂的所有权。这一举措，在一定程度上缓解了军费紧张的状况。

在美国政府的支持下，短短数年间，伊朗的王家军队飞速增长，陆军20万、空军8万、海军3万，一度曾将波斯湾变成伊朗王国湖。

为了加大对军队的绝对控制权，巴列维亲任武装总司令，亲自任命中级以上的军官，分别在陆、海、空三军中各任命忠于他的王室成员为参谋长，并给予军队最优厚的待遇。这些措施确实收到了效果，在他被流放后，他的国王军队仍然拥戴他。

他还效仿西方国家，由美国政府提供教练人员和设备，按照美国联邦调查局的模式，建立了一个称为"萨瓦克"的国家情报安全局。然而，正是这个情报机构的建立，使国王的孔雀宝座发生了动摇。"萨瓦克"只对巴列维负责，对王室反对派和政治犯采取强硬的制裁措施。这激起了社会各阶层的强烈不满。

关于"萨瓦克"同反对派发生冲突，大规模的有两次：一次是1953年摩萨台政府被推翻以后的一段时期；一次是1963年"白色革命"六点纲领在全国被通过的时候。

在经济方面，由于大量进口军事武器，军费开支很大，政府负担沉重。虽然收回了石油所有权，但是石油所得仍然入不敷出，加上美元贬值，财政出现赤字。这些也引起了伊朗国民的不满。

JIMMY CARTER

为了弥补财政赤字，政府不得不大量增发钞票。"白色革命"推行十多年以后，伊朗国内物价年上涨率高达 50%。有报道说，当时德黑兰一套两室一厅的普通公寓房，月租金高达 1 000 美元，比纽约的房租要贵上一倍。广大普通民众的生活受到了严重影响。

为了完成"白色革命"中的一些建设项目，巴列维大批聘用外国工人和工程技术人员。其中，最让伊朗人生气的是聘请了几万名美国军官和技术人员。这些人员的输入，导致伊朗国内的大批工人失业。那些失业职工看到美国工作人员领取高薪，更增加了对美国的愤恨。

在文化和宗教界，人们对巴列维国王引进或建设的一些项目颇为不满。他们认为这些西方化的项目并没有给伊朗带来文明和进步，带来的只有贪污腐化和黄色文化的蔓延。有报道说，当时军事装备进口，将军、部长和王宫官员都要从中收取十分之一的手续费。

为了堵住众人之口，政府取缔政党，限制成立工会和其他团体，实行新闻检查，限制言论、集会自由，"萨瓦克"任意逮捕行人，"防人之口甚于防川"，这些更激起了人民的不满和愤怒。这一系列社会不满和政治措施都起到了动摇孔雀宝座地基的作用，全国上下，声讨国王的声音一浪高过一浪。

在所有反对派中，影响最大的要数伊斯兰教的什叶派。伊朗是一个波斯族为主的多民族国家，全国人口 3 450 万。虽然全国都信奉伊斯兰教，但是有 90%以上的人都属于伊斯兰教什叶派。因此伊朗有两个中心，一个是政治中心德黑兰，一个是宗教中心库姆城。库姆城在德黑兰西南 75 英里处，是伊斯兰教什叶派的圣地，也是世界上最大的什叶派中心之一。全市严格遵循伊斯兰教什叶派的教规，不设酒店、酒吧、电影院，甚至连电视机也没有，所有的妇女都戴面纱，从头顶一直罩到脚跟。什叶派领袖之一是鲁霍拉·霍梅尼，他是一个极具号召力的人物，教徒遍及全国。1963年，他因抨击"白色革命"的六点纲领，被"萨瓦克"逮捕。之后，又获释，又被捕。几经折腾，巴列维国王把他流放到了土耳其。但是，霍梅尼不甘心，很快就迁到紧临伊朗的伊拉克，以便指挥国内的教徒。在伊拉克，他住了将近 15 年。他不断地传教，评论国内政事。据说，他的父亲是被巴列维的父亲杀害的，大儿子是被"萨瓦克"谋杀的，所以霍梅尼与巴列维有不共戴天之仇，不把巴列维赶下台，决不罢休。

1978年，伊朗政局发生激烈动荡。霍梅尼觉得推翻巴列维王朝的时机到了。他充分利用巴列维自己造成的不利局面，呼吁大家一起来推翻国王。

为了缓解各方面的不满和愤怒，在美国的建议下，1977年8月，巴列维命令把原首相胡韦达解职，任命了一位新首相。

但是，一切为时已晚。1978年元月7日，伊斯兰教什叶派圣地库姆城第一次发生了反对王室的示威。军警和示威人群发生了直接对抗，军警开枪，打死数人。1978年5月10日，是伊斯兰教先知穆罕默德的女儿法蒂玛逝世纪念日，在什叶派国内领导人沙里亚特马达里的传教总部，一队突如其来的空降兵打死了一名什叶派学者。

这一事件成为伊朗"伊斯兰正式革命"的导火线，反对王室的运动蔓延全国。而这场反对伊朗国王的运动，一开始就带有明显的反美色彩。霍梅尼说，巴列维国王是美国中央情报局的傀儡，必须废除，还要扫除所有的外国影响和压力。他还说，凡支持巴列维国王的国家，将被剥夺其取得伊朗石油的权利。

对于伊朗国内发生的革命，美国华盛顿有两种不同的建议：卡特总统通过国家安全事务顾问布热津斯基直接打电话给巴列维国王，表示美国支持国王的一切行动，这实际是示意国王动武镇压；而美国国务院通过美国驻伊朗使馆传话，要国王实行"自由化"，同反对派谈判，争取和平解决。与此同时，美国政府还给国王运去了大批催泪弹之类的武器。

巴列维国王对来自美国的这两种互相矛盾的建议，全部采用。他一方面宣布实行军事管制，派军警镇压示威群众，但要保证少流血；另一方面，他采取了一些"自由化"措施，取消对新闻媒体的检查、释放部分政治犯、解除"萨瓦克"领导人的职务、逮捕民愤很大的政府领导人、希望与反对派谈判。

但是霍梅尼拒绝同巴列维国王做任何妥协。他呼吁伊朗各种反对王室的力量，只有继续举行示威、罢工、罢课、罢市，才能迫使国王倒台。从1978年8月到1979年1月，在伊朗全国各城镇，反对巴列维国王的浪潮

JIMMY CARTER

此起彼伏。各阶层人士走上街头举行示威游行，市区中心交通阻塞。

迫不得已，巴列维国王下达军事戒严令，禁止游行示威。但是游行队伍藐视政府军事戒严令，继续走上街头。军警朝游行队伍施放催泪弹，进而发展到向游行队伍开枪。然而，示威队伍群情激昂，毫无退却之意。大批工人罢工，石油工业、钢铁工业、民用航空和邮政，全都陷于瘫痪。

在德黑兰大学，军警与罢课学生发生冲突，被打死的学生达40人以上。这更激化了两者之间的矛盾。学生替死者举行了悼念仪式后，放火焚烧官房建筑，摧毁航空公司的办事处，并继续罢课。

1978年12月11日，是先知穆罕默德的孙子侯赛因被杀纪念日，什叶派把它变成了政治节日，大批示威者走上街头，高呼"处死国王"的口号。

3 扣押人质
JIMMY CARTER

伊朗国内发生的一切，华盛顿的白宫、雾谷大楼、五角大楼看在眼里，急在心头。他们一面说支持巴列维国王；一面又劝在伊朗的美国有关人员，待在家里，不要出门，不要惊慌，要保持一种对巴列维国王有信心的样子。但是随着局势的不断发展，卡特政府知道巴列维国王是保不住了。12月初，卡特总统在记者提问时回答说，他不敢肯定巴列维王朝能继续存在下去，不过他希望它不要覆灭。他还表示，美国政府不会"直接卷入"伊朗的内政事务。

卡特总统向前副国务卿、纽约市华尔街银行家乔治·鲍尔寻求解决办法。鲍尔建议：争取伊朗反对派中的温和派，来保住君主立宪制。

紧接着，美国政府声明：在伊朗的美国有关人员及其家属随时可以离开，并临时征调美国空军运输机到德黑兰机场。

但是这一方法并没有奏效，王室反对派说，"打倒国王"是他们不能更改的基本原则。这时，反对派中民族阵线成员沙普尔·巴赫蒂亚尔出场了。他是前首相摩萨台的支持者，表示"愿意尊重君主立宪政体"，并出面组织政府，但国王必须出国。对于巴列维国王选巴赫蒂亚尔来组阁，美国还算满意。

面对无法挽救的国内危局，巴列维国王决定离开祖国，到国外流亡。1979年元月13日，巴赫蒂亚尔受命成为伊朗首相，出面组阁。元月16日，巴列维国王和王后乘飞机向西飞去，永远告别了德黑兰。

巴列维国王刚离开伊朗时，美国向他发出了邀请，可他决定留在摩洛哥。后来，伊朗局势越来越不利于巴列维，摩洛哥国王哈桑担心巴列维留在摩洛哥，会影响本国与伊朗新政府的关系。因而，他请求美国接纳巴列维。卡特总统考虑到一旦接纳巴列维，可能会激怒反对巴列维的伊朗人，那么，这些人很可能袭击还留在伊朗的美国人。于是，他请国务卿万斯帮巴列维国王及王后寻找一处安身之地。美国的不接纳让巴列维国王伤心不已，但他还是接受了美国的安排，先在巴哈马群岛住下，后来又辗转于墨西哥。

在此期间，巴列维国王在美国的朋友，国会议员洛克菲勒等人给卡特总统施压，要求接纳巴列维到美国，卡特总统拒绝了。

1979年10月，洛克菲勒等人获悉巴列维国王患胆结石要进行胆囊切除，便再次敦促卡特总统，让留在墨西哥的巴列维到美国来治疗。卡特总统依然拒绝了他们的请求。

后来，巴列维国王又被查出身患淋巴腺癌，急需检查、治疗，而目前只有美国才具有必需的医疗条件。尽管美国驻伊朗大使已经提醒过卡特总统，无论如何不能让巴列维国王入境，但这次卡特总统没能顶住国会的压力，同意巴列维国王来美国就医。

10月22日，巴列维国王和王后秘密飞往纽约市的纽约医院，动了胆囊切除手术。两个星期之后，这个消息被外界知道，一些旅美伊朗人举行示威游行，并在医院外高喊"处死国王"。

11月4日，一批德黑兰的学生占领了美国驻伊朗使馆，扣押了五六十名美国外交人员。他们提出，如果美国同意将巴列维国王送交伊朗审判，那么他们就释放美国人质。卡特总统拒绝了这个交换条件。从此，卡特总统开始了围绕解救美国人质问题的征程。

12月下旬，美国政府与巴拿马政府秘密磋商以后，巴列维拖着病体，

JIMMY CARTER

第十章 伊朗人质事件

与妻子移居巴拿马。1980年3月，国王病情恶化，要求去美国治疗，美国口头上答应了，却只让他在巴拿马运河区的美国医院治疗。巴拿马又限制巴列维的活动范围，进入运河区后，不能去巴拿马境内的其他地方。埃及念在之前巴列维国王曾经帮助过埃及的份上，邀请巴列维到埃及就医和定居。3月23日，巴列维国王携王后来到埃及首都开罗。1980年7月27日，这位多难的国王在开罗逝世。

1980年，又是美国的大选之年，卡特总统想竞选连任。可是这一次的大选，由于人质事件，卡特总统无法亲自参加每州的预选，所以前期的竞选活动大都由夫人罗莎琳和他在白宫的助手进行。

卡特总统认为，尽快把人质营救出来，是自己争取连任的重要砝码。11月6日，美国政府开始采取措施，与此同时，美国政府还召集军事将领拟定营救人质的计划。

美国政府采取的措施包括：派两名使者去德黑兰谈判；驱逐伊朗驻美外交官和伊朗留美学生；停止从伊朗购买石油；冻结伊朗在美国本土及海外美国银行的现金和黄金，资产价值约达120亿美元；派国务卿万斯与伊朗政府时任领导人商谈释放人质的问题。可是，这些措施均未奏效。

虽然前面这些措施效果不佳，但美国政府毕竟做出了努力，而且在营救逃入加拿大驻伊使馆的美国外交官中，还是用了最完善的办法。

1979年11月4日，美国驻伊朗大使馆被围时，有6名美国外交官躲进了加拿大驻伊朗使馆，逃过了被抓的劫难。美国政府一直对人质事件很关注，得知这个消息时，很想及时解救他们，但当时伊朗人群情激奋，稍有不慎可能引发更严重的后果，因此美国政府便一直对此事保密。直到1980年1月下旬，外界对这件事的关注逐渐淡下来后，伊朗人的情绪也逐渐稳定了下来，美国政府这时才开始行动，立即派特工人员秘密进入伊朗，救出了这6名外交官。消息报道出来后，美国人民对政府的信心增强了不少。

在营救人质问题上，卡特总统还用过第三方的力量。1980年2月上旬，卡特指示国务卿万斯去找联合国秘书长、奥地利外交家瓦尔德海姆，请他出面就解救人质的事与伊朗斡旋。瓦尔德海姆根据当时美国政府的要求以及伊朗当局的态度，综合想出了一个办法：他请五名法律学家组成联合国调查委员会前往伊朗，调查伊朗对美国和巴列维的指控，并对人质事件进行调停。但这5名调查委员会成员却在日内瓦一直等候着伊朗政府给他们颁发入境签证，至于伊朗是否同意他们入境以及他们入境后伊朗政府又会怎样答复他们？谁的心里都没底。

不久，伊朗政府给联合国回电：如果联合国调查委员会真要调查这件事，那么可以来伊朗。但回电同时仍在指责美国政府同巴列维互相勾结。不管怎么样，伊朗能让联合国调查委员会进入伊朗境内，对美国来说已经是不错的消息了。联合国调查委员会成员于2月下旬进入德黑兰。正如这些人当初预料的一样，到3月上旬，还是无功而返。

祸不单行，人质问题毫无进展，3月下旬，卡特总统在纽约州和康涅狄格州进行的民主党内预选中又接连失利，而参议员爱德华·肯尼迪连连获胜。这对卡特总统是个沉重的打击。在纽约州和康涅狄格州的失利反映出美国人民对卡特政府已经失去了信任。自从发生"人质事件"后，卡特总统原以为人质问题很快就会解决，他不断呼吁美国人民在这个问题上要克制、忍耐，还说让人们相信政府一定会处理好这件事。刚开始，人们还对他的呼吁积极响应，对他领导下的政府还充满期待，可"人质事件"迟迟得不到解决，美国人民便对卡特政府产生了怀疑和不满，认为他在欺骗他们，由此对卡特政府失去了耐心和信任。

但不管怎样，毕竟卡特是现任总统，在任期内还做过很多利民的大事，在党内预选中获得提名还是有一定把握的，但在大选中能否战胜共和党总统提名人里根，卡特就没有十足的把握了。

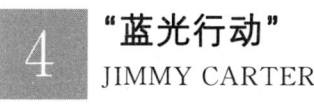

4 "蓝光行动"
JIMMY CARTER

"人质事件"不仅影响了卡特在民主党内的预选，对大选来说再糟糕不过了。如果卡特总统把"人质事件"处理得好，使人质在1980年11月

JIMMY CARTER

大选之前获释,那么,他在大选中竞选连任的成功几率就会增加许多,否则下台是毋庸置疑了。卡特相信人质是一定会被释放的,可谁也不知道伊朗到底要把人质扣押到什么时候。

在人质问题上,卡特总统认为绝不能打持久战,否则会更糟。他来到戴维营,把他的所有亲信全召唤来,就伊朗人质事件进行秘密磋商。最后得出的结论是:美国同伊朗断绝外交关系;禁止与伊朗进行任何贸易往来,包括出口食品、提供贷款、输出劳务等等。这两条措施看起来很强硬,其实他们也知道"伊朗政府不会就此妥协",而且两国已经处于绝交状态了,贸易关系基本上也停止了。事实证明,这两项措施确实没起到什么效果,人质被扣留的状况丝毫没有改变。

无奈,卡特总统决定采取军事营救计划——以突然袭击的方式来解救人质。其实,这种突然袭击营救行动,在国际上发生过很多次。比如,1977年10月13日,一架载有86名旅客的西德航空公司客机,在空中被劫持,改飞索马里。机上所有人员被当做人质扣留了起来,以此要挟政府。10月18日,西德出动飞机,经过长途飞行,夜袭了索马里首都摩加迪沙机场,打死、打伤劫持人员,把被劫持的人质,一个都不少地救了出来,并安全返航。美国政府决定采用这种营救方式,营救计划以西德夜袭的成功经验为蓝本。由于美国和伊朗关系紧张,美国飞机不可能停在德黑兰机场,所以他们对着陆地点和德黑兰的地形做了精确测定,确保营救行动万无一失。

德黑兰东南约200英里是卢特沙漠地带,十分偏僻,地面坚硬,地势平坦,附近只有一条很少使用的乡村道路。美国政府派侦察员去那里实地勘查了地形,回来报告说,那里确实是一个理想的停机场所,而且不容易被发现。得到确切报告后,卡特总统决定把那里作为营救部队集结地,并与军事顾问制定了详细的营救计划,准备了必要的装备设施,组织了一支营救人质的部队。卡特政府还派遣特工人员事先潜入伊朗,查看了美国大使馆的地形及院子周围的安全设施,研究了看守人员的防范状况,全力配合营救行动。

参加营救人质的成员是由临时招募的一批志愿人员组成的,负责训练他们的是美国海军陆战队。这支营救人质的队伍代号叫"蓝光",队名就叫"蓝光"突击队。这支队伍需要的装备几乎没什么限制,要什么给什么,他们拥有最先进的武器和使对手变得软弱无力的各种毒气。指挥这支队伍的军官是个只求结果不管过程的人。"蓝光"突击队的这次营救行动,由五角大楼参谋长联席会议主席琼斯上将担任总指挥,总指挥部就设在五角大楼的密室里。

营救计划是这样的:从美国时间4月24日上午开始,营救人员兵分两路。"蓝光"突击队是一路,分乘8架小型直升机从阿曼海湾的航空母舰上起飞,飞行6小时左右,于伊朗时间晚上约11点抵达目的地。第二路由6架军用运输飞机载着另一批人员,从另一个军用基地飞抵同一目的地,与"蓝光"突击队的营救人员会合。这批军用运输机的主要任务:一是给直升机加油,以保证"蓝光"突击队继续飞往德黑兰;二是当"蓝光"突击队救出人质后,由这批运输机直接将人质送回美国军用基地。"蓝光"突击队完成交接任务后,乘原来的飞机返回航空母舰。

一切准备好后,4月24日,美国时间上午10点30分,琼斯上将一声令下,营救行动正式开始了。整个营救过程中,6架军用运输飞机按照原定计划,安全抵达指定地点,而8架直升机却出了问题。

这8架直升机从阿曼海湾的一架美国航空母舰上起飞,在刚进入伊朗境内时,正是晚上,夜幕低垂,星空闪烁。但在前往预定会合处的途中,天气突变,狂风骤起,黄沙漫野,刮得天昏地暗,他们遭遇到了沙尘暴。8架直升机中有3架出了故障。其中一架不得不返回航空母舰,另两架则迫降在沙漠之中。沙尘刮得太厉害,使得剩下的5架飞机也不能正常执行任务。于是他们打算不再前行,先潜伏下来,等待增援飞机的到来,然后再继续按原计划飞往德黑兰。可糟糕的是,他们还是暴露了目标,潜伏计划失败了。

现场指挥官查利·贝克威思上校,就是那个只求结果、不管过程的人,他把发生的情况立刻上报给琼斯将军。琼斯将军马上打电话给卡特总统,希望卡特总统能就发生的突发事件给出指示。此时,卡特刚好在和他的竞选班子探讨对付肯尼迪议员和里根州长的策略,不太方便接电话。但

JIMMY CARTER

第十章 伊朗人质事件

得知是琼斯将军的电话，卡特第一感觉就是出大事了，他让乔丹代他主持会议，赶快去接电话。当他听了琼斯将军的汇报，马上又打电话给乔丹，让乔丹找个借口出来，不要惊动其他与会人员，因为他不希望其他人知道这件事。乔丹出来后，见卡特总统愁容满面，就问发生了什么事。卡特总统把蓝光突击队遇到的情况告诉了乔丹，并说他决定停止这次营救行动。乔丹又问他"现场指挥官贝克威思对此事有什么看法"。卡特总统说贝克威思和琼斯都建议停止这次计划。正当他们还在讨论的时候，万斯、鲍威尔、布朗等人也都到了椭圆形办公室。卡特把发生的事情给他们说了一遍，并争取他们的意见。经过商定，大家一致认为，按照目前的情况，应该马上取消这次计划，等待机会。卡特总统下令：终止营救行动。

贝克威思上校接到总统关于取消夜袭德黑兰之行的命令后，下令全队撤退。当直升机准备起飞时，糟糕的事情又发生了。由于直升机的螺旋桨卷起大团尘土，使得能见度很差，一架直升机撞上了另一架准备起飞的军用飞机的头部。两架飞机顿时陷入火海，8名营救人员罹难，3名烧成重伤。按照美国军队的传统，死亡官兵的尸体是不能留在死亡地的。可现场的情况非常紧急，万一碰上经过这里的伊朗部队，活着的人将会非常危险。在这种情况下，贝克威思上校决定，丢弃尸体和直升机，所有人员立刻乘剩下的军用飞机撤退。营救行动彻底失败了。

当卡特总统接到这个消息时，顿时脸色煞白。4月25日，他就这次营救计划的失败做了演讲。演讲中，卡特向美国民众表达了自己在这次计划中付出的努力以及自己目前的感受，并说明了失败的原因。

起初，人们对卡特总统的演讲不太理解，后来，政府人员出面就营救行动做了解释，人们才明白是怎么回事。对于这件事，国会山上一片沮丧、指责、抱怨卡特总统的声音不绝于耳。

就在美国国民为这次营救行动失败的事闹得沸沸扬扬时，国务卿万斯向卡特总统提出了辞职。其实在营救计划实施前，万斯就有这个打算了。当时，美国国家安全委员会就是否实行夜袭德黑兰的计划进行了激烈讨论。国防部长布朗、国家安全事务顾问布热津斯基等人赞成搞这次夜袭，而万斯坚决反对，他认为这样做会危及人质的生命安全。万斯当场提出，不管这次营救计划成败与否，他都要辞职。现在，营救计划失败了，卡特总统只得接受他的辞呈。

万斯走了，卡特总统任命参议员埃德蒙·马斯基接替他的职位。在举行任命国务卿仪式的同一天，卡特总统对国会领导人说，他私下会见了参加营救计划的人员。这些人对这次行动的失败深表歉意，并要求让他们再去伊朗试一次。卡特对那些人说：这已经不可能了，伊朗人听到他们夜袭德黑兰，已经把人质转移到了伊朗全国各地，并还通过第三方，把留在伊朗的8名营救人员的尸体还给了美国。

这次救援行动的失败，对一向以世界大国自居的美国来说是一个沉重的打击，尤其是几个月以来，每天晚上，电视都会播放伊朗群众聚集在德黑兰街头高喊"打倒美国"的新闻，让美国深感耻辱。

在这种情况下，所有人都把矛头指向了卡特总统，认为正是他策划的营救计划失败才导致了这样的结果。自由派认为万斯的观点是正确的，救援行动肯定会威胁到美国人质的安全；保守派则认为这个计划是不切实际的，而且太过草率和仓促。这件事发生后，民意调查结果显示，卡特总统的声望迅速下降。

在竞选初期，卡特总统曾表示，不把人质救回来，他就不参加竞选活动。可是，现在他的努力换回的却是8具尸体，而人质归来的希望仍然渺茫。既然事情已经这样了，总不能真的就此放弃竞选吧！最后，卡特总统还是宣布他将到各地进行竞选活动。这个决定让很多人大为诧异，认为卡特不应该在这个时候去参加竞选，而应该把所有精力都放在营救人质上。面对大家的质疑，白宫发言人鲍威尔出面为卡特总统辩护，他说虽然卡特总统参加竞选，但绝对不会放松营救人质，总统仍会把大部分精力放在人质问题上。

卡特总统一边参加竞选，一边寻求解决人质的方法。在目前这种局势下，他决定以谈判方式来解决人质问题。但问题并没有那么简单。真正在替伊朗做主的是没有官职的霍梅尼，所以虽然伊朗政府领导人答应同美国谈判，但霍梅尼丝毫没有松口。既然霍梅尼不答应，谈判就没办法进行。这种局面一直延续到1980年7月，伊朗前国王巴列维在埃及去世。

JIMMY CARTER

第十章 伊朗人质事件

巴列维去世后,局势稍微开始缓和。经过多方不断努力,同年9月,事情突然出现了转机,霍梅尼找西德政府做中间人,传话给美国政府,希望美国领导人与伊朗代表进行会谈,拟定释放人质的条件。卡特总统听到这个消息,既吃惊又高兴。吃惊的是霍梅尼很长时间都不回应美国政府,现在却突然提出和谈;高兴的是事情终于有了转圜的余地。但卡特总统仍然不敢相信这个消息的真实性。直到霍梅尼发表了讲话,提出了释放人质的条件,卡特总统才真正相信伊朗同意谈判了,人质获释有希望了。霍梅尼提出交换条件是:美国政府必须解除冻结的伊朗资产;归还伊朗国王巴列维带去美国的资金;还要答应不干涉伊朗内政等等。

卡特总统答应就这些条件开谈,并与霍梅尼派出的使者萨德格·塔巴塔拜直接交涉。卡特总统答应:美国政府可以解冻伊朗的资产,并且不再插手伊朗的内政,但巴列维的财产早已被他的家人转移到别国去了,美国政府对此无能为力。接下来,他们还就其他条件进行了探讨,最后双方达成了一致协议。塔巴塔拜表示他会尽快把这些协议转达给霍梅尼及德黑兰政府的其他领导人。可风云突变,就在塔巴塔拜预定到达伊朗的那天,伊拉克突然轰炸了德黑兰机场,伊朗人民顾不上人质问题,把全部心思都放到保卫国家的战斗上去了。

两伊交战期间,卡特既担心美国人质的安全,又担心伊朗方面改变主意,还要为竞选操心,真是寝食难安。

塔巴塔拜回去后,向霍梅尼和伊朗政府通报了与美国会谈的结果。霍梅尼表示让伊朗议会来讨论这件事。伊朗议会经过讨论,认为既然美国没有答应伊朗提出的某些条件,那么就需要在原来的方案上再另加一些新条件。这些条件,美国政府表示有的可以考虑,可有些是不可能答应的。例如,在怎样释放人质的问题上,美伊双方僵持不下:伊朗提议分批释放人质,而美国则坚决要求把所有的人质一起释放。

伊朗议会最后投票表决,他们同意了美国的某些提议,但仍坚持分批释放人质。但不管怎样,伊朗总算答应释放人质了,这对卡特总统来说是个好消息。接着,霍梅尼要求学生把人质移交给伊朗政府,并请阿尔及利亚人做中间人,转达伊朗明确的立场。此后,伊朗方面又没了消息,这让卡特总统非常着急，大选临近，人质一天不获释，对竞选就会造成非常大的威胁。

直到圣诞节来临前，伊朗才又传来消息，要求美国在赔偿方面给出承诺。但美国对于赔偿方面的细节与伊朗没有达成共识。不过，让卡特高兴的是，伊朗已经允许阿尔及利亚人去探视人质，且得到确切消息，人质一个也不少。而此时，美国大选早已结束，卡特败给了里根，失去了连任的机会。

在伊朗政府内部，对于阿尔及利亚人带给他们关于美国的答复，反应不一，经过激烈辩论，最后干脆让阿尔及利亚人代替伊朗与美国谈人质问题。经阿尔及利亚人极力斡旋，伊朗当局和美国政府在卡特总统在任的最后一周，敲定了交换条件：美国同意解除对伊朗资产的冻结，承诺不干涉伊朗内政，并答应了伊朗的其他一些条件；伊朗释放所有的美国人质，时间是在美国解除对其资产解冻的同一时间。

条件谈妥了，接下来就是交接程序了。当时，伊朗在美国的资产转移程序非常复杂：美国全部解冻伊朗在美国的资产，但只转移出三分之二，剩余的三分之一仍存在美国银行，由美、伊两方共同掌管。为了保证移转程序准确无误，即使在任期剩下最后两天了，卡特仍不敢有丝毫放松。

1981年1月20日上午8时18分，卡特总统收到了伊朗资产已移转至英格兰银行账户的通知。10分钟后，承担载运美国人质的飞机已在德黑兰机场待命。9点45分，负责处理接回人质的副国务卿沃伦·克里斯托弗，从阿尔及利亚打电话给卡特总统，说伊朗承诺飞机会在中午之前起飞。10点45分，罗莎琳走进总统的办公室，告诉卡特新任总统罗纳德·里根夫妇将在15分钟之内到达白宫，要他参加里根的就职大典。卡特总统在离开白宫去参加大典时，仍记挂着人质是否已经乘飞机离开伊朗。午后快1点时，一位特勤人员打电话告诉他，说载着人质的飞机已经起飞了。这时，卡特总统悬着的心终于可以放下了，虽然自己即将离开白宫，可对美国人民总算有了交代。

卡特后来回忆说：当他得知人质已经安全乘飞机启程回国的消息后，心里比他4年前出席自己的就职大典还高兴。

JIMMY CARTER

第十章 伊朗人质事件

JIMMY CARTER
第十一章
竞选风云

　　自卡特成为第39任总统的那一刻起，他所着手完成的每件事情都不那么顺遂人愿。在第一届任期将满时，美国社会更是百病齐发。怀揣温和主义思想的卡特没有为自己连任创造有利条件，他甚至被称为政绩最差的美国总统之一。卸任后，他为世界和平四处奔波，并获得了2002年诺贝尔和平奖。

JIMMY CARTER

1 各种危机
JIMMY CARTER

美国在科技上迅猛发展,能源消耗也随之愈来愈多,尤其是对石油的需求。几十年来,美国各大石油公司在国外自由运营,向国内提供原油,赚取丰厚的利润。谁知渐渐地,那些出口原油的国家开始掌控自己的油田,让美国这些石油公司慢慢陷入困境。

20世纪70年代,石油终于成了有力的政治武器。1973年10月,以色列和叙利亚、埃及打了一仗,因为这次战争发生在伊斯兰教徒的斋戒期,所以称之为"斋月战争",又叫"十月战争"。这一年到1974年,叙利亚和伊拉克这些控制全世界三分之二石油藏量的国家,终因不满美国支持以色列的举动,对美国实施石油禁运。石油是工业的血液,更何况美国经济飞速发展,怎能缺乏石油的支撑呢?石油禁运使美国经济受到严重影响:汽油短缺、油价飞涨、加油站前大排长龙。有人统计,1973年,美国的油价上涨了4倍。

埃、以战争结束后,几大石油输出国对美国的石油禁运才宣告解除。美国的生活又恢复了正常。这一情况说明了一个问题:一旦"石油输出国组织"的成员国联合起来,严格控制石油的供给量,就足以造成全世界的油价上扬。西方工业国家依赖石油输出国组织的程度是非常深的,它们离不开这些石油输出国的石油资源。

美国也出产石油,可是,它也是全球最大的石油消费国家。卡特任职时,就预见能源问题在未来世界将越来越重要。石油输出国组织发起的石油禁运,说明石油可以充当政治武器和经济武器。因此,能源势必成为与美国息息相关的重大议题。

美国似乎并未从1973年的石油禁运中汲取多少教训。1973年进行石油禁运时,美国约有35%的石油依靠进口;4年后,即卡特就任总统时,美国从国外进口的石油比例上升到了50%。由于美国蕴藏有丰富的石油和天然气，而且价格低廉，美国人消费起来毫无顾忌，从不考虑会有多少能源会被浪费掉。

当时，美国并没有相应的能源政策，而能源消耗总量已达到最高纪录。卡特决定成立能源部，希望制定一项全国性的能源法案，用以鼓励国内生产石油和天然气，节省能源以及刺激能源替代品的研究开发等等。

为了强调能源保护问题的重要性，并使之家喻户晓，1977年2月2日，卡特举行了炉边谈话，专门谈论了这个问题。那天晚上，卡特坐在白宫图书馆生了火的壁炉旁，就能源问题发表了自己的看法：节省能源消耗，开发国内的其他能源。他说："在被用掉的能源中，可以节省下的部分比从国外进口的还要多。"卡特倡导全国人民跟他一起为此努力，敦促美国人将暖气的温度调低：白天温度在65华氏度，晚上则维持在55华氏度。他说，只这么一个简单的措施，"就可以省下一半短缺的天然气"。卡特以身作则，率先在白宫这样做了。他还宣布设立能源部。

"能源危机尚未把我们压垮，但如果我们不快速采取行动，它就会压垮我们。这个问题不是我们能在未来几年内就解决的，而且，在本世纪，它会一直存在，还很有可能越来越严重……对能源问题究竟应该怎么办，是对美国人民的品格，以及总统和国会治理国家能力的一个巨大考验。这项艰巨的任务从精神上来讲，相当于一场道义战，除非我们能团结一致去努力克服它，而不是破坏它。"

这是1977年4月18日卡特在对全国人民演讲时所说的一段话。这次讲话表达了他要把能源法案提交国会的决心，希望全国人民齐心协力，打赢这场能源战争。

卡特提出这个能源法案的主要内容是：转移能源重心，由以石油为主，转为以煤炭为主；要以节约的方式降低成本；降低占能源消耗总量比较大的石油和天然气的用量，增加煤炭和核电的比例；研究使用新能源等等。

卡特的能源法案提出后，在国会大厦里引起了激烈的争论。其中有两条措施争论得最激烈。第一条是政府继续管制原产地的天然气出售价格，而离开原产地输往其他地方的天然气价格，则不受限制。关于这一条措施，国会山上分成对立的两派。一派以美国天然气出产地的一些议员为主，坚决反对管制原产地天然气的出售价格，要求政府废除一切限制规定。另一派以依赖外地天然气生存的地方议员为主，坚决主张政府严格管制天然气价格。这两派闹得民主党人心不合。而另一条措施议员们争论得更激烈。这一条是准许国产原油提高出售价格，但对这些生产原油的石油公司征收高额重税。来自美国各个产油州的石油公司和国会议员赞成提高原油价格，但反对政府征收高额利税。其他议员则反对提高国内原油的价格，认为政府这样做，实际上是解除对国产原油的价格管制。这样一来，势必导致物价上涨。这场争论一直持续了两年。

国会山上争吵不休，普通民众也不免议论纷纷。有人认为能源的情势尚未恶化到引起危机的程度。有人认为立即行动根本没有必要，因为汽车排长龙加油的现象已经不存在了，而且天然气不足的状况也已经暂时缓和了。天然气短缺的事发生在1977年初，即卡特刚上任的时候。那时正值严冬，美国东北部遭受了暴风雪的侵袭，公路堵塞，村镇被困，还发生了开车旅行的人在荒郊野外被冻死的事情。屋漏偏逢阴雨天，天然气的供应突然中断，造成工厂停工，商人停业，学生停课，几百万人失业，数亿人挨冻。事后，很多人怀疑是天然气公司搞的鬼，他们的目的是先减少能源的供应，然后再大幅度涨价以牟取暴利。因此，这些人认为这个能源法案的实施会导致燃料价格上涨，家庭暖气费用跟着增加，而燃料公司获利更多。

就在卡特总统的这个能源法案还没落实时，美国国内再次出现能源危机。1979年5月，加利福尼亚局部地区出现了能源短缺。到了6月份，情况更加严重，美国各地加油站前的汽车排起了长龙，与1973年到1974年爆发的能源危机相比，有过之而无不及。石油公司说，由于伊朗中断了石油供应，他们的汽油不够了。全国上下，一片哗然。卡特总统着急了，他赶快会晤了几个大石油公司的代表，同他们商讨解决石油危机的策略。最后，卡特总统下了一道命令，在全国实行缩短汽车排队等候加油的措施。但是这一措施并未解决根本性问题。

能源危机引发国民对政府的信任危机，也使他们失去了对政府的耐心。为了能抢购到石油，不断发生威胁、欺诈、行贿、斗殴甚至枪击事件。由于油价的上涨，大批个体卡车司机开始罢工，严重地影响了交通系统的正常运营，以致社会动荡，波及全国。

个体户卡车司机罢工后，宣称要包围华盛顿。这使联邦政府感到震惊。不过，那些有规模的卡车运输公司的司机没有参加罢工。为了使罢工取得成功，个体卡车司机不仅开车包围炼油厂和储油库，还拦阻那些没有参加罢工的卡车司机。他们使用种种方式迫使没有参加罢工的司机一起参加罢工，从劝说到放车轮胎气，再到开枪打人。有的没有参加罢工的司机被打伤，有的甚至被打死。面对此种情况，有几个州宣布全州处于紧急状态，还有几个州的州长下令全副武装的武警部队护送卡车运输和运油车队。有的州除了采取这些措施，还要求那些没有参加罢工的卡车运输司机自己武装起来，如果遇到威胁或袭击，就予以还击。

为了平息这场罢工运动，卡特总统下令撤销优先向农场主提供柴油的规定，又向国会山送去撤销"政府对卡车运输业的管理条例"的调整方案。原来的卡车运输业管理条例，有歧视个体卡车司机的内容。旧条例规定，有些货物，只准从政府领有营业执照的卡车运输公司运营，不准许个体司机运营。旧条例废除后，个体卡车司机获得了与卡车运输公司平等的权力。

这次，个体户卡车司机的罢工最终取得了胜利。

虽然罢工问题解决了，但能源危机仍然没有解除，而且石油供应的压力仍在加大。危机未平，美国政府又获得"石油输出国组织，在即将召开的日内瓦会议上将做出提高石油价格的决定"的消息。这对美国、日本和西欧来说，可是牵一发而动全身的大事，尤其是对处于能源危机时期的美国，无异于雪上加霜。

卡特总统马上收拾行装，乘空军一号飞往日本东京，出席美、英、法、西德、意大利、加拿大和日本的七国政府首脑会议，重点讨论能源问题。6月下旬，石油输出国组织宣布提高石油价格的决定后，七国政府首脑会议采取了很多相应的对策，其中一条就是控制与会国的石油进口。

东京会议还没开完，白宫就给卡特总统发来一封十万火急的电报，说

JIMMY CARTER

第十一章 竞选风云

国内形势紧急，请总统立刻回国。7 月初，东京会议一结束，卡特总统就匆匆忙忙地赶回了白宫。听了有关能源危机的报告后，卡特总统与能源部部长詹姆斯·施莱辛格及其他相关人员探讨解决能源危机的方案，却毫无对策。卡特总统决定邀请一批相关人员，去戴维营共同磋商能源问题。

卡特总统带着他的亲信汉密尔顿·乔丹、乔迪·鲍威尔等人先前往戴维营。几天之后，有关人员陆陆续续到达戴维营。他们是各州的州长、议员、石油公司的代表、经济学家、银行家等。

卡特总统与各个方面磋商后，于 1979 年 7 月 15 日，就能源问题，发表了电视演说。他说："众所周知，我国是一个用选票做决定而不是用枪弹作决定的国家，却发生了约翰·肯尼迪、罗伯特·肯尼迪（他是约翰·肯尼迪的弟弟）和小马丁·路德·金遇刺的惨事。我们在学校时就被教导说，我们的军队是无敌的，而我们的出兵原因是正义的，但是，我们却经历了越南战争的痛苦煎熬。我们一直很尊敬总统的崇高职位，却受到水门事件的极大冲击。以前，人们总会说'美金最棒'，但是 10 年的通货膨胀，使我们的美元贬值，储蓄减少了。1973 年之前，我们都认为我国的资源是取之不竭的，但 1973 年之后，我们才知道我国对国外进口石油的依赖性有多大。这些创伤至今依然很深，它们从来都没有被治愈过。"卡特指出美国的病症之后，提出了解决能源危机的办法，即控制石油进口，寻找能取代石油的新能源。

卡特总统的这个演说赢得了国会山上的赞扬声，而国内人民也是颂扬的声音比非难的声音更响亮。

卡特总统又提出了他在 1977 年提出的那个能源计划。这次，为了能使这个计划通过，他费了九牛二虎之力，据理力争。使国会终于通过了这一法案，但对其中的内容做了一些修改。例如，征得石油超额利润税的用途，卡特原来的主张是用在开发新能源或社会福利等特殊目的上，但国会改为可转用于国会认为合适的地方；卡特原主张永久性征收石油税，国会改为征收税金的有效期限只限于 1993 年之前，如果征得 2270 亿美元的税金，就应停止对其继续征税。

到卡特总统任期结束时，他实施的能源计划已见成效：1977 年，美国使用的石油有 48% 是从国外进口的。到 1980 年，石油进口量已经降到了 40%。同一期间，全美国石油消耗量减少了 11%。石油和天然气价格螺旋形上升的局面也有所控制。

1979 年，对于卡特总统来说，也许是不吉利的一年。除了发生"人质事件"、"能源危机"外，通货膨胀、经济衰退也一并侵袭而来。这给他竞选连任带来相当大的阻力。

通货膨胀，在美国的概念中等同于物价上涨和经济衰退，就是马克思讲的经济危机。这两者是美国经济的顽疾，一旦发作，威力无比。但不幸的是，这两件事让卡特总统同时碰上了。

卡特总统上台之初，就向政府高级官员宣布：通货膨胀，是美国国内的"天字号大敌"，必须集中精力与它做斗争。在以后的任期里，卡特也一再这样说。

卡特总统上台前，通货膨胀年率最高的一年是 1974 年。（年率，就是把一个月和一个季度的上涨幅度，折合成全年的比率。）当时，美国民众的日常生活受到了很大冲击：有些人买房子的梦想破灭，有的人甚至连电影都看不起，很多家庭的餐桌上的肉食减少了。另外，受通货膨胀的影响，基金储备也明显减少了。

1976 年，卡特总统在竞选期间，曾向美国人民保证，如果他当选总统，一定会大大改变这种状况。他刚一上台，就制定了"反通货膨胀计划"，他还让联邦政府带头，在财政上采取开源节流的方法，以遏制通货膨胀。

卡特总统在施行反通货膨胀的前两年，执行这个计划的负责人却三易其主。最初，由财政部长迈克尔·布卢门撒尔来执行这项计划，但是收效甚微。于是走马换将，由民主党全国委员会前主席罗伯特·斯特劳斯执行。不久，再易其人。卡特总统任命身为经济学家的政府民用航空委员会主席弗雷德·卡恩负责这个计划。他还多次与有关人员研究目前的经济情况，但是对于改变通货膨胀的状况没有丝毫帮助。到 1979 年夏初，形势进一步恶化。6 月，主管经济的官员正式宣布：通货膨胀来了。这次的通货膨胀率比 1974 年还要高。

JIMMY CARTER

通货膨胀对美国民众的生活产生了严重的影响，卡特的总统地位也因此受到冲击。卡特总统心知肚明，如果再拿不出解决方案，将对他竞选连任不利，后果很严重。他为改变这种状况殚精竭虑，夜不能寐，但仍没拿出一个合适的办法来缓解经济危机。这一年的通货膨胀率，是战后通货膨胀上升率最高的一年。

1980年大选年的预选阶段开始后，情况更加严重。以往，与西方其他国家相比，美国的通货膨胀率本来是很低的。但到了1979年，美国的通货膨胀率仅低于意大利和法国。到1980年初，美国的通货膨胀率直追意大利和法国。2月，新罕布什尔的预选日期越来越近，卡特总统坐不住了。2月24日，他马上通知相关人员，在白宫召开研究通货膨胀问题的紧急会议。

3月，卡特政府经过一个月的磋商，治疗通货膨胀病症的方子终于开出了：削减预算开支。但是4月，卡特政府宣布经济衰退来临了。美国经济的三大支柱产业：汽车生产业、房屋建筑业、钢铁业，形势全都不妙。汽车生产不断下降，房屋几乎无人购买，钢铁出售艰难，生产业随之下降，失业情况越来越严重。对美国国内出现的种种"病症"，卡特政府束手无策。这让卡特总统在民意测验中的声望越来越低。

2 灾难连连
JIMMY CARTER

就在"人质事件"、"能源危机"、"通货膨胀"、"经济危机"轮番轰炸卡特总统之时，总统周围也发生了一些不吉利的事。

首先是金融家罗伯特·维斯科犯了法，逃到了波多黎各。联邦政府司法部决定把他引渡回来。维斯科不想被引渡，更不想回来被判刑，于是委托一名佐治亚律师斯潘塞·李为他在白宫疏通。斯潘塞·李是汉密尔顿·乔丹的朋友，因而认识白宫里的一些人。后来，东窗事发，联邦大陪审团开始着手调查此事。斯潘塞·李承认他曾找过总统的助手理查德·哈登帮过忙。大陪审团又追查哈登,哈登在证词中说他向总统提过此事。大陪审团的调查人员在调查过程中,查到了总统写给司法部长格里芬·贝尔的一张便条,内容是要他会见斯潘塞·李。联邦大陪审团向卡特总统发出通知,要他就此事提出证词。

另外一件事发生在政府商务部,卡特总统决定任命菲利普·克卢兹尼克到商务部任职。任命消息公布后,有人说克卢兹尼克在与以色列的金融往来上,有不正当的行为。克卢兹尼克因此受到审查。没过多久,又有人说,财政部长威廉·米勒、住房和城市发展部长穆恩·兰德里欧上任前,在财务上不检点。

这些事对于以前的美国政府根本算不了什么,但是在卡特政府时期,这些就成了引人关注的大事情了。因为卡特本人一向是很注重品德问题的,对政府官员在品德方面同样要求也很严格。这些事情的发生有悖于卡特上任前对国民的承诺。

以上的事情还没有完,后来发生的事更让卡特感到头疼。

1979年11月,联邦法院正式任命一名特别检察官,调查卡特总统的助手汉密尔顿·乔丹,因为有人告发他吸食毒品可卡因。一石激起千层浪,一时间,人们对此议论纷纷,一片质疑之声。有人还把它比成"小水门事件"。担任调查乔丹吸毒案件的特别检察官,是前纽约州法官阿瑟·克里斯蒂,他现在的身份是律师。克里斯蒂是个办事认真、雷厉风行的人,一接到通知,他立刻走马上任,着手调查这个案子。

美国社会上,吸毒的人很多。美国法律规定,一般老百姓的吸毒基本上不算犯法,贩卖毒品的人才会受到法律制裁,但政府官员吸毒就是犯法。美国对政府官员要求非常明确,禁止吸毒。对此,美国有一项专门的法律,叫《政府人员道德法》。根据这个法令,政府官员吸毒,是要定罪的。有人指控乔丹吸毒,对卡特总统来说,无疑又是个重大的打击。

卡特总统与乔丹的关系非同一般。他在第一次竞选州长时,与乔丹相识,两人从此结下了深厚的友谊。在卡特第二次竞选州长及州长任内,乔丹都立下了汗马功劳,功不可没。卡特当选总统后,就让乔丹主管内政,有时也让他秘密执行一些外交使命。乔丹是卡特总统的心腹爱将,一旦乔

JIMMY CARTER

丹出事，一损俱损，势必会累及卡特总统的声誉。

1979年7月，卡特总统改组政府，任命乔丹为白宫总管。在改组时，卡特总统解除了5名内阁部长的职务，却将乔丹提升。这一做法，引起了政界、新闻界的强烈非议，甚至有的报纸还以刊登漫画讽刺卡特。卡特总统的政治对手也借此事大做文章，打击卡特总统。

乔丹正式上任后，很多人从他下手，挖掘了一大堆对卡特不利的材料，例如，说他对某国大使夫人不礼貌；晚上去喝酒，侮辱女士等等。这些材料虽然引人诟病，但都是些上不了台面之事，对卡特总统构不成什么大的威胁。

可是指控乔丹吸毒的事就不能不说是一枚重型炸弹了。1979年8月，有人指控乔丹曾在纽约市"54号摄影室"的地下"游戏室"吸过毒。摄影室在美国可谓比比皆是，一般都是靠做一些见不得人的买卖赚钱的下流店铺，却都领有政府营业执照。它们只要依法纳税，政府是不会管它做什么的。纽约市的"54号摄影室"就是这么一个地方。

1978年年底，税务局的工作人员检查这家"摄影室"时，发现该店老板史蒂夫·鲁贝尔和伊安·施拉吉犯有偷税漏税、提供贩卖毒品场所等罪行，将他们告上法庭。司法机关表示，坦白从宽，如果他们如实说出他们知道的毒品买卖，就对他们从轻发落。这两个人连忙找自己的辩护律师帮忙，他们的辩护律师名叫米切尔·罗戈文。"摄影室"老板与米切尔商量后，提出了对汉密尔顿·乔丹曾几次在他们店里吸食可卡因的指控。

消息公布后，乔丹矢口否认。他辩解说：他只去过那里一次，而且停留的时间很短，并没有吸毒。这一项指控对政府人员来说，是非常严重的，况且乔丹具有特殊身份。故此司法部长本杰明·西维莱蒂一边命联邦调查局调查此案，一边给卡特总统打电话，向他通报此事。此时，卡特夫妇正坐船在密西西比河沿岸进行竞选宣传活动。

随后，"摄影室"老板鲁贝尔向司法部门提供了人证和物证，人证是一个叫约翰尼的毒品贩子。鲁贝尔说是他自己把约翰尼介绍给乔丹的，约翰尼和乔丹见面后就一起出去了。当他们再次回到"摄影室"后，乔丹就拿出可卡因开始吸食；鲁贝尔提供的物证是一个录音带。鲁贝尔说，在乔丹离开后，他把一个小型录音机藏在身边，去找约翰尼，问他们一起出去干了什么事。在鲁贝尔再三追问下，约翰尼就把乔丹买可卡因的经过向他叙说了一遍。联邦调查局向约翰尼了解情况时，约翰尼却否认了这件事。

9月初，卡特夫妇回到了故乡普兰斯。有随行记者问他们，约翰尼否认向乔丹卖过可卡因，总统先生怎么看待这件事。卡特总统当时反应平静不置可否，但到了晚上，却又向这位随行记者问及此事。记者旧事重提。卡特总统说："我认为那些人是凭空捏造，散布谣言。"旁边的罗莎琳对卡特总统的说法表示赞同。

后来，鲁贝尔向司法机关交出了他私下录制的那盘录音带，而且又提出一个人证：巴里·兰多。兰多写了一份长达5页的证明书，交给了法院。书中交代，他常陪乔丹出席各种"招待会、晚宴"之类的活动。1978年6月，兰多陪同乔丹去"54号摄影室"吸毒。第二天，一个名为露西·阿纳兹的女演员举行招待会，兰多前去参加。因为露西·阿纳兹主演的一出戏即将首场演出，这个招待会就是为此而举办的。招待会正在进行时，兰多突然站起来说，他有一件重要的事要宣布。他说卡特总统向露西发来了一份贺电，并当场宣读了这份电报，全场为之轰动。这份电报确实是白宫发来的，上面有详细的发报地点。1979年9月，这份电报的复印件被人找了出来，刊登在报刊上。电报很显然不是卡特总统发的，那么究竟是谁发的呢？谁竟敢如此胆大妄为，以总统的名义发出这样的电文呢？

白宫发言人鲍威尔说这封电报是乔丹的女秘书埃莉诺·康纳斯发的。巴里·兰多一直追求年轻貌美的康纳斯。为了摆脱兰多的纠缠，康纳斯答应了兰多的要求，私自以总统的名义发出了这封电报。但是，美国一些报刊的说法却与此不同。康纳斯是一个行为严谨，做事很有分寸的人。在没有上级指示和总统签字的情况下，她是不会鲁莽地以总统的名义发这封电报的。因此，电报应该是乔丹发出的。最后，乔丹承认，他的确在"54号摄影室"和兰多交谈过一次。11月，特别检察官阿瑟·克里斯蒂律师接手此案后，展开了仔细的调查。最后的调查结果是，汉密尔顿·乔丹吸毒一案不成立。

虽然法院最后判决乔丹没有吸毒，但这件事已经造成了不可挽回的影响。1980年，在卡特总统竞选连任最紧要的关头，卡特总统免去了乔丹白宫总管一职，让他到竞选连任的前线去，为自己主持总统竞选连任总部的工作。

此时，在逃金融家罗伯特·维斯科托人进白宫疏通涉及卡特总统一案，也有了调查结果。经过联邦大陪审团投票表决，结果是不对任何人提出起诉。这些事情过去之后，卡特总统觉得自己还是有希望在竞选中获胜的。

7月中旬，美国共和党在底特律召开了全国代表大会。会上，罗纳德·里根被提名为1980年共和党的总统候选人。此时，里根州长已经战胜了本党内的竞选对手，只剩下民主党的对手：在任总统吉米·卡特。

卡特总统得知里根州长赢得了共和党总统候选人提名时，亲自给他打电话，向他表示祝贺，还发了一份贺电。贺电中提议与里根"在我国各地区进行一系列辩论"。卡特总统的这个做法，使人觉得他似乎有很大把握战胜里根州长。但是，共和党全国代表大会刚刚闭幕没多久，卡特总统在政治上又受到了一次猛烈的冲击。

3 比利门事件
JIMMY CARTER

在卡特准备再次参加总统竞选的时候，他的不争气的弟弟比利·卡特给了卡特当头一棒，让他在民主党内差点失败。

卡特在佐治亚州州长任上时，家里的花生企业就由比利负责经营。1976年11月，卡特当选总统后，比利也想当官，但他只想当普兰斯镇的镇长。当时，卡特正在普兰斯镇的家里筹备组织内阁班子，家里宾客云集，高朋满座。当时，普兰斯镇正在竞选镇长，卡特借己之功，帮助比利进行竞选。尽管卡特助了他一臂之力，但他还是落选了。

卡特入主白宫后，比利作为总统的弟弟，立刻身价百倍，成了一位知名人士。邀请函从全国各地纷至沓来，请比利出席公众集会。比利每接受一次邀请，就会得到一笔酬金。可他有一个不好的毛病，演讲时口无遮拦，言语不谨。这常令卡特总统感到非常难堪。

有一天，卡特在报纸上看到了一条有关比利·卡特的消息，说比利被利比亚政府收买了，他在替利比亚政府在美国从事对利比亚有利的活动，而且还涉及总统本人。

报道比利接受利比亚贿赂的是《纽约时报》。之后，《纽约时报》又说：对于比利·卡特与利比亚的往来，联邦政府司法机关早就注意了。1980年5月，司法部门接到秘密报告，说利比亚政府想通过比利·卡特的关系，从白宫谋求对利比亚有利的政治影响。于是，司法部门开始调查比利与利比亚政府的关系。司法人员调查发现比利确实接受了利比亚政府的贿赂。但在司法部门为此事还传唤比利时，比利却已经委托律师，代表自己与司法部门联系了。

司法部门的调查是秘密进行的，比利怎么会知道呢？美国民众对此大惑不解。《纽约时报》又为人们揭晓谜底：有一位熟悉这个内幕，但不愿公开姓名的政府官员说，可能是司法部或白宫中有人把这件事暗中告诉了比利。

这个报道一经披露，立刻像扔出的一枚炸弹，四处开花。不仅全美国人知道了，全世界也都知道了。

有人给比利·卡特案件正式取名叫"比利门事件"。这是为了把它跟当年的"水门事件"相提并论。1976年，卡特总统曾利用"水门事件"打败了共和党总统杰拉尔德·福特，夺走了总统的宝座。现在，共和党人决心以牙还牙，报仇雪恨，高举"比利门事件"的大旗，把白宫从卡特总统手中夺回来。

《纽约时报》的报道发出两天后，白宫出面讲话了，主要是为了说明：一、卡特总统在事情发生之前，根本不知道比利和利比亚政府的关系，也不知道比利收受过利比亚的钱。当他一得知比利与利比亚政府的关系后，就立刻督促比利去司法部门登记注册。依照美国法律，美国人当外国代理人，替外国政府办事，只要到美国司法部门登记注册后，定期向司法部门报告自己的活动，就是合法的。二、比利同利比亚政府的接触，也是为了营救被扣留在伊朗的美国人质。

JIMMY CARTER

白宫的讲话,并没有使事情平息下来,"比利门事件"越闹越大。共和党人要求成立一个参议院特别委员会,对"比利门事件"展开调查。随着"比利门事件"的不断扩大,卡特总统受到的不利影响也越来越大,并危及到了他的竞选连任。在美国一些人口众多的大州,像纽约、宾夕法尼亚、加利福尼亚等州的选民,本来支持卡特总统的,现在也开始动摇了。国会众议院民主党派的一些人召开秘密会议,开始讨论撇开卡特总统和肯尼迪议员,重新推选一个民主党总统候选人的得与失。

正在卡特总统由于"比利门事件"焦头烂额时,又有两件事给他火上浇油、雪上加霜:一件是卡特总统的妹妹露丝·卡特的儿子,也就是卡特总统的外甥罗伯特·斯特普尔顿,晚间在休斯敦开着租来的车,违反交通规则,硬闯红灯。经交警拦阻,发现他是醉酒驾车,被警察逮捕。被抓后,又从他的车里搜出了毒品。这两条都是违法的,要被判刑的。另一件事是,卡特总统的另一个外甥威廉·卡特·斯潘,因持械抢劫,被判处有期徒刑10年,关押在一座监狱中。这些事件的发生,让卡特总统在美国民众心中的形象大打折扣。

7月27日,民主党众议员迈克尔·巴恩斯借此攻击卡特。他说,很多民主党众议员强烈要求,准许已经投票支持卡特总统的各地民主党代表,在民主党全国代表大会上,有把票转投给其他总统候选人的自由。这标志着"抛弃卡特运动"正式拉开了帷幕。

第二天,迈克尔·巴恩斯对外宣布,在民主党内,一个叫"争取召开不受约束的全国代表大会委员会"的组织诞生了。这使"抛弃卡特运动"进入了高潮。

7月29日,参议院特别小组委员会主席伯奇·贝赫宣布,这个委员会决定在8月1日,民主党全国代表大会开幕之前,就比利·卡特案件举行两次公开的听证会。贝赫的这一举措,是为了剥夺卡特总统快要到手的民主党总统候选人的提名资格。

7月30日,"比利门事件"进一步恶化。司法部外国代理人登记处负责人乔尔·利斯克和联邦调查局的特工人员一起,就有关比利访问利比亚的一些机密文件,对比利进行询问。那些机密文件不仅美国国务院有,比利手上也有。利斯克问比利那些文件是怎么弄来的。比利坦言是他哥哥卡特总统给的。同一天，康涅狄格州米尔福市市长、共和党人波维内利给白宫发了一份电报，要求卡特总统向前总统尼克松学习，自动辞去总统之职，以维护国家的团结。

7月的最后一天，卡特总统采取了反攻行动。由白宫代表鲍威尔对外公布了比利与利比亚政府之间的机密文件，目的是表明其中并没有什么不可告人的事情。卡特总统竞选连任委员会负责人罗伯特·斯特劳斯发表谈话，说卡特总统是不会同意举行不受约束的民主党全国代表大会的。

第二天，数十个工会的领导人发表联合声明，赞成民主党中一些议员提出的举行不受约束的民主党全国代表大会。参议员爱德华·肯尼迪也公开表示支持。因为在预选阶段，支持卡特的民主党代表要比支持肯尼迪的多得多。只有进行不受约束的选举，肯尼迪才可能转败为胜，取得本党总统候选人提名的资格。

8月初，一个名为"征召马斯基委员会"出现了。它的20名工作人员，夜以继日地忙碌着。他们给全国各地的民主党代表写信，打电话，号召抛弃卡特和肯尼迪，支持马斯基为1980年民主党的总统候选人。

共和党人的攻击，民主党人的拆台，使卡特总统腹背受敌，四面楚歌，形势危急。就在此时，有人雪中送炭，送炭的是卡特总统的军师查尔斯·柯博律师。他从亚特兰大乘飞机来到卡特总统身边。面对日益临近的民主党全国代表大会，以及纷繁复杂的局势，柯博建议卡特总统，快刀斩乱麻，赶快把比利·卡特的案件了结。可是，事情说起来容易做起来难。尔后，还是卡特想出了办法。他向特别小组委员会提交了一份很长的报告，把自己知道比利的事情，以及自己对这些事的看法，向美国民众做了详细的说明。他还利用电视台召开记者会，对记者以及民众想知道和不理解的问题做了详细解释。

事实证明，卡特总统的这项举措收到了很好的效果。卡特总统在白宫接到很多电话，大都是对他的做法表示赞许的。而卡特向特别小组委员会交的书面报告，不仅使委员会举行听证会的势头减弱，还使他的威信在民主党代表中有所回升。

JIMMY CARTER

4 不见硝烟的战场
JIMMY CARTER

"比利门事件"平息后,接下来还有两场硬仗在等着卡特总统:一场是在民主党内,和与他争夺总统候选人提名的爱德华·肯尼迪参议员的较量;一场是与已被共和党提名为总统候选人的罗纳德·里根的对决。

爱德华·肯尼迪是美国前总统约翰·肯尼迪的弟弟,在民主党中,呼吁他出来竞选总统的呼声仅次于卡特总统。1980年4月,在总统预选中,肯尼迪参议员的票数比卡特总统低很多,处于绝对劣势。但是"比利门事件"发生后,卡特总统的根基开始动摇了,肯尼迪参议员认为这是转败为胜的绝佳机会,于是,开始积极策划加紧活动。虽然民主党内还有其他人参加竞选,但是他们的实力都不及卡特总统和肯尼迪参议员,因此,在民主党全国代表大会召开前夕,基本上就只有卡特派和肯尼迪派决一雌雄了。至于谁胜谁负,就要看这次民主党全国代表大会怎么举行了:是开成一个受预选结果约束的大会,还是开成一个不受预选结果约束的大会。如果是前者,那么卡特总统必胜无疑;相反,则肯尼迪议员胜出。

受"比利门事件"的影响,卡特总统由优势转为劣势。可是8月份,卡特总统就"比利门事件"做出的大举反攻,又使天平开始倾向于卡特这边,但肯尼迪仍在顽强奋战。

卡特派和肯尼迪派就这次民主党全国代表大会怎么个开法进行了商谈,双方派出的代表分别是卡特总统竞选班子总管汉密尔顿·乔丹和肯尼迪议员竞选班子总管小保罗·柯克。他们进行了历时7天的商谈。

8月5日,怎样召开民主党全国代表大会的问题仍没有解决,可卡特派和肯尼迪派却在另一件事上共同发表了一项联合声明,内容是:双方要保证全国代表大会开得公正公平,能够向美国人民表明民主党的立场;党内要团结,一致对外。这里的"对外"指的就是对决共和党。声明还宣布:不管最终的候选人是谁,民主党的所有人都要支持他。可是,在联合声明发表的当天，肯尼迪参议员就分别会见了参议院民主党领袖罗伯特·伯德和参议员亨利·杰克逊。

会后，肯尼迪参议员对外发表讲话，说他已经告诉这两位参议员，他们中的一个可能会成为他的副总统候选人，而这两位议员也向他表示：他们赞成这次全国代表大会开成不受预选约束的会议。

卡特总统相信自己的实力，他把争取总统提名的事全权委托给乔丹和斯特劳斯，自己则和罗莎琳前往戴维营解决一些其他事情。民主党全国代表大会开幕后，卡特总统没有到场。他在戴维营，一边安心地为自己即将接受总统提名要进行演讲的稿件做润色工作，一边等着乔丹的捷报。

在民主党全国代表大会即将召开时，肯尼迪参议员飞往大会召开地点纽约市。他准备了两样东西：一样是在大会上批驳卡特总统演说的演讲稿，一样是接受提名的演说稿。

在民主党全国代表大会召开前夕，各派势力展开了宣传攻势和攻心战。卡特派代表斯特劳斯在记者招待会上说，卡特总统必胜，肯尼迪参议员必败。而且呼吁民主党阵营停止内战，一致对外，共同对付共和党总统竞选提名人里根州长。

肯尼迪派的代表柯克在一个记者招待会上表示：争取召开不受约束的民主党全国代表大会是可以实现的，一旦这次会议开成不受约束的大会，那么肯尼迪参议员一定可以取得总统候选人提名资格。

8月11日上午，卡特派和肯尼迪派还在为这次会议是开成受约束的，还是不受约束的问题进行争论。而下午，民主党代表大会就要召开了，

下午，民主党所有代表齐集麦迪逊广场花园体育馆大厅。4年前，卡特总统来过这个地方。那时，他就是在这个地方夺得民主党总统候选人提名的。4点多钟，大会主席约翰·怀特宣布民主党全国代表大会正式召开。

大会开始后，进行的第一项是：讨论并通过委员会以多数票通过的议事规则。这一项涉及卡特派和肯尼迪派久争不下的一个问题，代表们是否要受预选时投票态度的约束。卡特派和肯尼迪派又开战了。双方你来我往，唇枪舌剑，互不相让。争论结束后，对这个问题开始投票表决。最后的结果是：主张保持预选约束力的卡特派赢了。当然，卡特总统获得总统

JIMMY CARTER

候选人的提名。肯尼迪参议员宣布退出民主党内总统提名竞选。

卡特总统在民主党内获得总统竞选提名资格后，就只剩下最后也是最关键的一仗了：与共和党总统竞选提名人里根州长的对决战。

卡特总统和里根州长各自开始了宣传旅程。他们到处演讲，阐明观点，争取选民。为自己拉选票，并且互相攻击。在竞选过程中，两人都碰到一些难题。由于里根州长在对华政策上讲过一些不合时宜的话，而使自己陷于被动地位，所以竞选情况不是很好。卡特总统在犹太人集中的地方竞选时碰到了困难。由于和以色列的关系，卡特总统同美国犹太人上层势力的关系处于紧张状态，后来发生的"比利门事件"，使得他们的关系更加恶化。美国犹太人在选民中所占的比例相当大，而且他们中的上层人士在政治、经济、舆论等方面也有相当大的势力。1976年，卡特竞选总统时，得到过他们大部分人的支持。但是，这一次，卡特总统在犹太人集会上发表演说时，形势与往日截然不同，会场上一片嘘声和责骂声。离开会场时，卡特总统感到自己已经失去犹太人的选票了。

能言善辩是里根的强项，因此他急于要和卡特在全国性的电视节目上进行公开辩论。里根很清楚，卡特是现任总统，很容易抓住他当政期间的失误之处，借此机会打卡特一个措手不及。当然卡特这一边也知道，此时与里根辩论对己不利，他的政治民意测验员卡德尔陈说厉害坚决反对。

当时，一个妇女选民同盟的团体首先为卡特总统与里根州长举行了一场面对面的电视辩论。之后邀请卡特总统、里根州长和独立候选人安德森参议员一起进行一次三角辩论。虽然里根当时已经基本定为共和党的总统候选人，但安德森参议员仍不愿退出竞选，自己宣称为独立候选人。因此，妇女选民同盟才把他也邀请来了。

对于妇女选民同盟的邀请，卡特总统拒绝了。妇女选民同盟警告卡特总统，如果他不出席这场辩论，同盟将按照他们的习惯做法，在里根州长和安德森参议员之间放一把空椅子，向电视机前的观众表明，总统逃避辩论。面对这样的威胁，卡特总统仍然没有答应出席辩论。

辩论只好在里根州长和安德森参议员之间进行。但这两人都是共和党人，意义不是很大。安德森参议员与里根州长的政策主张只是略有不同，辩论也仅仅是"提名"之争,没有"主张"上的根本分歧。电视机前的观众对他们的辩论也是兴味索然。最后,辩论草草结束了。

里根州长坚持要跟卡特总统进行公开的电视辩论。卡特总统到底应战还是不应战?他身边的人仍然有两种意见:应战,显然这场电视辩论对卡特总统是不利的;不应战,就是向里根州长示弱,这对他来说,也是不利的。

里根竞选班子不断向卡特施加压力,最终卡特被迫同意与里根进行公开电视辩论,但心里仍然没底。

10月的周末,卡特召集竞选班子成员,齐集戴维营,开始辩论模拟训练。他们在戴维营的"胡桃小屋"摆下擂台,把屋子布置成辩论会场的样子,氛围也与真正的辩论会场相似,还找来一个与里根州长的口音、行为、言论都极为相似的人来扮演里根。扮演者叫萨姆·波普金,对里根州长的言论、行为很有研究,而且此人善于模仿。在与卡特总统的辩论中,他语言简短有力、说话幽默风趣、富有吸引力。防守时,他讲究策略、不留破绽;进攻时,他一针见血、令人难以防范。

当波普金发动攻势时,卡特总统竟无力招架。在旁观战的罗莎琳等人看到这个场面,都非常着急,好像卡特是同真里根辩论一样。之后,卡特总统的顾问们开始帮他总结经验,他们认为从辩论内容到肢体语言都必须有所提高。

10月28日,也就是选举日的前一个星期,卡特与里根在俄亥俄州伊利湖畔的克里夫兰市的会议中心,举行了面对面的辩论,整个辩论过程通过电视向全美国各地转播。

两人事先商议决定,对于每个记者的提问,每人各回答一次。

首先辩论的是"战争与和平"的问题。卡特说:这是一个复杂的问题。他的政府已经做了很多工作,例如增加军费开支,为以色列—埃及的和平做出贡献。里根反驳道:过去3年的政策,几乎使局势失去控制。世界和平很重要,只有在万不得已的时候才能使用武力。卡特说,里根是个战争骗子,一旦当选,将会把世界带入战争。

第二辩论的是"伊朗人质事件"。卡特说,为了使人质获释,已经答

JIMMY CARTER

应了伊朗的一些条件,但只允许解冻 1979 年 11 月冻结的伊朗资产。里根说,关于人质事件,应当全面调查谁的责任最大,为什么人质被关了那么久还没有被解救出来?

随后,卡特攻击里根提出的 3 年内减税 10% 的计划是荒谬的,而且还指出里根是一个冷漠的人,不关心穷人的疾苦。里根反驳道,卡特曾保证 4 年内使通货膨胀率降下来,而现在一切都没有实现。

辩论结束前,两人各有一段小结的时间。卡特总结说,虽然两党政见不同,但是美国仍要保持强大、坚持和平、高举人权的旗帜,为世界其他国家树立榜样。里根州长的小结主要是针对解决国内问题:要改变通货膨胀、经济危机的情况,改善国内人民的生活。其实里根说的这些问题,是在提醒选民在投票之前,应该好好审视一下卡特总统的任内业绩如何。

辩论结束后,卡特总统在后台碰到了乔丹。乔丹还满怀欣喜地向卡特表示祝贺,说这场仗打赢了。而卡特知道自己在这次辩论中,可能会输给里根。

对这次辩论的胜负,媒体做了民意测验。测验结果表明里根州长是胜利者。有评论家分析,卡特与里根的总统争夺战,可以说是"和平与战争"的角逐。

距大选只有最后一周时间了,卡特总统做了最后努力。这一周,他去了 15 个州的 26 个城市进行宣传活动。11 月 2 日,卡特总统一行人在芝加哥进行竞选活动。当地时间凌晨 3 点 30 分,负责人质事件的副国务卿沃伦·克里斯托弗从华盛顿打来紧急电话,告诉卡特总统:伊朗政府已经公布了释放人质的条件,美国政府必须给予回应。卡特总统听到这个消息,连忙给副总统蒙代尔、国务卿马斯基和国家安全事务助理布热津斯基打电话,通知他们当天在白宫开会。之后,他也立刻启程,从芝加哥赶回华盛顿。

经过一天的商讨,卡特总统对伊朗提出的释放人质的条件做了答复。卡特总统竞选总部的人,热切盼望伊朗立刻释放人质,因为这对改善卡特总统目前的竞选成绩是非常必要的。里根州长竞选总部的人则希望伊朗最好是把人质扣留到大选结束。结果,里根一方如愿以偿了。

JIMMY CARTER

第十一章 竞选风云

美国法律规定：每个大选年的投票日，是本年11月的第一个星期二。按照这个规定，1980年的大选投票日是11月4日，伊朗扣押人质事件也将于这一天满一周年。11月3日是总统竞选的最后一天。卡特总统没有停下竞选的脚步，这一天，他去了西雅图，向那里的人发表演讲，呼吁人们支持他。在竞选过程中，他的嗓子因讲话疲劳而嘶哑了。

当天晚上的新闻时间，美国三大电视台：哥伦比亚广播公司、全国广播公司、美国广播公司行动一致，不谈总统竞选活动，反而搞起了纪念人质被扣押一周年的活动来。大选之前的新闻节目是很受美国人民重视的，大部分家庭都会打开电视看。这天晚上，电视画面上展现出人质被扣、德黑兰反美示威游行的镜头，勾起了人们对伊朗政局的种种回忆。

这三大电视公司一起安排这样的节目，在卡特一方看来，其目的很明显：赶卡特总统下台。卡特竞选总部的人反应不一：斯特劳斯认为这种状况非常糟糕；乔丹看了新闻后，目瞪口呆；其他人员或沮丧，或愤怒。

11月4日凌晨4点，乔丹接到总统政治民意测验员卡德尔的报告，经过民意测验，里根州长比卡特总统领先10分，这是前一天三大电视公司播报纪念人质被扣押一周年新闻造成的结果。乔丹看到这个结果，气愤至极。当他把这一情况报告给卡特总统时，卡特总统也觉得太糟糕了。当时，卡特总统一行人正乘飞机从西雅图赶往他的家乡普兰斯镇，参加那里的投票活动。在参加完普兰斯镇的投票活动后，他们乘飞机飞回白宫。回白宫途中，卡特夫妇在机舱的总统卧室里失望地流下了眼泪。

回到白宫后，卡特总统累得实在支持不住了，于是小睡了一会儿。下午4点，总统给乔丹打电话，问他情况如何。乔丹不愿意在电话里向总统报告任何坏消息，只是说"没有什么很好的事情发生"。总统交代他通知有关人员，5点30分在总统办公室开会。11月4日下午5点30分，所有人都到齐了。卡特总统问卡德尔："现在情况如何？"卡德尔把投票的情况做了详细说明。卡特总统听完后，问了一些问题，如什么时候应该给里根州长打电话向他表示祝贺；承认失败的演说稿什么时候可以写好等等。乔丹等人回答完卡特总统的问题，又提了一些其他建议。

11月4日晚上，卡特总统从电视节目中获悉：里根州长的票数已超过

JIMMY CARTER

代表人的半数。卡特总统知道自己输了，于是给里根州长打电话，向他表示祝贺。接着，他在罗莎琳、乔丹等人的陪同下，向自己竞选班子的全体工作人员发表了"认输演说"。与此同时，在加利福尼亚州，里根州长在他的竞选总部发表了庆祝演讲，他的竞选工作人员欣喜若狂、欢呼雀跃。

第二天，卡特总统在办公室召开了记者招待会，发表了自己落选的原因及感想，还讲了在以后两个半月的任期内要做的事。最后，他表示自己需要找个地方好好想一想以后的事。

记者招待会结束后，卡特总统和夫人罗莎琳乘飞机飞往戴维营。在他们走后，选票结果出来了：卡特输得很惨，538个竞选代表，他只拿到49票；里根大获全胜，获得489票，而当选所需票数是270票。

1981年元月，卡特总统还在为人质事件忙碌着。之前白宫里一些伺候他的人，已经含着眼泪帮他的家人收拾好了行李。美国宪法规定：原总统一家必须在元月20日中午搬出白宫，让白宫新主人搬进来。

元月20日上午10点，卡特总统还在为人质事件与有关人员磋商。罗莎琳提醒他，迎接里根总统的时间快到了。过了一会儿，新任总统里根携夫人南希乘车驶入白宫，卡特夫妇按照传统习惯，带着他们熟悉了白宫环境。接着，卡特夫妇参加了里根总统的就职典礼。就职典礼结束后，里根一家搬进了白宫，卡特一家乘飞机飞回佐治亚老家。就在飞机载着卡特一家飞向佐治亚时，一架飞机载着美国52名被释放的人质，正在从德黑兰飞回美国的途中。

5 破冰之旅
JIMMY CARTER

离开白宫后，卡特仍在为争取世界和平而努力。他做的最重要的一次尝试就是2002年的古巴之行。

2002年5月12日，卡特将去访问古巴。这是一个爆炸性的新闻，因为这次访问是40多年来访问古巴的美国政界级别最高的人士。这位曾为美

JIMMY CARTER

第十一章 竞选风云

国改善与古巴关系奋斗了数十年的美国前总统，今天终于做出了大胆的尝试。

1959年1月1日，古巴人民在菲德尔·卡斯特罗的领导下，开进古巴的首都哈瓦那，推翻了巴蒂斯塔亲美独裁统治，取得民族民主革命胜利。第二天，古巴建立了革命临时政府。2月，卡斯特罗出任总理，兼武装部队总司令。

古巴革命胜利以来，美国就一直对这个小岛国采取敌视的态度，断绝了与古巴的外交关系，并于1961年宣布，对古巴实施经济封锁，并禁止本国人去古巴旅游，同时在国际事务中处处刁难古巴。

古巴是西印度群岛中最大的岛国，总面积为110 860平方公里，位于加勒比海西北部，东与海地相望，南距牙买加140公里，北与美国相隔佛罗里达海峡，双方最近的距离仅90英里。古巴的首都哈瓦那，是古巴政治、经济、文化和旅游中心。在饮食上，古巴人以拉美的西菜为主。他们喜爱味重的食物，但不吃辣。古巴盛产热带水果，居民一般将芒果、柑橘等切成块，加糖拌着吃。

经济上，古巴以蔗糖为主要经济支柱。它是世界主要产糖国之一，被誉为"世界糖罐"。工业以制糖业为主，农业主要是种植甘蔗，林业以盛产贵重的硬木为主，矿产资源以镍、钴、铬为主，还盛产被专家们称为"世纪矿物"的沸石。古巴沸石的蕴藏量，仅次于美国和前苏联。烟草是古巴的传统经济作物，著名的"哈瓦那雪茄"誉满全球。

古巴有很丰富的旅游资源，众多个风景区。明媚的阳光、清澈的海水、白沙海滩等自然风光使他在西印度群岛中享有"加勒比明珠"的美誉，成为世界上一流的旅游和疗养胜地。近年来，古巴大力发展旅游业，使其成为国民经济的第一大支柱产业。

古巴以西班牙语为官方语言，而在商界则通常使用英语。居民大部分信奉天主教，宗教对他们的生活习惯有很大的影响。如：婴儿出生后，要举行洗礼，取教名。古巴还有一个特别有趣的习俗，即每年的除夕之夜，每人准备一碗清水，等午夜过后，人们就把准备好的那碗清水倒到室外去，以示去旧迎新。

JIMMY CARTER

古巴国务委员会主席卡斯特罗，曾与10任美国总统进行过交锋。卡特政府被认为是在对古巴政策上最"怀柔"的一届政府。在卡特执政期间，美古建立了外交联系，解除了美国人赴古巴旅游的禁令。里根上台后，又恢复了这项禁令。卡特政府还与古巴政府就捕鱼权和海上边界划分达成了协议；双方还互相释放了大批"政治犯"，古、美在两国首都互设了利益办事处。

虽然当时卡特政府为促进美古两国关系做了不少努力，但囿于美国国内形势，使其没能解除对古巴的"经济封锁"。"经济封锁"不仅给古巴人民造成了巨大损失，也给美国自身经济带来不良影响。

1986年，卡斯特罗在委内瑞拉与卡特会见时，邀请卡特到古巴访问。2000年，他在参加加拿大前总理的葬礼时，再次向卡特发出邀请。由于种种原因，卡特的古巴之行始终没能实现。

多年来，美古关系时好时坏。其实，古巴和美国都有改善双方关系的愿望，并为此寻找一条合适的途径。"9·11"事件发生之后，古、美之间有了一些良性互动，双方关系也出现了缓和的迹象。2001年11月，古巴受到强烈的飓风袭击，损失严重。因此，古巴从美国购买了价值3 000多万美元的食品。这是42年以来，两国第一次贸易往来。

卡特一直为实现国际和平到处奔波。2002年3月底，他公开表示，他将以一个美国普通国民的身份去古巴"旅游"。4月18日，卡特在亚特兰大正式宣布了他访问古巴的消息。卡斯特罗对卡特的这次访问感到非常高兴，此前，几次邀请卡特前来古巴访问。这次，终于如愿以偿了。

但是，天有不测风云。2002年5月6日，负责国际政策和武器谈判的美国副国务卿博尔顿指责古巴等三国正在研究生化武器。卡斯特罗于5月10日严厉驳斥了博尔顿的指责。他表示，古巴并没有研究生化武器，只是为医学界做贡献而已。他还表示为自己国家的生物医学发展而骄傲。古巴与美国的关系再次陷入紧张状态。

由于发生了上述事件，有关人员认为，卡特此次访古，将会对两国关系产生积极的影响。

2002年5月12日，卡特一行乘飞机抵达哈瓦那，开始对古巴进行为期6天的访问。这是美国政界人士自1959年古巴革命胜利以来,首次踏上古巴的领土,因而引起了国际社会的广泛关注。

古巴方面对卡特的来访十分重视。卡斯特罗亲自到机场迎接卡特,并致欢迎词。

卡斯特罗对卡特为两国之间建立起友好关系做出的努力表示了高度赞扬。他说,古巴人民是真心欢迎卡特到访的。在古巴,卡特可以去任何他想去的地方,见他想见的人……卡特则用西班牙语说,尽管两国在某些问题上有分歧,但这并不影响两国在分歧上寻求"共同点"。他还表示很高兴能有机会与古巴领导人举行会谈。

结束机场的讲话后,卡斯特罗陪同卡特夫妇坐进了一辆黑色大轿车,送他们去下榻的地方。他们所乘的这辆轿车,是前苏联领导人勃列日涅夫送给卡斯特罗的礼物。只有在接待最尊贵的客人时,卡斯特罗才会使用这辆车。

卡特在访古期间,与卡斯特罗、外长佩雷斯等举行了较为广泛的会谈,并和卡斯特罗共进晚餐。

5月13日,卡特在卡斯特罗的陪同下,参观了古巴基因工程、生物技术中心和拉美医学院。之后,卡特对美国政府官员关于古巴等三国研究生化武器的言论进行了批驳。

5月14日,卡特在哈瓦那大学发表演讲,古巴电视台对此进行了直播。卡特在演讲中说,"40余年来,我们两国陷入了一场不利于双方发展的敌对状态中,现在,这种状态到了应该改变的时候了"。要改变这种状况,"美国应该迈出改善关系的第一步"。此后,卡特与夫人罗莎琳一起参观了古巴著名的农业合作社"老哈瓦那"和几家学校,并与古巴宗教人士接触,实地了解古巴现状。

卡特任总统时,就强烈反对美国对古巴的经济封锁,卸任后也是如此。这也正是卡斯特罗希望看到的。卡斯特罗还希望通过卡特的古巴之行向美国人显示,古巴并非如西方媒体宣扬的那样是一个"独裁、压制人权"的国家。

卡特的这次"古巴之行"确实卓有成效,不仅推动了两国之间的交流,使到古巴访问的美国人员日益增多,而且还缓和了两国间的紧张局势。

6 退休后的快乐生活
JIMMY CARTER

离开白宫后,卡特夫妇回到了自己的家乡普兰斯镇。卡特当总统期间,把财政事务委托给一位代管人管理,因为他弟弟比利已经到政府任职了。但是,在1980年11月,这位代管人告诉他,他的私人财产发生了变化,由于农场和库房管理不善,卡特已经欠了很多债。因此,卡特退休后,便陷入财政危机的困境中。为了还清债务,他不得不靠写书维持生计,罗莎琳也要出版回忆录以补家用。但经济危机并没有妨碍卡特夫妇帮助别人。

1982年,他与夫人罗莎琳共同努力成立了"卡特中心"(The Carter Center)。"卡特中心"位于美国佐治亚州的亚特兰大市,是一个非营利性组织,主要致力于改善约65个国家人民的生活质量。它的资金主要来自于私人、基金会和企业的捐款,现有约150名专职员工。"卡特中心"于1986年10月对外开放,里面收藏了许多可供研究卡特政府的珍贵史料。

"卡特中心"成立的20多年来,卡特和夫人带领中心的工作人员活跃于世界的各个角落。他们努力消灭在非洲肆虐多年的多种寄生虫病,调解了在海地、朝鲜半岛、前南斯拉夫出现的危机……最令人称道的是治疗盘尾丝虫病的健康计划卓有成效地实施。

盘尾丝虫病,又称河盲病。它是一种由盘尾丝虫叮咬而引发的病症。这种盘尾丝虫生活在有河流的地方。它叮咬人时,会同时释放出数百万个微丝幼虫,使人马上感到奇痒无比。如果微丝幼虫进入人的眼部,就会致盲。

全世界已有数以百万的人感染了这种病,而以非洲和拉丁美洲的人居多。现在,有数十万人因感染此病而不幸致盲或视力减弱。为了解决这个难题,已有好几家药物机构在研究治疗它的药物了,"卡特中心"就是其中之一。"卡特中心"打算在非洲控制此病,并计划在2007年前彻底使该疾病在拉丁美洲消失。

在科研人员的努力下,治疗河盲症的有效药物异凡曼菌素被研制出来,只是这种药物需要每年注射一次。异凡曼菌素是由默克制药公司生产的,商用名字叫异凡曼霉素,默克公司当时的首席执行官罗伊·瓦格洛斯博士,在参观"卡特中心"的时候慷慨地表示:默克公司将会给世界上每一个患河盲症的村庄免费提供药物,前提是"卡特中心"要建立药物运输系统。

1996年,"卡特中心"发起了治疗河盲症计划。它的工作人员和一些大型机构,如世界卫生组织、世界银行等联合行动,为患河盲症的村庄建立了药物运输系统。通过这些药物运输系统,目前已有5 000多万剂的异凡曼霉素被运送到了危地马拉、乌干达等地区。到2003年,"卡特中心"已治愈了930万人。现在,"卡特中心"正在做进一步努力,使所有患这种疾病的人们都能受益。

除了要指导"卡特中心"的工作之外,卡特还担任了埃默里大学的名誉教授,经常要到那里去给大学生上课。

卡特还穿梭于国际舞台,充当和平使者。20世纪80年代发生的海地危机,就是他临危受命,通过谈判而平息的。当时,美国的战机已经起飞,战争一触即发,而卡特不顾生命危险,坚持留在海地首都,进行最后的谈判,最终说服海地军政府交权,避免了一场流血战争。这一事件为卡特在国际上赢得了很高的声望。

卡特是个忠实的基督教徒。退休后,即使是80多岁高龄的人了,他仍然坚持每天做祷告。每周周日,都会按时到附近的主日学校教课。他把耶稣称为"和平的君王",因为在他看来耶稣拥有谦卑、勤奋、宽容、爱人、同情等众多人类美德。

除了担任国际和平协调人的角色,卡特与罗莎琳还积极为全球范围内的无家可归者提供帮助。

20世纪80年代初的一天,卡特参加了一个希腊东正教大主教雅科沃

JIMMY CARTER

斯举行的庆祝活动。活动之后，当他在纽约市内慢跑时，刚好经过一个正在施工的"人类家园"工地。"人类家园"的发起人是米勒德·富勒和他的妻子琳达。

当时，富勒是一位身价百万的年轻企业家。他是个工作狂，妻子琳达因故离他而去。妻子走后，他才意识到自己严重地忽视了家庭。于是，他放弃了自己的工作，把所有财产都捐给了穷人，然后去找琳达。将琳达追回后，他们搬到了佐治亚州阿梅里克斯附近的基督教社区科伊诺尼亚农场。在那里，他们受宗教思想的熏陶，为"穷人盖房的种子"便在他们心中生根发芽。后来，他们把自己的想法付诸实践，发动了"人类家园"工程，并把这个工程拓展到美国各地，甚至国外。

卡特经过"人类家园"的工地时，看到一群志愿者——主要是大学生，正站在一堆杂乱无章的木料中，不知如何下手。卡特便积极地过去帮忙，加入了工地上义务劳动的行列。回去后，他不经意地向罗莎琳提到此事，并说他们应该抽空去那个工地帮帮忙。后来，卡特和罗莎琳真的去了。自此，他就和"人类家园"这个工程结下了不解之缘。

起初，卡特召集到5个志愿者去这个工地帮忙。后来，参加人数扩大到了50个人，其中有木匠、旅馆老板、议员、大学教授和大学生等。他们原来开的是福特牌面包车，人数增加后，长途汽车公司的大客车代替了福特牌面包车。那年，卡特和其他志愿者一起打地铺，吃干粮。第二年，一栋19层的公寓完工了。

1984年，卡特允许"人类家园"组织以他的名义实现年度吉米·卡特工作计划。此后，卡特不顾年事已高，每年在美国各地参加各种建房计划，为无家可归者搭建福利用房，他先后去过芝加哥和迈阿密等地开展这项工作。

1997年，卡特不仅去了肯塔基州阿巴拉契亚山脉的工地，还去了海外的工地：墨西哥的蒂华纳、加拿大和匈牙利的工地。他还为"人类家园"组织做积极广泛的宣传，以扩大影响。使参加"人类家园"工作的志愿者越来越多。每年，他还专门抽出一个星期，穿上蓝色牛仔裤，系上木工围裙，挥汗于土地之中，充当木匠的角色。1999年的建房地址选在休斯敦。

从礼拜一开始，到礼拜天为止，卡特和 6 000 名志愿人员一起为贫困家庭建造经济适用房 100 所。这些家庭获得经济适用房的条件是：在建造过程中，他们要提供帮助。房子建好后，他们就可以用无息贷款买下房子。而这一百所房子计划只用一个星期来完成，这在当时引起了不小的轰动，而且成为头条新闻。不过，他们确实按计划完成了。休斯敦的房屋建成后，卡特又前往菲律宾帮助盖房建屋。由于卡特为"人类家园"组织做出的积极贡献，发起人富勒评价他说：卡特对这一计划的支持，意义不可估量。

卡特是一位多产的作家，写书之余，卡特还花了很多时间整理自己从白宫带回来的资料，供在亚特兰大的"卡特中心"用。1982 年，卡特出版了名为《保持信心》的书，记述了他 4 年的白宫生活。

1985 年，卡特又出版了名为《亚伯拉罕的血》的书，书中剖析了中东冲突的历史情结。这部书曾成为美国的畅销书。此后，在他继续出版的著作中，用自己的语言揭露现实，抨击不公平的现象。

卡特在卸任后，一直为国际冲突寻找和平的解决方案，并为增进民主及改善人权而努力。2002 年，**挪威诺贝尔委员会为他颁发了诺贝尔和平奖**，奖金 100 万美元。卡特是继罗斯福和威尔逊之后，第三位获得和平奖的美国总统。至今，卡特仍在为促进世界和平而努力……

JIMMY CARTER

附录 卡特大事年表

附录 卡特大事年表

1924年10月1日,在佐治亚州萨姆特县的普兰斯镇出生。

1941~1943年,先后在佐治亚州西南大学和理工学院读书。

1943年,进入马里兰州美国海军军官学校(即安纳波利斯海军学院)学习,1946年毕业,获理学学士学位。

1946~1953年,加入海军服役。

1946年7月7日,与埃利诺·罗莎琳·史密斯结婚。

1953年,父亲去世,他退役回家乡经营卡特农场、卡特仓库等业务,并从事政治活动。

1955~1962年任佐治亚州萨姆特县学校董事会董事长。

1962~1966年任佐治亚州参议员。

1970~1974年任佐治亚州州长。

1971年5月31日,成为《时代周刊》封面人物。

1974年,宣布竞选总统,并获得民主党提名。

1975年,出版自传《为什么不是最好的?》。

1976年,又成为《时代周刊》的年度人物。

1977年,写了《一个与其人民一样诚实的政府》。

1977年,经过艰苦的竞选战以微弱优势击败福特总统,出任美国第39任总统。

1980年,竞选连任失败。

1982年,成立"卡特中心",并任亚特兰大埃默里大学名誉教授。

卸任后,回到故乡,一边撰写回忆录,一边不时接受临时使命,穿梭于国际,充当和平使者。

20世纪80年代,发生海地危机,战争一触即发。他不顾个人安危,留在海地首都坚持谈判,最终说服海地军政府交权,从而避免了一场可怕的战争。

1982年,出版《保持信心,一个总统的回忆录》。

1984年以来,允许国际人类栖身地组织以他的名义实现年度吉米·卡特工作计划。

1990 年 7 月 4 日获费城自由勋章。

1994 年 10 月 3 日，因斡旋海地危机再次成为《时代周刊》的封面人物。

1995 年 1 月 10 日获得 1994 年度联合国教科文组织设立的费利克斯·乌弗埃－博瓦尼和平奖。

1997 年 11 月，印度英·甘地纪念基金会授予他 1997 年度英·甘地奖，以奖励他为全球和平、裁军和发展所做的贡献。

1998 年 12 月 10 日，获 1998 年度联合国人权奖。

1999 年，被克林顿总统授予美国最高荣誉之一——总统自由勋章，以肯定他为全世界人民工作的公共效应。

2002，获得诺贝尔和平奖，并出版第 20 本书《我们危在旦夕的价值》，在纽约时报最畅销书排行榜中名列首位。书中体现了一位前任总统对现任总统的政策和价值做出的真诚、坦率和富有勇气的批评。

2002 年 5 月 12 日，访问古巴，成为 40 多年来，访古的美国政界级别最高的人士。

2007 年，出版《巴勒斯坦：要和平不要种族隔离》、《我们濒危的价值观：美国道德危机》和《白宫之后》。

被翻译成中文的图书还有《圣经力量的泉源：卡特总统的 52 堂心灵课程》、《马蜂窝》等。

参考书目

1. 《为什么不全力以赴——美国总统卡特自传》，（美）吉米·卡特著，朱成章译，香港今日世界出版社，1977年版。
2. 《卡特夫人回忆录》，（美）罗莎琳·卡特著，吴为译，世界知识出版社，1986年版。
3. 《卡特》，（美）E. 斯莱文（E. Slavin）著，郑清荣译，台北鹿桥文化事业公司，1992年版。
4. 《吉米·卡特在白宫》，张海涛著，四川人民出版社，1982年版。
5. 《卡特总统和美国政坛内幕——八十年代的权力和政治》，（美）肖普著，冬梅译，时事出版社，1980年版。
6. 《保持信心——卡特总统回忆录》，吉米·卡特著，裘克安等译，世界知识出版社，1983年版。
7. 《白宫生涯——卡特夫人回忆录》，（美）罗莎琳·卡特著，政协天津市编译委员会译，百花文艺出版社，1987年版。
8. 《美中建交前后——卡特、布热津斯基和万斯的回忆》，现代国际关系研究所编，时事出版社，1984年版。
9. 《卡特自传》，吉米·卡特著，吕理甡译，海外中文图书，台北四季出版事业有限公司，1976年版。
10. 《总统下野之后——卡特夫妇回忆录》（美）罗莎琳·卡特著，周洪钧、杨德庄译，陕西人民出版社，1991年版。
11. 《吉米·卡特——总统候选人吉米·卡特的为人、经历和在各种争议问题上的立场》，（美）L. 惠勒著，北京大学法律系编译组译，人民出版社，1978年版。
12. 《为什么不是最好的》（美）吉米·卡特著，版本图书馆编译室译，商务印书馆，1977年版。
13. 《美国总统轶事》（美）小保罗·F. 鲍伊勒（Paul F. Boller, Jr.）著，姜栋、张欣译，当代世界出版社，2007年版。
14. 《花生农夫竞选总统——卡特成功内情》，钟振生著，海外中文图书，台北正中书局，1976 年版。

15. 《忠于信仰——一位美国总统的回忆录》，吉米·卡特著，卢君甫等译，新华出版社，1985 年版。